波浪作用下船舶运动与液舱晃荡的耦合数值研究

Numerical Investigation on Copuling Effect Between Ship Motion and Liquid Sloshing under Wave Actions

○ 姜胜超 著

大连理工大学出版社
Dalian University of Technology Press

图书在版编目(CIP)数据

波浪作用下船舶运动与液舱晃荡的耦合数值研究 / 姜胜超著. — 大连:大连理工大学出版社,2023.11
ISBN 978-7-5685-4311-8

Ⅰ.①波… Ⅱ.①姜… Ⅲ.①船舶运动-液舱-波浪载荷-耦合运动-数值模拟-研究 Ⅳ.①U663.85

中国国家版本馆 CIP 数据核字(2023)第 063324 号

BOLANG ZUOYONG XIA CHUANBO YUNDONG
YU YECANG HUANGDANG DE OUHE SHUZHI YANJIU

大连理工大学出版社出版

地址:大连市软件园路 80 号　邮政编码:116023
发行:0411-84708842　邮购:0411-84703636　传真:0411-84701466
E-mail:dutp@dutp.cn　URL:http://www.dutp.cn
大连图腾彩色印刷有限公司印刷　大连理工大学出版社发行

幅面尺寸:170mm×240mm　印张:10.75　字数:194 千字
2023 年 11 月第 1 版　2023 年 11 月第 1 次印刷

责任编辑:周 欢　　　　　　　　　责任校对:李宏艳
封面设计:奇景创意

ISBN 978-7-5685-4311-8　　　　　　　　　定　价:69.00 元

本书如有印装质量问题,请与我社发行部联系更换。

前　言

随着我国能源结构的不断优化,液化天然气(LNG)作为清洁、高效的优质能源,在优化能源消费结构、控制温室气体排放、改善大气环境等方面发挥着越来越重要的作用。液化天然气的主要成分是甲烷。为了便于运输,通常采用在常压下极低温(-165 ℃)冷冻的方法使其液化。而液化天然气船(简称 LNG 船)则是在-162 ℃低温下运输液化天然气的专用船舶,是一种"海上超级冷冻车"。

本书旨在向读者介绍水动力设计中,LNG 船在波浪作用下船体运动与液舱内流体晃荡的耦合作用问题。液舱内流体晃荡具有强非线性运动特征,其往往伴随波浪破碎、冲击等复杂物理现象。而在船舶设计中,对于舱内含有自由水面的船舶,往往仅考虑自由水面的存在对船舶静稳性臂的影响,这实际上忽略了液舱内流体晃荡所产生的复杂水动力现象的影响,为 LNG 船的安全带来了隐患。由于液化天然气温度极低,一旦接触到空气会迅速蒸发并形成大量气体。若液化天然气发生泄露,就会产生爆炸和火灾等极为危险的后果,具有极高的危险性,因此,LNG 船也被称为"沉睡的氢弹"。由此可见,LNG 船是高技术、高难度、高附加值产品,在设计与建造过程中应予以详细的考虑。本书适合从事液化天然气运输船设计的工程技术人员、船舶与海洋工程专业的研究生与本科生等作为学习和参考。

本书共分为 6 章。第 1 章为绪论,介绍了工程背景、研究意义、研究现状,并对本书内容进行了介绍;第 2 章介绍了外场波物相互作用数值模型的基本原理与数值方法;第 3 章介绍了外场波物相互作用的预修正快速傅里叶变换高阶边界元方法;第 4 章介绍了液舱内黏性流体晃荡数值模型的基本原理与数值方法;第 5 章对液舱内黏性流体晃荡问题进行了数值验证与分析;第 6 章介绍了船舶运动与其液舱内流体晃荡的耦合分析。

本书在出版过程中得到了国家自然科学基金(52171250、51909027)的资助,在此表示感谢。

由于船舶运动与液舱内流体晃荡的耦合作用现象复杂,加之作者水平有限,书中一定有不妥之处,敬请广大读者和同行批评指正。

著 者
2023 年 8 月

目 录

第 1 章 绪 论 ……………………………………………………………………… 1
  1.1 工程背景和研究意义 …………………………………………………… 1
  1.2 流体晃荡问题的研究现状 ……………………………………………… 2
    1.2.1 强迫运动容器内的流体晃荡问题 ………………………………… 2
    1.2.2 波浪作用下船舶运动与液舱内流体晃荡的耦合作用问题 ……… 3
  1.3 流体运动的基本数值模拟方法 ………………………………………… 5
    1.3.1 外场波物相互作用的势流模型 …………………………………… 6
    1.3.2 液舱内流体晃荡的黏性流模型 …………………………………… 7
  1.4 本书内容 ………………………………………………………………… 9
第 2 章 外场波物相互作用数值模型的基本原理与数值方法 ………………… 12
  2.1 引 言 …………………………………………………………………… 12
  2.2 控制方程与边界条件 …………………………………………………… 12
  2.3 速度势的分解及其对应的物面条件 …………………………………… 15
  2.4 边界积分方程的建立及其高阶边界元方法离散 ……………………… 17
  2.5 波浪激振力、物体运动响应和波面高度的计算 ……………………… 20
第 3 章 外场波物相互作用的预修正快速傅里叶变换高阶边界元方法 ……… 24
  3.1 引 言 …………………………………………………………………… 24
  3.2 预修正快速傅里叶变换方法的基本思想 ……………………………… 24
    3.2.1 边界元快速算法的基本思想 ……………………………………… 24
    3.2.2 预修正快速傅里叶变换方法的基本原理 ………………………… 25
  3.3 预修正快速傅里叶变换高阶边界元方法的实现步骤 ………………… 27
    3.3.1 边界元代数方程组求解的共轭参量迭代方法 …………………… 27
    3.3.2 预修正快速傅里叶变换高阶边界元方法的基本步骤 …………… 28

3.4 预修正快速傅里叶变换高阶边界元方法的验证和计算效率分析…… 34
   3.4.1 波浪与淹没圆柱相互作用问题的验证与计算效率分析…… 34
   3.4.2 波浪与截断圆柱相互作用问题的验证与计算效率分析…… 37
   3.4.3 波浪对超大型浮体作用问题的验证与计算效率分析…… 43

第 4 章 液舱内黏性流体晃荡数值模型的基本原理与数值方法 …… 46
  4.1 引 言…… 46
  4.2 控制方程的建立…… 46
  4.3 控制方程的数值离散…… 48
  4.4 基于两相流数值模型的自由水面捕捉…… 51
  4.5 物体运动流固耦合的处理…… 52
  4.6 数值求解过程…… 54

第 5 章 液舱内黏性流体晃荡问题的数值验证与分析 …… 56
  5.1 引 言…… 56
  5.2 二维矩形液舱受迫运动时流体晃荡问题…… 56
   5.2.1 液舱内流体晃荡自由水面运动的验证…… 56
   5.2.2 液舱内流体晃荡局部冲击力及整体作用力的验证…… 59
  5.3 三维矩形液舱受迫运动时流体晃荡问题…… 60
  5.4 带横隔板矩形液舱内流体晃荡问题的验证与分析…… 63
   5.4.1 不带横隔板时流体晃荡自由水面的演化及特征分析…… 63
   5.4.2 带横隔板时流体晃荡自由水面的演化及特征分析…… 66
   5.4.3 激励频率对流体晃荡振幅的影响…… 70
   5.4.4 激励振幅对流体晃荡振幅的影响…… 71

第 6 章 船舶运动与其液舱内流体晃荡的耦合分析 …… 74
  6.1 引 言…… 74
  6.2 船舶运动与液舱内流体晃荡耦合数值模型的建立…… 75
   6.2.1 波浪对物体作用的时域波浪激振力、附加质量和延迟函数…… 75
   6.2.2 船舶运动与其液舱内流体晃荡耦合数值模型的建立与计算流程…… 78
  6.3 波浪与矩形浮箱水平晃荡的耦合作用…… 80
   6.3.1 平动浮箱参数及算例设置…… 80
   6.3.2 平动浮箱在波浪作用下的激振力、附加质量和延迟函数…… 82
   6.3.3 波浪与矩形浮箱水平晃荡的耦合作用分析…… 83

目录

- 6.4 波浪与矩形浮箱转动晃荡的耦合作用 …………………………………… 91
  - 6.4.1 转动浮箱参数及算例设置 ………………………………………… 91
  - 6.4.2 转动浮箱的波浪作用力矩、附加质量和延迟函数 ……………… 93
  - 6.4.3 波浪与矩形浮箱转动晃荡的耦合作用分析 ……………………… 94
- 6.5 波浪作用下船舶三维运动与其内部流体晃荡的耦合分析 ………… 100
  - 6.5.1 算例设置及空载时船舶的三维运动响应 ……………………… 101
  - 6.5.2 前后液舱装载水深相同时装载水深对船舶整体运动响应的影响 ……………………………………………………………… 109
  - 6.5.3 前后液舱装载水深相同时入射波幅对船舶整体运动响应的影响 ……………………………………………………………… 113
  - 6.5.4 前后液舱装载水深不同时装载水深对船舶整体运动响应的影响 ……………………………………………………………… 120
  - 6.5.5 前后液舱装载水深不同时入射波幅对船舶整体运动响应的影响 ……………………………………………………………… 122
  - 6.5.6 液舱内流体晃荡的局部冲击力 ………………………………… 129
  - 6.5.7 不耦合分析时液舱内流体晃荡的局部冲击力对比 …………… 140

参考文献 ……………………………………………………………………… 146

附录 预修正快速傅里叶变换方法的预备数学知识 …………………… 156

第 1 章 绪 论

1.1 工程背景和研究意义

液舱内流体的晃荡问题是一种部分充有液体容器内产生的波动现象,该现象在工程中广泛存在。譬如说,地震荷载作用下陆地上固定油气存储装置的动力响应、石油或液化气运输车辆在不平坦地面上行驶时引发的颠簸运动,微重力下运行的航天飞机、地球空间站和太空卫星中存放的液体燃料,高速飞行战斗机的油舱,以及核反应堆中使用的冷却水,等等,都会涉及流体晃荡问题。更重要的是,由于流体晃荡具有非常复杂的流动特征,即具有极强的非线性,即使当外部激励较小的情况下,也有可能产生较大的砰击作用力,从而产生巨大的危害,带来严重的经济损失,应该对其进行认真的研究。如影响航天飞机、空间站及卫星的飞行轨迹[1];地震导致陆地上储液罐内流体产生剧烈晃荡,从而使陆地上储液罐的结构被破坏,甚至导致罐体破裂,引起原油泄露,产生严重的环境污染,甚至诱发火灾等;而在核反应堆中的流体剧烈晃荡会引起反应堆护体破裂,更将导致不可想象的恶果。上述流体晃荡问题将对工程实际造成不利影响,产生巨大的危害。但是,流体晃荡也可以用于减小结构的振动响应,如通过在建筑物顶端设置液体容器来减小建筑物自身在风荷载和地震荷载作用下的运动响应、船舶减摇舱等,都是通过利用流体晃荡来实现减小结构振动的典型工程实例。由此可以看出,在工程实践中,通过对流体晃荡问题作用机理的了解,可以对该现象加以利用,从而为人类生活带来益处[2]。

在海洋工程领域中,液舱内流体晃荡问题同样是一个非常重要的工程实际问题,如液化天然气(LNG)船、液化石油气(LPG)船,以及各类油船在航行或装卸过程中,波浪作用下的船舶运动将导致液舱内流体的晃荡;各类海洋平台、浮式生产储油装置(FPSO),以及各类采油船在海风及波浪作用下,其运动将导致储油装置内部的流体产生剧烈晃荡,包括海底储液罐等在剧烈地震、深海内波作用下,最终也会导致其罐内的流体产生剧烈晃荡。尤其是最近几年,随着世界各国对能源需求的增加以及世界航运业的发展,液化石油气、液化天然气等液态燃料在海上的运输和储存正在逐年增加,这同时也将导致各类液体船的数量逐年增加。由于液舱中不可避免会有液体部分装载的情况,因此,在海洋波浪较为恶劣的条件下,液舱晃荡难以避免。尤其当外部荷载激振频率接近液舱内流体晃荡的固有频率时,液舱内流体将会产生非常强烈的波动。此时,强烈的流体晃荡将会对液舱侧壁及相关结构产生巨大的冲击力,这将很可能造成液舱内部结构的破坏。另外,液舱内剧烈的流体晃荡还会对船舶产生一个极大的力矩,使船舶产生较大的运动响应,影响生产及运输工作[3,4]。因此,液舱内流体晃荡问题是一个不可避免且非常重要的研究课题。

1.2 流体晃荡问题的研究现状

1.2.1 强迫运动容器内的流体晃荡问题

对于大多数的海洋工程问题而言,一方面人们希望能够准确预测流体晃荡所造成的工程影响,如晃荡所引起的流体的冲击力、船舶及海洋工程结构物在流体晃荡影响下的运动响应等;另一方面人们希望能够通过采取一定的措施来减少液舱内流体晃荡的危害,如在液舱内增加横隔板以增加流体阻尼等。无论哪一方面,都需要通过理论或者数值的方法来模拟液舱内流体晃荡的演化过程,进而计算液舱内流体的作用力,最终才能准确预测波浪与液舱内流体的双重作用下船舶或海洋工程结构物的运动响应。因此,大量针对容器内流体晃荡问题的研究工作相继开展。Abramson[1]应用线性势流理论,对球形和柱形容器内流体晃荡问题做了研究,从而用于预测因流体晃荡所产生的动压对容器内结构的作用情况。他的研究工作拉开了流体晃荡研究的序幕。Faltinsen[5]使用多模态方法(multimodal method)建立了矩形容器中流体晃荡问题的非线性解析解,并进一步由 Faltinsen[6] 开发到自适应多模态方法(adaptive multimodal method)以模拟更强的非线性问题。Hill[7]应用该方法研究了共振时流体自由水面的瞬态特征。由于大振幅的流体晃荡通常会给工程带来不利影响,因此一系列抑制自由流体晃荡的方法被使用,如在液舱内增加横隔板的方法,例如,Choun 和 Yun[8,9]在小振幅假设下分析了带矩形块的矩形液舱内流体晃荡问题,Isaacson 和 Premasiri[10]研究了矩形液舱内隔板附近由于流体机械能损耗和涡脱落所导致的阻尼问题,Ibrahim[11]对上述工作进行了总结。与此同时,各种数值方法也纷纷被使用,Faltinsen[12]最先使用边界元方法研究了液舱晃荡问题,Nakayama

第1章 绪 论

和 Washizu[13]使用相同的方法研究了纵摇、升沉和横摇激励下矩形液舱内流体晃荡问题。与此同时,大量基于有限元方法研究流体晃荡问题的工作也相继开展,如 Nakayama 和 Washizu[14]使用有限元方法研究了横摇激励下容器内流体的非线性晃荡问题,Cho 和 Lee[15]研究了二维液舱内大振幅流体晃荡问题,Wang 和 Khoo[16]研究了随机激励下流体非线性运动的水动力特征,Celebi 和 Akyildiz[17]研究了移动矩形容器内流体的非线性运动问题,Virella 等[18]研究了水平激励下矩形液舱内流体线性和非线性运动的晃荡问题,Wu 等[19]使用有限元方法研究了水平激励下三维矩形容器内流体晃荡的非线性特征,并与二维晃荡情况进行了对比。对于带隔板的情况,Gedikli 和 Ergüven[20]研究了横隔板对圆柱形容器内流体晃荡的自振频率的影响,Pal 等[21]、Pal 和 Bhattacharyya[22]基于势流理论下研究了在横隔板存在时流体晃荡的非线性特征,Cho 和 Lee[23]以及 Cho 等[24]研究了带横隔板的二维矩形容器内流体大振幅晃荡的运动特征,并研究了横隔板相对宽度及相对高度对流体晃荡的影响,Biswal 等[25]研究了带横隔板的矩形和圆形容器内流体晃荡问题,并将线性和非线性结果进行了对比,但是,上述方法均基于势流理论,无法考虑流体运动时的黏性耗散问题,对此,Okamoto 和 Kawahara[26,27]、Kim 等[28]、Virellaa 等[29]、Akyildiz 和 Ünal[30]使用物理模型实验方法对流体晃荡问题进行了研究。

随着计算机技术的发展,基于 Navier-Stokes 方程进行流体晃荡问题的研究工作被逐渐开展,Chen 和 Chiang[31]、Chen[32]、Chen 和 Nokes[33]采用坐标转换方法研究了二维黏性流体晃荡问题,Kim[34]和 Kim 等[35]使用 SOLA 方法对三维黏性流体晃荡问题进行了模拟,Akyildiz[36]使用 SOLA 方法研究和带有垂向布置的隔板的矩形容器在转动激励下流体晃荡的非线性特征。但是,上述工作在追踪自由水面时采用了单值函数假设,无法模拟波浪翻卷和破碎,也无法考虑流体晃荡触及液舱顶盖等复杂水动力问题。Liu 和 Lin[37]使用界面捕捉的方法研究了三维矩形容器内流体晃荡问题,该模型可模拟波浪破碎时的情况,并由 Liu 和 Lin[38]进一步应用于带竖隔板的液舱晃荡问题。

1.2.2 波浪作用下船舶运动与液舱内流体晃荡的耦合作用问题

上述研究主要着眼于液舱内流体晃荡的模拟,偏重于强迫激励下流体晃荡的水动力特征的分析,相对的更偏向于理论研究。在实际工程中,液货船在运输或装卸载过程中,波浪作用会引发其自身的运动,从而导致其液舱内流体的晃荡,而晃荡的流体反过来又会对船舶的运动产生影响。流体晃荡的这种耦合运动响应将对船舶产生两个方面的影响。一方面是影响船舶的整体运动响应,增大船舶在某些频率下的运动振幅,影响其工作性能,严重时甚至产生较大的晃荡作用力矩,导致船舶的整体倾覆;另一方面是对液舱侧壁产生较大的流体冲击力,导致液舱内部结构局部破坏,甚至引起原油或液化天然气的泄漏,导致严重的海洋污染事故。由于液化天然气的温度较低,因此它的泄漏往往会造成更加严重的恶果。因此,应该对波浪作用下船舶运动与其液舱内流体晃荡的耦合影响问题进行研究。

对于这个问题,最直接的方法即基于Navier-Stokes方程,对时间和空间变量进行离散,最终建立黏性数值波浪水槽进行研究,但是,由于数值模拟方法求解三维Navier-Stokes方程的计算量很大,受到计算能力和计算技术的限制,通常很少应用于工程实际计算中,更无法满足内外场耦合求解的计算需要。因此,为了在不过多损失计算精度的前提下有效减少计算量,不同学者使用不同的数值方法对其进行研究。Newman[39]对内外场均采用线性势流假设对液舱内流体晃荡对船舶的整体运动响应进行了研究,Gou等[40]使用频域线性模型研究了船舶液舱内流体晃荡对三维船舶整体运动响应的影响,并对三维简化LNG船舶进行了研究。Rognebakke和Faltinsen[41]基于线性势流理论,使用脉冲响应函数方法建立耦合模型,在时域中研究了二维矩形浮箱在波浪作用下的水平运动问题,并在自由水面增加人工阻尼的方法考虑了不同黏性参量下浮箱内流体晃荡对整体运动响应的耦合影响。Lee等[42]使用同样数值模型分析了不同装载水深时双矩形液舱横荡时流体晃荡对船舶运动的耦合影响,并通过实验进行了对比验证。通过上述研究发现,流体晃荡对船舶整体运动的耦合影响强烈,尤其是在船舶运动及流体晃荡的共振频率附近。进一步,Kim等[43]分别研究了船舶矩形液舱及被动减摇舱内流体非线性效应对船舶整体运动响应的耦合影响,Nam等[44]研究了双液舱简化LNG-FPSO船舶和带减摇舱S175型船舶在不同装载时液舱内流体晃荡对船舶整体运动响应的影响,并对液舱内流体压强进行了分析。上述方法对外部波浪作用使用脉冲响应函数方法,液舱内流体晃荡则采用非线性势流理论进行模拟,因而可以考虑液舱内自由水面非线性的耦合影响。此外,Kim[45]对使用板元方法模拟外场波浪,液舱内仍采用非线性势流理论的方法研究了液舱内非线性自由水面运动对船舶整体运动响应的耦合影响。通过上述研究发现,液舱内自由水面非线性效应对船舶整体运动响应有较大影响。上述结论在Kim和Shin[46]、Kim等[47,48]及姜胜超等[49]的研究中同样可以发现。

此外,Rognebakke和Faltinsen[41]、Kim[45]等,以及Nam等[44]使用物理模型实验方法对该问题进行了研究,发现即使浮箱内流体发生剧烈晃荡,浮箱稳定后的运动仍将保持线性运动特征,且其运动频率与入射频率相同,浮箱内流体晃荡所产生的高频谐波作用力将被系统过滤掉。也就是说,外部波浪荷载及船舶运动响应部分采用线性理论方法研究可以达到令人满意的精度。但是,液舱内流体晃荡则十分剧烈,尤其是在共振频率附近,经常伴随着较大的能量耗散,对于该问题,势流理论无法对其进行准确的模拟,因此上述数值模型无法考虑晃荡过程中高雷诺数下流体涡旋运动及湍流耗散等有旋运动的耦合影响。另外,由于上述工作均对自由水面使用高程函数方法进行处理,因此无法模拟流体晃荡过程中的如波浪破碎、冲击、气液混合等复杂物理现象,也无法对液舱所受到的局部冲击力进行计算。一般而言,船舶液舱多为菱形或球形结构,对于菱形液舱而言,当水位较深或较浅,即进入上下斜面时,静水面与液舱侧壁的交界面呈现非垂直状态,球形结构则始终是非垂直状态,对于这种情况,使用上述模型也无法进行准确模拟。因此,有必要对液舱内部数值方法进行改进,以适应于更复杂物理现象的描述和任意液舱形状的模拟。

1976 年,挪威船级社(DNV)就对因流体晃荡而产生的液舱内部结构局部破坏问题进行了研究[50],Hwang 等[51]研究了不同尺度时两种指定形状的二维流体晃荡冲击力的实验,并对比讨论了物理模型实验的比尺效应问题。Kim 等[52]对薄膜型液化天然气船舶液舱在流体晃荡中所受的冲击力及疲劳效应进行了实验研究。Akyildiz 和 Ünal[53,54]用实验方法研究了大振幅液舱晃荡的冲击力。可见,由于冲击力问题的复杂性,目前多为基于实验的方法对其进行研究,Kim[55]使用高程函数方法对底部安装竖隔板矩形液舱的冲击力进行了数值模拟,并与自己的实验结果进行了对比。但是,由于高程函数方法在追踪自由水面时采用了单值函数假设,因此该模型无法模拟波浪破碎时对液舱所造成的冲击力,如自由水面撞击液舱顶盖的情况。此外,上述模型均采用为给定强迫运动时间历程线作为输入,计算流体晃荡的冲击作用,而对外部波浪荷载作用下液舱内流体晃荡对船舶运动的耦合冲击作用则无法进行考虑。

1.3 流体运动的基本数值模拟方法

对于流体运动问题,目前主要的研究方法包括原型观测、物理模型实验、理论分析、数值模拟四种。其中,数值模拟方法由于成本低且不受实验室条件限制等优点,有较强的优越性。对于海洋工程问题,最直接的方法即基于 Navier-Stokes 方程进行模拟,如 Lin 和 Liu[56]、Lu 等[57]、吕林[58]等。该方法可较细致的模拟真实流体运动情况,但计算量较大。另一种常用方法即引入无黏假设和无旋假设,在势流理论框架下对该问题进行数值模拟。

对于本书波浪作用下船舶运动与液舱内流体晃荡的耦合作用问题,由于外场波浪作用黏性影响较弱,因此采用势流理论进行数值模拟,而对于液舱内流体晃荡问题,由于自由水面非线性及黏性耗散作用较强,且常常伴随如波浪破碎、冲击、气液混合等复杂物理现象,因此以 Navier-Stokes 方程为基本出发点,对上述问题进行研究。现分别介绍如下。

1.3.1 外场波物相互作用的势流模型

如前所述,对于海洋工程中外场波浪作用问题,人们通常会用势流理论对该问题进行研究,如 Ma 等[59,60]、Bai 和 Eatock Taylor[61]、Zhou 等[62]及周斌珍[63]采用完全非线性假设对波物相互作用问题进行模拟,如 Liu 等[64]、Yang 等[65]、刘昌凤[66]等采用摄动展开及泰勒展开的方法对自由水面条件进行弱非线性或线性简化,从而对该问题进行模拟。但是,上述时域方法的计算与时间有关,因此相对于工程问题而言,计算量仍然很大。相比而言,频域理论通过时间变量分离,使求解的物理量与时间无关,可以满足工程实际的计算需要。但是,由于频域方法只适用于周期性稳态问题的求解,因此不能考虑不规则波作用下的瞬变问题。针对这个情况,Cummins[67]提出了使用脉冲响应函数(impulse-response function)将频域结果转换到时域的方法,Ogilvie[68]对该方法进行了详细的描述,Lee 和 Newman[69]对转换过程中的截断误差进行了分析,并将其应用于多种海洋工程结构物的水动力分析中,信书[70]研究了码头前波浪与船舶的相互作用问题,肖鑫[71,72]应用该方法研究了畸形波对 TLP 平台的作用问题。对于一般的外场波浪作用问题,该方法可取得很好的计算结果。

对于上述波浪与海上建筑物的相互作用问题,边界元方法因计算域仅局限于物体表面(使用满足自由水面边界条件的格林函数以后)、前期数据准备工作少、适用于模拟无穷区域等诸多优点被广泛应用[73]。边界元方法最初是由 Hess 和 Smith[74]、Garrison[75]、Liu 和 Abbaspour[76]以及 Korsmeyer 等[77]基于常数元方法而发展起来的,但常数元对物体表面离散后,每个平面板元内的值均相等,因此单元间物理量不连续,故计算精度较低。为了克服这个缺点,Liu 等[78],Teng 和 Eatock Taylor[79],孙亮[80]等学者发展了波浪与海上建筑物作用的高阶边界元的方法,该方法将计算域边界离散成四边形或三角形的曲面单元,单元内任一点的值都可以通过节点值表示出来,所以速度势等物理量在单元内部及单元之间是连续变化的。通过理论分析和数值结果均可以发现,相对于常数元方法,高阶边界元方法使用较少单元即可获得较高的计算精度,并可以为物体表面提供连续且精度较高的压强分布值,这对船舶及海洋结构物的强度设计来说是十分重要的[81]。

近些年,由于船舶及海洋工程结构物的大型化发展,浮式储油卸油装置(FPSO)、超大型浮体(VLFS)等海洋结构物越来越受到人们的关注[82]。传统边界元的系数矩阵是一个满阵,因此其计算量和存储量均至少为未知量 N 的平方量级$[O(N^2)]$。对于上述大尺度结构物,即使数值离散采用高阶边界元方法,所需要的计算量与存储量也超出了一般计算机的能力[83]。针对这一问题,诸多高速度、低存储的计算方法得到发展,包括预修正快速傅里叶变换法(pFFT)[84,85]和多极子展开法(FMM)[86]。其中,FMM 方法是使用 Graf 加法定理对满足自由水面边界条件的格林函数进行级数展开来达到快速计算的目的,如 Utsunomiya 和 Watanabe[87]、Teng 和 Eatock Taylor[88]、勾莹[89,90]。该方法现已成功应用于多浮体[91]与水弹性问题[92]的计算中。但是,多极子展开法对格林函数采用了级数展开的形式,但级数展开项在水深较深时项数较多,收敛较慢,且无法考虑无限水深的情况[93,94,95]。相比而言,pFFT 方法并不改变格林函数的计算形式,可以使用无限水深自由水面格林函数来处理深水问题。pFFT 方法是在处理集成电路分析问题时,由 Phillips 和 White[96]提出,进而由 Korsmeyer[97]、Korsmeyer 和 Lee[98]、Ding 和 Ye[99]、Ding[100]等应用于波浪与物体相互作用的问题中,Lee 和 Newman[101]、Sylvain[102]对前文工作做了很好的总结。pFFT 方法也已成功应用到多浮体及水弹性的计算中,如 Korsmeyer[103]、Kring[104]、Ken 和 Jun[105]及戴愚志[106,107]等。此外,戴愚志[108]基于计算量和存储量乘积最小化的原则进行网格布置,姜胜超[109]则推荐采用计算量最小化原则进行 pFFT 网格布置。但是,上述工作均基于常数元方法,因此计算精度较低,且难以提供连续的压力参数以满足结构设计要求。Newman[110]提出采用更细板元的方法获取较高精度的网格势插值,从而达到完成结构设计的接口的目的,但近场作用仍需要对水动力重新计算来完成。因此,为提高计算精度,并进一步减少计算量与存储量,同时也可以为结构设计提供较准确的压力作用参数,有必要将 pFFT 方法应用到高阶元中。在本书模型中,该工作将被应用于波浪外荷载的计算。

1.3.2 液舱内流体晃荡的黏性流模型

对于液舱内流体晃荡问题,由于流体运动的强非线性影响,势流理论无法对其进行准确模拟。因此,本书以 Navier-Stokes 方程为基本出发点,对上述问题进行研究。

本质上讲，Navier-Stokes 方程是描述各流动变量在空间和时间上的分布的一组偏微分方程，因此在对其进行数值求解时必须考虑在时间与空间上对其分别进行离散，进而形成代数方程组系统，最终才能对其进行求解。对于空间离散问题，目前主要的方法包括有限差分法(finite difference method，FDM)、有限体积法(finite volume method，FVM)和有限元法(finite element method，FEM)，这也是计算流体动力学中对 Navier-Stokes 方程进行空间离散所依赖的主要数值方法。其中，有限体积法继承了有限差分法简单及适合强间断问题的优点，同时有较强的复杂边界适应性，且在求解过程中使用了局部和总体质量守恒的思想，这对 Navier-Stokes 方程组的数值求解具有非常重要的意义，因此，本书中所有有关黏性流计算都将采用有限体积法进行数值求解。对于时间离散问题，考虑计算效率和数值稳定性，本书在时间项的处理上采用向前差分格式，同时采用显格式方法处理对流项。该方法在动量方程的求解中所需要的时间很少，而压力泊松方程的求解是计算资源的主要消耗部分。最后，本书对不可压缩 Navier-Stokes 方程将使用 PISO(pressure-implicit with splitting of operators)方法进行求解。

对自由水面问题的处理主要包括两类基本方法，即界面捕捉方法和界面追踪方法。界面追踪方法往往与流体自由水面的动力学和运动学边界条件联系在一起，其基本假定即流体力学中的连续流体线的保持性定理，即自由水面欧拉空间点的运动速度等于该位置处流体质点的运动速度。这类方法又称高程函数法，这是由于这些方法在描述自由水面运动时都是通过波面函数进行处理。界面追踪方法数值实现简单，但是在处理复杂自由水面运动时存在较大的困难，且由于高程函数是一个单值函数，因此无法处理重叠型的自由水面运动问题。相比而言，界面捕捉类的方法，如标识网格法(marker and cell，MAC)、流体体积法(volume of fluid，VOF)等，则对复杂自由水面运动问题具有非常强的适应性，它可以对大多数的自由水面问题进行处理，但是数值实现过程相对复杂，且数值计算量较大。在本书中，由于所研究的液舱内流体晃荡问题涉及复杂的自由水面的大变形、破碎、冲击等物理现象，因此本书将采用界面捕捉方法对自由水面问题进行计算，即 VOF 方法。

当考虑流体与物体的相互作用时，如何准确的处理流固耦合是一个很重要的问题，对于本书而言，由于是模拟液舱晃荡问题，其特点是流体计算域随液舱整体运动，因此，可使用基于 ALE(arbitrary lagrangian eulerian)观点下的动网格方法对其进行处理。ALE 方法实际上是一种网格追踪技术，在黏性流体动力学框架下，其运动学边界条件通常假设为物体边界上的流体质点运动等于物体的运动速度，而动力学边界条件则通常假设流体沿物体法向压力梯度为零，即通常所说的不可滑移边界条件。该方法实现简单,可以较准确的模拟物体的运动,且可以应用于复杂物体边界的情况。

1.4 本书内容

基于上述背景,本书选取船舶运动与液舱内流体晃荡的耦合作用作为研究方向,通过使用外部势流与内部黏性流方法的耦合模型进行数值分析。对于船舶及海上结构物的外部波浪荷载问题,由于通常流体的黏性影响较小,因此本书使用势流理论进行研究,计算出波浪作用下船舶的激振力、附加质量和辐射阻尼,然后,使用脉冲响应函数方法将频域结果转换到时域中,将所获得的外部波浪激振力、附加质量和延迟函数作为已知,输入到液舱内流体晃荡的模拟中。而对于液舱内流体的晃荡问题,由于非线性较强,且伴有如波浪破碎、气液混合的复杂物理现象,则使用两相流 Navier-Stokes 方程进行描述,自由水面采用 VOF 方法进行捕捉,最终既可以计算出耦合作用下船舶的运动响应,又可以描述上述液舱内流体强非线性运动的物理现象。在模型的建立过程中,对于外部波浪场的计算,使用频域边界元的方法进行计算,为了克服边界元方法在解决大尺度物体的水动力分析中效率较低的缺点,开发了预修正快速傅里叶变换方法进行计算效率优化。对于内部流体运动,则使用黏性流体动力学模型进行模拟,本书在开源代码 OpenFOAM 的基础上进行二次开发,采用 ALE 方法处理流固耦合问题,从而实现液舱内流体晃荡与船舶运动及外部波浪荷载的耦合。为提高耦合模型的计算效率,本书将采用 MPI 并行计算方法进行多线程计算。该课题涉及势流波浪理论、预修正快速傅里叶变换快速算法、黏性流体运动理论、流固耦合问题、复杂自由水面流体运动(如破碎、射流等)的模拟、流体运动能量耗散、势流和黏性流两种方法的耦合作用等,因此不仅具有很广泛的应用前景,还具有重要的理论价值和科学研究意义。

本书的主要内容如下:

第 1 章是绪论部分,叙述了本书的工程背景和研究意义,以及其实际的工程价值。随后对液舱内流体晃荡问题的国内外研究现状进行了介绍和归纳,并确定本书研究内容及研究方法。

第 2 章建立了船舶外部波浪荷载的数值模型,在频域势流理论框架下,应用第二格林定理,利用满足自由水面边界条件的格林函数建立边界积分方程,采用高阶边界元方法进行离散,给出了波浪力及水动力系数的计算公式,建立了刚体运动方程,并介绍了绕射-辐射联合问题的频域水动力求解方法。本章内容既可以直接用于计算船舶与外部波浪相互作用问题,又可以为预修正快速傅里叶变换高阶边界元方法的建立提供基础。

由于传统边界元方法形成的矩阵是一个满阵,对于如 FPSO 等大型船舶及海洋工程结构物的水动力分析问题,第 2 章所描述的传统高阶边界元方法很难满足工程需要。因此,第 3 章以迭代法为基础,建立了预修正快速傅里叶变换高阶边界元方法,该方法无须显式的生成系数矩阵,并且能够快速计算矩阵与向量乘法运算速度,从而对传统高阶边界元方法进行加速,使其能够满足工程实际的计算需要。通过对淹没圆柱、漂浮圆柱、MOB,以及四柱结构的计算,对该方法的准确性与高效性进行了验证。通过对不同未知数时该方法的计算量、存储量,以及本身各步骤计算量的对比,研究了不同 pFFT 网格方案对计算量和存储量的影响,分析了该方法的计算效率,并提出一个基于计算量最小化原则的 pFFT 网格优化方法。至此,船舶外部波浪荷载计算部分完成。

第 4 章建立了模拟液舱内流体晃荡问题的两相黏性流体动力学数值模型的基本原理与数值方法,对两相黏性流体动力学及其与运动物体相互作用求解过程中所用到的基本控制方程以及相关的数值实现方法进行了阐述,主要包括 Navier-Stokes 方程、有限体积数值离散方法、PISO 求解方法、自由水面捕捉、流固耦合处理,以及有关代数方程组的求解技术。本章内容将为第 5 章开展强迫运动时液舱晃荡问题的数值研究工作,以及第 6 章耦合数值模型的建立与耦合数值分析提供理论基础。

第 5 章针对受迫运动时液舱内黏性流体晃荡问题,对第 4 章所建立的黏性流体动力学数值模型的可靠性,特别是流场求解器和界面捕捉方法的准确性,以及液舱晃荡的整体及局部冲击力进行了验证。通过对二维矩形液舱内流体晃荡问题、三维矩形液舱内流体晃荡问题,以及复杂几何结构(带横隔板)液舱内流体晃荡问题的数值模拟,验证了本书模型的正确性。并对不同情况下黏性流体晃荡的数值结果进行分析,研究了流体黏性对自由水面运动的影响,同时也为耦合模型中的数值研究工作提供指导意义并奠定基础。

第 6 章建立了外部波浪作用使用势流理论,内部流体晃荡使用黏性流体动力学理论的耦合模型。在模型的建立过程中,对于外部波浪场的计算,使用了第 3 章所建立的预修正快速傅里叶变换高阶边界元方法处理以提高计算效率。对于内部流体晃荡问题,使用了第 4 章所介绍的黏性流体动力学理论进行描述,并采用 VOF 方法捕捉自由水面,从而满足液舱内流体因强非线性运动而带来的如波浪破碎、冲击、气液混合以及能量耗散等复杂物理现象的模拟需要。通过对波浪与矩形浮箱水平晃荡的耦合计算、波浪与矩形浮箱横摇晃荡的耦合计算,以及波浪与 LNG 船舶三维晃荡的耦合计算,将本书方法与实验结果及其他数值

第 1 章　绪　论

结果进行了对比,验证了本书方法的正确性。此外,基于上述两组浮箱算例,本书分别对其在不同装载水深时,浮箱运动、浮箱内流体晃荡作用力,以及其对应的时间历程线进行了研究,分析了耦合运动时水动力特征及其产生原因。对于 LNG 船舶三维晃荡的情况,本章研究了不同装载水深、入射频率及入射方向时,液舱内流体晃荡与船舶整体运动响应的耦合影响,并特别关注了不同入射波波幅对船舶运动振幅、液舱内流体晃荡作用力,以及液舱内流体运动形态的水动力特征变化,详细分析了所出现物理现象的产生机理。最后,本章还对液舱内部各特征点的局部冲击力进行了研究,并与不使用耦合分析时局部冲击力的计算结果进行了对比。

第 2 章 外场波物相互作用数值模型的基本原理与数值方法

2.1 引 言

本章的目的在于建立外部波浪与船舶及海上结构物相互作用的数值模型。波浪作为海洋工程中的最主要动力荷载之一,是设计船舶及海上工程时所考虑的关键因素。对于这种问题,结构物所受到的波浪荷载作用主要来自流场中波浪的无旋部分,势流理论可以准确的预测出结构物所受到的荷载及其相应的运动响应。所以,可以将波浪与结构物的相互作用问题归结为满足一定初始条件与边界条件的拉普拉斯方程定解问题。因此,本章将基于不可压缩势流理论,介绍用高阶边界元方法求解频域内线性规则波与浮体相互作用问题的基本原理与数值方法,包括基本控制方程和边界条件、边界积分方程的建立、运动方程的建立,以及绕射-辐射联合问题的频域水动力求解方法,等等。本章内容既可以直接用于计算船舶与外部波浪相互作用问题,又可以为预修正快速傅里叶变换高阶边界元方法的建立提供基础。

2.2 控制方程与边界条件

在流体不可压缩、无黏且运动无旋的假定下,可以将流体质点的运动速度表示为速度势函数的梯度形式:

$$\boldsymbol{u}(\boldsymbol{x},t) = \nabla \Phi(\boldsymbol{x},t) = \frac{\partial \Phi}{\partial x}\boldsymbol{i} + \frac{\partial \Phi}{\partial y}\boldsymbol{j} + \frac{\partial \Phi}{\partial z}\boldsymbol{k} \tag{2.1}$$

根据质量守恒定律,在流场中速度势 Φ 应满足拉普拉斯方程,即

$$\nabla^2 \Phi = 0 \tag{2.2}$$

若速度势已知,则可以由动量守恒定律,推导出伯努利方程,即

$$-\frac{p}{\rho} = gz + \frac{\partial \Phi}{\partial t} + \frac{1}{2}|\nabla \Phi|^2 + C(t) \tag{2.3}$$

式中,$C(t)$为关于t的任意函数,可以忽略,不会影响速度场的分布。通过式(2.3)即可求得压力场,其中,等号右端第一项为p的流体静压力贡献,其余项为p的流体动压力贡献。

作为一个完整的定解问题,如图2.1所示,开敞水域中波浪与浮体的相互作用问题应满足下述边界条件。

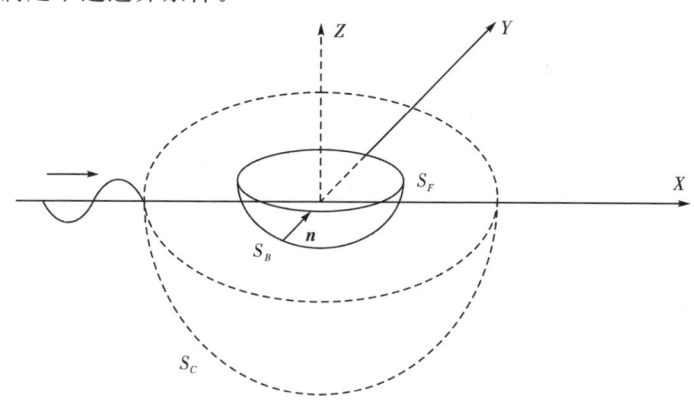

图2.1 计算区域和边界定义

(1)物面条件

在不可渗透的固体边界S_B上,当流体运动不脱离物体表面时,流体运动速度和固体运动速度在固体表面法线方向上应保持相等。

$$\frac{\partial \Phi}{\partial \boldsymbol{n}} = \boldsymbol{U}_n \tag{2.4}$$

式中,$\boldsymbol{n}$为S_B上的单位法向量,以指出流体为正;$\boldsymbol{U}_n$为物体表面在该点的法向运动速度。当物体边界固定不动时,法向速度为零。

(2)海底条件

对于无限水深的情况,海底条件可以写为

$$\Phi = 0 \tag{2.5}$$

(3)自由水面条件

自由水面条件分为运动学边界条件和动力学边界条件,分别用于描述自由水面的运动和受力。

设自由水面的铅垂位移为$\eta(x,y,t)$,则自由水面方程为

$$F(x,t) = z - \eta(x,y,t) = 0 \tag{2.6}$$

依据光滑流体面保持性定理,流体质点在自由水面上的运动要满足与邻近质点的连续性,因此自由水面上的流体法向速度要与自由水面上流体质点的法向速度相同,即自由水面上流体质点除了随自由水面整体移动外只能做切向运动,从

而得到：

$$\frac{\partial \eta}{\partial t} + \frac{\partial \Phi}{\partial x}\frac{\partial \eta}{\partial x} + \frac{\partial \Phi}{\partial y}\frac{\partial \eta}{\partial y} = \frac{\partial \Phi}{\partial z} \tag{2.7}$$

式(2.7)即自由水面上的运动学边界条件。

对于重力波与海洋结构物的相互作用问题，由于所考虑波浪的波长相对较大，因而通常忽略流体的表面张力，紧邻自由水面下的压力等于自由水面上的大气压力 p_a，在自由水面上应用伯努利方程(2.3)，并设 $p_a = 0$，可以得出自由水面上的动力学边界条件，即

$$g\eta + \frac{\partial \Phi}{\partial t} + \frac{1}{2}|\nabla \Phi|^2 = 0 \tag{2.8}$$

上式也可以作为求解波面高度的波面运动方程。

在式(2.7)和式(2.8)中消去波面高度 η，可以得到仅含速度势的自由水面条件，即

$$\frac{\partial^2 \Phi}{\partial t^2} + g\frac{\partial \Phi}{\partial z} + \frac{\partial}{\partial t}|\nabla \Phi|^2 + \frac{1}{2}\nabla \Phi \cdot \nabla |\nabla \Phi|^2 = 0 \tag{2.9}$$

通过式(2.7)、式(2.8)以及式(2.9)可以看出，自由水面条件是非线性的，并且在未知的瞬时表面满足。

应用摄动展开方法，将速度势按波陡 ε（$\varepsilon = kA$，k 为波数，A 为波幅）展开。

$$\begin{aligned}\Phi &= \varepsilon\Phi^{(1)} + \varepsilon^2\Phi^{(2)} + O(\varepsilon^3) \\ \zeta &= \varepsilon\zeta^{(1)} + \varepsilon^2\zeta^{(2)} + O(\varepsilon^3)\end{aligned} \tag{2.10}$$

对于规则波，将对应的一阶参量写成分离出时间变量的形式[为简便忽略上角标(1)]。

$$\begin{aligned}\Phi(x,y,z,t) &= \text{Re}[\phi(x,y,z)\mathrm{e}^{-\mathrm{i}\omega t}] \\ \eta(x,y,z,t) &= \text{Re}[\zeta(x,y,z)\mathrm{e}^{-\mathrm{i}\omega t}]\end{aligned} \tag{2.11}$$

分解后的复速度势 $\phi(x)$ 仍满足拉普拉斯方程，即 $\nabla^2 \phi = 0$，并将满足如下边界条件：

（1）物面条件

$$\frac{\partial \phi}{\partial n} = -\mathrm{i}\omega\{\xi \cdot n + \alpha[(x-x_0) \times n]\} \tag{2.12}$$

上式的由来我们将在 2.3 节讨论。

（2）自由水面条件

$$\frac{\partial \phi}{\partial z} = \frac{\omega^2}{g}\phi \tag{2.13}$$

（3）海底条件

$$\phi = 0 \tag{2.14}$$

第 2 章 外场波物相互作用数值模型的基本原理与数值方法

式(2.13)中，g 为重力加速度。除此之外，散射势还应满足无穷远的辐射条件(Sommerfeld 辐射条件)。

$$\lim_{r \to \infty} \sqrt{r} \left(\frac{\partial \phi_S}{\partial r} - \mathrm{i}k\phi_S \right) = 0 \tag{2.15}$$

式中，k 满足色散关系 $\omega^2 = gk$。

2.3 速度势的分解及其对应的物面条件

对于图 2.2 中所示的运动物体，用两组坐标系进行描述，一组是定义为 $oxyz = ox_1x_2x_3$ 的空间固定坐标系，另一组是定义为 $o'x'y'z' = o'x_1'x_2'x_3'$ 的浮体坐标系，即相对于浮体本身不动的坐标系，在浮体静止时两个坐标系重合，当浮体运动时两个坐标系之间相对位置的变化就可以用来描述浮体的运动。用 $\boldsymbol{\Xi}(\Xi_1, \Xi_2, \Xi_3)$ 表示 $o'x_1'x_2'x_3'$ 坐标系相对于空间固定坐标系 $ox_1x_2x_3$ 的平动位移，用 $\boldsymbol{\Theta}(\Theta_1, \Theta_2, \Theta_3)$ 表示相对转角，假设浮体运动为小振幅运动，则任意一空间点在两组坐标系下的坐标满足关系式，

$$\boldsymbol{x} = \boldsymbol{x}' + \boldsymbol{\Xi} + \boldsymbol{\Theta} \times (\boldsymbol{x}' - \boldsymbol{x}_c') + O(\varepsilon^2) \tag{2.16}$$

式中，ε 为量纲一的运动参量，$\boldsymbol{x}_c'$ 为浮体转动中心。

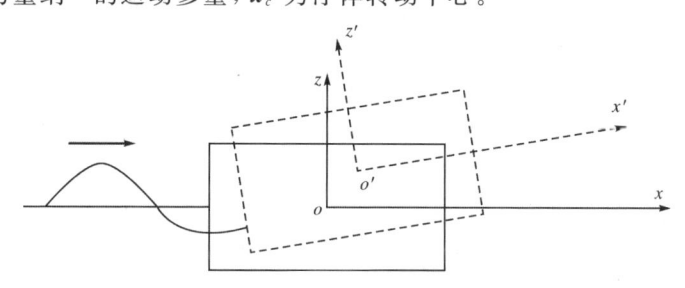

图 2.2 坐标定义

运动速度等于位移的导数，因此浮体上某点的运动速度为

$$\boldsymbol{U} = \dot{\boldsymbol{x}} = \dot{\boldsymbol{\Xi}} + \dot{\boldsymbol{\Theta}} \times (\boldsymbol{x}' - \boldsymbol{x}_c') \tag{2.17}$$

同样，在两组坐标系下浮体上三个坐标轴方向的法向矢量满足关系式：

$$\boldsymbol{n} = \boldsymbol{n}' + \boldsymbol{\Theta} \times (\boldsymbol{x}' - \boldsymbol{x}_c') \tag{2.18}$$

在 $ox_1x_2x_3$ 空间固定坐标系下，物面运动条件写成矢量点积的形式为

$$\boldsymbol{U} \cdot \boldsymbol{n} = \nabla \Phi \cdot \boldsymbol{n} \tag{2.19}$$

上式在浮体的瞬时湿表面 S 上满足。同自由水面的处理方法相同，瞬时位置 S 上的速度势导数可以展开为在平均湿表面 S_m 上的泰勒级数形式：

$$\nabla \Phi|_S = \nabla \Phi|_{S_m} + [(x-x') \cdot \nabla] \nabla \Phi|_{S_m} + \cdots \quad (2.20)$$

物面上任一点的坐标和法向矢量在 $o'x_1'x_2'x_3'$ 坐标系的矢量与该点在静平衡位置时固定坐标系 $ox_1x_2x_3$ 的矢量是相同的,因此根据式(2.17)、式(2.18)和式(2.19),可以写成

$$[\dot{\boldsymbol{\Xi}} + \dot{\boldsymbol{\Theta}} \times (x' - x_c')] \cdot [n + \boldsymbol{\Theta} \times (x - x_c)] = \nabla \Phi[n + \boldsymbol{\Theta} \times (x - x_c)] \quad (2.21)$$

上式在平均湿表面 S_m 上满足。忽略二阶项,上式写为

$$\frac{\partial \Phi}{\partial n} = \dot{\boldsymbol{\Xi}} \cdot n + \dot{\boldsymbol{\Theta}}[(x - x_c) \times n] \quad (2.22)$$

由于简谐波与结构物作用的问题,因此结构的运动响应也是同频率下的简谐运动。根据式(2.11)中速度势的表示形式,同理可将水平运动和转角分离出时间因子。

$$\boldsymbol{\Xi} = \text{Re}[\boldsymbol{\xi} e^{-i\omega t}] \quad \boldsymbol{\Theta} = \text{Re}[\boldsymbol{\theta} e^{-i\omega t}] \quad (2.23)$$

将上式代入式(2.22)中可得:

$$\frac{\partial \phi}{\partial n} = -i\omega \{\boldsymbol{\xi} \cdot n + \boldsymbol{\theta}[(x - x_c) | \times n]\} \quad (2.24)$$

对于浮体的运动,三个坐标轴方向的法向矢量为 (n_1, n_2, n_3),三个方向的平动位移为 (ξ_1, ξ_2, ξ_3),根据式(2.24)的表示形式,定义广义方向 $(n_4, n_5, n_6) = (x - x_c) \times n$,转动矢量写为 $(\theta_1, \theta_2, \theta_3) = (\xi_4, \xi_5, \xi_6)$,因此上式可写为

$$\frac{\partial \phi}{\partial n} = -i\omega \, \boldsymbol{\xi} \cdot n \quad (2.25)$$

根据式(2.25),浮体的运动可分解为6个运动方向,分别称为纵荡、横荡、升沉、横摇、纵摇和回转。

考虑该问题的一般性,将速度势 ϕ 分解为入射势 ϕ_i、绕射势 ϕ_d 和辐射势 ϕ_r,即

$$\phi = \phi_i + \phi_d + \phi_r \quad (2.26)$$

同时定义散射势 $\phi_s = \phi_d + \phi_r$。其中,绕射势 ϕ_d 为假定物体不运动时所产生的速度势,辐射势 ϕ_r 为只考虑物体运动时所产生的速度势。入射势 ϕ_i 则用于描述入射波,可以写为

$$\phi_i = -\frac{igA}{\omega} e^{kz} e^{ikr\cos\theta} \quad (2.27)$$

将速度势分解的表达式(2.26)代入物面边界条件式(2.25)中,根据绕射势和辐射势的物理意义,可知入射势和辐射势的和在物面上的导数为零,辐射势可按照运动的6个分量进一步分解为

第 2 章 外场波物相互作用数值模型的基本原理与数值方法

$$\phi_r = \sum_{j=1}^{6} -\mathrm{i}\omega\xi_j\phi_j \tag{2.28}$$

式中，$\xi_j(j=1,2,\cdots,6)$ 为浮体在 6 个运动方向上的运动幅值，$\phi_j(j=1,2,\cdots,6)$ 为浮体在 6 个运动方向上单位幅值运动所产生的 6 个辐射势。其中，前 3 个方向为平动分量，分别为纵荡、横荡和升沉，后 3 个方向为转动分量，分别为横摇、纵摇和回转。

为了表达方便，将入射势 ϕ_i 定义为 ϕ_0，进而将 $\phi_1,\phi_2,\cdots,\phi_6$ 看作物体单位运动各个分量的辐射势，ϕ_7 为绕射势 ϕ_d。进而可以将物面条件写为

$$\frac{\partial \phi_j}{\partial n} = \begin{cases} n_j & (j=1,2,\cdots,6) \\ -\dfrac{\partial \phi_0}{\partial n} & (j=7) \end{cases} \tag{2.29}$$

2.4 边界积分方程的建立及其高阶边界元方法离散

对于流场内具有二阶导数且还有一阶导数的边界上的两个函数 u 和 v，将满足第二格林公式：

$$\iiint_\Omega [u\,\nabla^2 v - v\,\nabla^2 u]\mathrm{d}\Omega = \iint_S \left(u\frac{\partial v}{\partial n} - v\frac{\partial u}{\partial n}\right)\mathrm{d}S \tag{2.30}$$

式中，Ω 为流体计算域，S 为计算域边界，n 为计算域边界的单位法向量，以指出流体为正。

令 u 为速度势 ϕ，v 为源点在 (x_0,y_0,z_0) 的格林函数 $G(x,x_0:\omega)$，代入第二格林公式 (2.30) 中，可以得出积分方程为

$$\alpha\phi(x_0) - \iint_S \frac{\partial G(x,x_0)}{\partial n}\phi(x)\mathrm{d}S = -\iint_S \frac{\partial \phi(x)}{\partial n}G(x,x_0)\mathrm{d}S \tag{2.31}$$

式中，α 为固角系数。

$$\alpha = \begin{cases} 1 & (x_0 \text{ 在 } \Omega \text{ 内}) \\ 0 & (x_0 \text{ 在 } \Omega \text{ 外}) \\ 1-(\text{固角}/4\pi) & (x_0 \text{ 在 } S \text{ 上}) \end{cases} \tag{2.32}$$

固角为物体表面所占的空间角度，对于一正方体，侧面处为 2π，棱柱处为 π，角点处为 $\pi/2$。

积分方程中的格林函数 G 对于不同的问题和边界条件有不同的形式，应用满足除了物面条件以外的线性简谐散射波的所有边界条件的格林函数，可使积分区域仅限于物体表面上，从而减少对计算机内存的需求。本书使用满足上述

自由水面边界条件、无限水深海底条件和远场辐射条件的格林函数。

$$\begin{aligned} G &= \frac{1}{r} + \frac{1}{r'} + 2K\int_0^{+\infty} \frac{1}{k-K} e^{k(z+\zeta)} J_0(kR) dk \\ &= \frac{1}{r} + \int_0^{+\infty} \frac{k+K}{k-K} e^{k(z+\zeta)} J_0(kR) dk \\ &= \frac{1}{r} + PV\int_0^{+\infty} \frac{k+K}{k-K} e^{k(z+\zeta)} J_0(kR) dk + 2i\pi K e^{k(z+\zeta)} J_0(kR) \end{aligned} \quad (2.33)$$

其中,$r = [R^2 + (z-z_0)^2]^{1/2}$;$R$ 是场点和源点的水平距离;$K = \omega^2/g$ 为深水波数。再对上述格林函数及速度势应用第二格林定理,建立边界积分方程为

$$\alpha \phi(x_0) - \iint_{S_B} \frac{\partial G(x,x_0)}{\partial n} \phi(x) dS = -\iint_{S_B} \frac{\partial \phi(x)}{\partial n} G(x,x_0) dS \quad (2.34)$$

再将式(2.26)和式(2.29)代入边界积分方程(2.34)中,可以得到关于各个散射势的积分方程式为

$$\alpha \phi_j(x_0) - \iint_{S_B} \frac{\partial G(x,x_0)}{\partial n} \phi_j(x) dS = \begin{cases} -\iint_{S_B} n_j G(x,x_0) dS & (j=1,2,\cdots,6) \\ \iint_{S_B} G(x,x_0) \frac{\partial \phi_0(x)}{\partial n} dS & (j=7) \end{cases}$$

(2.35)

当 $j = 1,2,\cdots,6$ 时,通过式(2.35)可以求出 6 个自由度方向上的单位运动的辐射势,当 $j = 7$ 时,通过式(2.35)可以求出入射波浪产生的绕射势。

为获得较高的精度和较快的收敛速度[111],使用高阶连续元对上面的积分方程进行离散,它是将物体表面离散成 N_E 个曲面单元,如图 2.3 所示,对每个单元进行数学变换,变换为参数坐标 (ξ,η) 下的等参元,如图 2.4 所示。在等参元内引入形状函数 $h^k(\xi,\eta)$,单元内任一点的速度势可通过节点势 ϕ^k 表示为

$$\begin{aligned} \phi(\xi,\eta) &= \sum_{k=1}^{K_e} h^k(\xi,\eta) \phi^k \\ \frac{\partial \phi(\xi,\eta)}{\partial \xi} &= \sum_{k=1}^{K_e} \frac{\partial h^k(\xi,\eta)}{\partial \xi} \phi^k \\ \frac{\partial \phi(\xi,\eta)}{\partial \eta} &= \sum_{k=1}^{K_e} \frac{\partial h^k(\xi,\eta)}{\partial \eta} \phi^k \end{aligned} \quad (2.36)$$

K 为单元的节点个数。对于四边形单元,K 可取 4、8 或 12,对于三角形单元,K 可取 3、6 或 9,分别对应线性元、二次元和三次元。二次元和三次元也称为高阶元,本书中选用的等参元离散都为二次元。

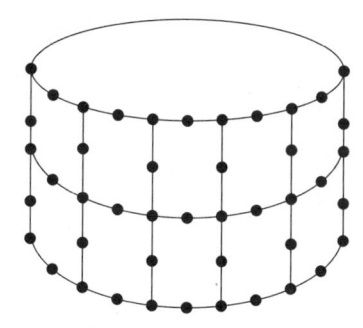

图 2.3 物面单元划分

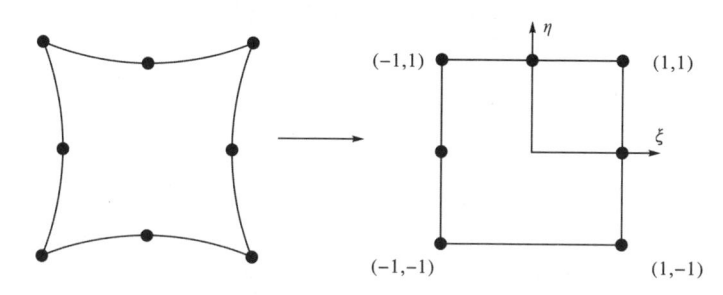

图 2.4 四边形单元变换

总体坐标系下的围面积在等参坐标系下为

$$dS = |J(\xi,\eta)| d\xi d\eta \tag{2.37}$$

式中，$|J(\xi,\eta)|$ 为雅可比行列式。将式(2.36)和式(2.37)代入式(2.34)中，积分方程变为

$$\alpha\phi_j(x_0) - \sum_{e=1}^{N_E}\int_{-1}^{1}\int_{-1}^{1} h^k \phi_j^k(x) \frac{\partial G(x,x_0)}{\partial n} |J_e(\xi,\eta)| d\xi d\eta$$

$$= \begin{cases} -\sum_{e=1}^{N_E}\int_{-1}^{1}\int_{-1}^{1} n_j G(x,x_0) |J_e(\xi,\eta)| d\xi d\eta & (j=1,2,\cdots,6) \\ \sum_{e=1}^{N_E}\int_{-1}^{1}\int_{-1}^{1} G(x,x_0) \frac{\partial \phi_0(x)}{\partial n} |J_e(\xi,\eta)| d\xi d\eta & (j=7) \end{cases} \tag{2.38}$$

在高阶元中，固角系数 α 随源点 x_0 位置的不同具有不同的值，可以根据源点所在单元的几何性质直接进行求解[112]。此外，积分方程在离散的过程中将遇到奇异积分，可采用 Li 等[113]提出的三角极坐标变换的方法来消除。将源点 x_0 分别取在各个节点上，采用上述方法进行离散，对于本书单物体问题，共有 7 个速度势分量，因此，形成的线性代数矩阵方程组最终可以统一写成：

$$[A]_{N\times N} \{\phi_j\}_N = \{B_j\}_N \quad (j=1,2,\cdots,7) \tag{2.39}$$

其中，N 为未知量（对于高阶元方法，N 是节点总数）。对于这一矩阵方程，可以使用高斯消去法求解，得到每个节点上的绕射势 ϕ_7 和辐射势 ϕ_j ($j = 1, 2, \cdots, 6$)。求得物体表面的速度势后就可以对其他物理量进行计算了。但是，由于系数矩阵 $[A]$ 是一个满阵，因此计算量和存储量均至少为 $O(N^2)$ 量级，当未知量数量较多时，即使采用高阶边界元方法，对计算量与存储量的要求也超出了目前计算机的能力[114]，这逐渐成为该方法应用的一个瓶颈。在下一章中将重点介绍如何快速低存储的求解这个方程组。

2.5 波浪激振力、物体运动响应和波面高度的计算

基于牛顿第二定律，再根据受力平衡的方法，可以得到规则波作用下频域内刚性浮体的运动方程为

$$-\omega^2 [M]\{\xi\} - \mathrm{i}\omega[B]\{\xi\} + [K]\{\xi\} = \{f\} + \{f_m\} + \{f_e\} \quad (2.40)$$

式中，$[M]$ 为物体的质量矩阵，$[B]$ 为物体的阻尼矩阵，$[K]$ 为系泊系统的刚度矩阵；$\{f\}$ 为流体作用力，$\{f_m\}$ 为物体的重力，在 z 方向上的分量为 $-Mgn_z$，在其他方向上分量为零，$\{f_e\}$ 为来自外部系泊系统的静力部分。

质量矩阵 $[M]$ 的具体形式为

$$[M] = \begin{bmatrix} M & 0 & 0 & 0 & M_1(z_c - z_0) & -M(y_c - y_0) \\ 0 & M & 0 & -M(z_c - z_0) & 0 & M(x_c - x_0) \\ 0 & 0 & M & M(y_c - y_0) & -M(x_c - x_0) & 0 \\ 0 & -M(z_c - z_0) & M(y_c - y_0) & I_{22}^b + I_{33}^b & -I_{12}^b & -I_{13}^b \\ M(z_c - z_0) & 0 & -M(x_c - x_0) & -I_{12}^b & I_{33}^b + I_{11}^b & -I_{23}^b \\ -M(y_c - y_0) & M(x_c - x_0) & 0 & -I_{13}^b & -I_{23}^b & I_{22}^b + I_{11}^b \end{bmatrix}$$

$$(2.41)$$

其中，M 为浮体的质量，(x_c, y_c, z_c) 为浮体质心坐标；$I_{ij}^b = \iiint\limits_V (x_i - x_{ci})(x_j - x_{cj})\rho \mathrm{d}V$ 为浮体转动惯量。

在计算浮体运动响应振幅 $\{\xi\}$ 之前，必须先求出波浪作用下该浮体的受力情况。波浪作用力可以通过对瞬时湿表面 S 进行流体压强 p 积分求得，即

$$f = \iint\limits_S p\mathbf{n}\,\mathrm{d}S \quad (2.42)$$

进一步将其展开到物体表面平均位置 S_m 上，可以得出：

$$f = \iint\limits_{S_m} p\mathbf{n}\,\mathrm{d}S + \iint\limits_{S_m} (\mathbf{x} - \mathbf{x}') \cdot \nabla p\mathbf{n}\,\mathrm{d}S + O(\varepsilon^2) \quad (2.43)$$

第 2 章 外场波物相互作用数值模型的基本原理与数值方法

使用线性化伯努利方程和式(2.26),可以计算物体在静水中的湿表面 S_B 上的波浪作用力,表达式为

$$f = \iint_{S_B} p\mathbf{n}\,\mathrm{d}S$$
$$= -\rho\iint_{S_B}[gz - \mathrm{i}\omega(\mathbf{x}-\mathbf{x}')]\mathbf{n}\,\mathrm{d}S - \rho g\iint_{S_B}[\boldsymbol{\xi} + \boldsymbol{\alpha}\times(\mathbf{x}-\mathbf{x}_c)]\cdot n_3\mathbf{n}\,\mathrm{d}S + O(\varepsilon^2)$$

(2.44)

重力积分可以写为

$$f_1 = -\rho g\iint_{S_B} z\mathbf{n}\,\mathrm{d}S = \rho g\,[0,0,V,V(y_b-y_c),-V(x_b-x_c),0]^T \quad (2.45)$$

式中,V 为静水中浮体排水的体积,(x_c,y_c) 和 (x_b,y_b) 分别为浮体质心和浮心的水平坐标。f_1、物体重力 $-Mgn_3$、其他外部静作用力 f_e 三者之和为 0,即

$$f_1 - Mgn_3 + f_e = 0 \quad (2.46)$$

对于入射势和绕射势,二者的积分项,

$$f_{ex} = \mathrm{i}\omega\rho\iint_{S_B}(\phi_i + \phi_d)\mathbf{n}\,\mathrm{d}S \quad (2.47)$$

可定义为波浪激振力 f_{ex},该项与物体的运动无关,因此无论是漂浮物体还是固定物体,其计算结果是一样的。

因辐射势所产生的作用力为

$$f_r = \mathrm{i}\omega\rho\iint_{S_B}\phi_r\mathbf{n}\,\mathrm{d}S = \omega^2\rho\sum_{j=1}^{6}\iint_{S_B}\phi_j\mathbf{n}\,\mathrm{d}S \quad (2.48)$$

定义水动力学系数,

$$f_{ij} = \omega^2\rho\sum_{j=1}^{6}\iint_{S_B}\phi_j n_i\,\mathrm{d}S = \omega^2 a_{ij} + \mathrm{i}\omega b_{ij} \quad (2.49)$$

式中,a_{ij} 为附加质量;b_{ij} 为辐射阻尼,这两项是由于流体存在时,浮体自身运动所产生的影响。

式(2.44)中最后一项积分可以写为

$$f_{ij} = -\rho g\iint_{S_B}[\boldsymbol{\xi} + \boldsymbol{\alpha}\times(x-x_c)]\cdot n_3\mathbf{n}\,\mathrm{d}S \quad (2.50)$$

$[C]$ 为恢复力矩阵:

$$[C] = \begin{bmatrix} 0 & 0 & 0 & 0 & 0 & 0 \\ 0 & 0 & 0 & 0 & 0 & 0 \\ 0 & 0 & \rho g A & \rho g I_2^A & -\rho g I_1^A & 0 \\ 0 & 0 & \rho g I_2^A & \rho g (I_{22}^A + I_3^V) - Mg(z_c - z_0) & -\rho g I_{12}^A & \rho g I_1^V + Mg(x_c - x_0) \\ 0 & 0 & -\rho g I_1^A & -\rho g I_{21}^A & \rho g (I_{11}^A + I_3^V) - Mg(z_c - z_0) & -\rho g I_2^V + Mg(y_c - y_0) \\ 0 & 0 & 0 & 0 & 0 & 0 \end{bmatrix}$$
(2.51)

式中，上标 A 代表关于水面 A 的物理量；V 代表关于排开水体体积的物理量；A 为水面面积；各阶矩的定义为

$$I_i^A = \iint_A x_i \mathrm{d}s, \ I_{ij}^A = \iint_A x_i x_j \mathrm{d}s, \ I_i^V = \iiint_V x_i \mathrm{d}v, \ I_{ij}^V = \iiint_V x_i x_j \mathrm{d}v \quad (2.52)$$

将以上几项积分代入式(2.40)中，得

$$[-\omega^2([M]+[a]) - \mathrm{i}\omega([B]+[b]) + ([K]+[C])]\{\xi\} = \{f_{ex}\} \quad (2.53)$$

通过上式即可求出刚体运动的响应幅值。

对于规则波，一阶波面可以表示为

$$\eta = \mathrm{Re}[\zeta(x,y)\mathrm{e}^{-\mathrm{i}\omega t}] \quad (2.54)$$

其中，

$$\zeta = \frac{\mathrm{i}\omega}{g}\phi = \frac{\mathrm{i}\omega}{g}(\phi_i + \phi_d + \phi_r) = \frac{\mathrm{i}\omega}{g}(\phi_i + \phi_d - \mathrm{i}\omega \sum_{j=1}^{6}\xi_j \phi_j) \quad (2.55)$$

可见，为获得自由水面上的波面分布，必须先求出速度势。式(2.55)中的入射势 ϕ_i 可根据入射波浪条件直接求出，而对于自由水面上的绕射势 ϕ_d 和辐射势 ϕ_r，由于在流体内部，固角系数 $\alpha = 1$。因此，速度势可以通过下述方程求出，

$$\phi_j(x_0) - \iint_{S_B} \frac{\partial G(x,x_0)}{\partial n}\phi_j(x)\mathrm{d}S = \begin{cases} -\iint_{S_B} n_j G(x,x_0)\mathrm{d}S & (j=1,2,\cdots,6) \\ \iint_{S_B} G(x,x_0)\frac{\partial \varphi_0(x)}{\partial n}\mathrm{d}S & (j=7) \end{cases}$$
(2.56)

当计算的自由水面上的点距离物体较近时，式(2.56)中等号的两端均出现准奇异性，导致计算结果不准确。本书采用自适应高斯积分法进行处理[115]。

根据一阶速度势还可以求出物体在波浪作用下的二阶漂移力，对于固定物体，通过物体表面的速度势积分可以求得二阶漂移力 $f_j^{(2)}$：

$$f_j^{(2)} = -\frac{\rho}{4}\iint_{S_b}(\nabla\phi \cdot \nabla\phi)n\mathrm{d}S - \frac{\rho\omega^2}{4g}\oint_\Gamma \phi\phi^* n\mathrm{d}\Gamma \quad (j=1,2,\cdots,6) \quad (2.57)$$

第 2 章　外场波物相互作用数值模型的基本原理与数值方法

式中，Γ 为静水面与物体的交线，称为水线，$*$ 表示取其复共轭，式(2.57)一般称作近场方法。

此外，结构物在 x 和 y 方向的二阶漂移力还可以使用远场方法进行计算，其表达式为

$$f_x^{(2)} = -\frac{\rho g A^2}{k} \frac{C_g}{C} \left\{ \int_0^{2\pi} \cos\theta \mid A_s(\theta) \mid^2 d\theta + 2\cos\beta \mathrm{Re}[A_s(\beta)] \right\} \quad (2.58)$$

$$f_y^{(2)} = -\frac{\rho g A^2}{k} \frac{C_g}{C} \left\{ \int_0^{2\pi} \sin\theta \mid A_s(\theta) \mid^2 d\theta + 2\sin\beta \mathrm{Re}[A_s(\beta)] \right\} \quad (2.59)$$

式中，$A_s(\theta)$ 为散射波在远场的波面，C 和 C_g 分别为入射波浪的相速度和波群相速度。通过远场方法和近场方法计算结果的对比，可以对计算网格进行收敛性检验。

最后需要说明的是，在后面的耦合模型中，主要用到的是波浪激振力、附加质量和辐射阻尼三个参量。

第 3 章 外场波物相互作用的预修正快速傅里叶变换高阶边界元方法

3.1 引 言

由第 1 章绪论的介绍中可知，对于大型结构的水动力分析问题，由于传统边界元方法形成的矩阵是一个满阵，未知量数量较多时，即使采用高阶边界元方法，对计算量与存储量的要求也远远超出了目前计算机的能力，无法满足工程实际的需要。因此，本章将针对这一问题，以迭代法为基础，建立了预修正快速傅里叶变换高阶边界元方法，该方法无须显式的生成系数矩阵，并且能够快速计算矩阵与向量乘法运算速度，从而对传统高阶边界元方法进行加速，使其能够满足工程实际的计算需要。

本章将详细介绍预修正快速傅里叶变换高阶边界元方法的基本思想、基本原理，以及其实现步骤。通过对淹没圆柱、漂浮圆柱，以及超大型浮体算例的比较，证明了该方法的正确性和高效性，并通过不同未知数时该方法本身各步骤计算量的对比，研究了不同 pFFT 网格方案对计算量和存储量的影响，分析了该方法的计算效率，并提出一个基于计算量最小化原则的 pFFT 网格优化方法。

在耦合模型中，本章的工作将为其提供外部波浪荷载计算。

3.2 预修正快速傅里叶变换方法的基本思想

3.2.1 边界元快速算法的基本思想

总体上讲，为解决边界元所形成的线性方程组为满阵问题而开发的快速算法，其主要思想都是把整个计算域分解成近场和远场两个部分，对于近场部分采用传统高阶边界元方法进行计算以保证计算精度，而对于占整个计算域很大比例的远场部分则采用一种近似算法来完成,这部分的计算量是非常小的,其快速性主要体现在计算矩阵与向量的乘积上。

为了更加形象地说明问题,下面我们用一个简单的例子来叙述 pFFT 方法的基本思想,如图 3.1 所示。在两个半径为 a 的球体内分别有 m 个点源和 n 个场点,若求这 m 个点源对 n 个场点的作用(如电场),当按传统方法计算时,需要分别求出每个点源对每个场点的作用,因此一共需要 $O(m \times n)$ 的计算量;而当两个球体距离 L 远远大于半径 a 时,则可以通过某种规则将 m 个点源的作用聚合预先布置在球体的奇点 O 上,再从奇点 O 将其转移到另一个球体的奇点 O' 上,最后从奇点 O' 出发,将点源作用的影响配置到每个场点处的电场中,由于这分别都是迭加的过程,所以其计算量可以降低到 $O(m) + O(n)$ 量级。其中,最简单的规则就是完全忽略点源在球体内的分布,直接将其电量迭加到奇点 O 上。也可以使用球体内的点源在远处的作用某测试点与球体上所有奇点 O 在该测试点的作用相等的原则。按照这个思路,经过一系列的过程,使稠密矩阵向量乘积变为稀疏矩阵与向量乘积的形式,从而减少计算量和存储量,这就是一般快速算法的主要思想,如预修正快速傅里叶变换高阶边界元方法(pFFT)、多极子展开方法(FMM)等。而这些不同的快速算法,它们的主要区别一方面是在聚合和配置的规则上,另一方面是将点源的作用从奇点 O 向奇点 O' 上转移的计算上。

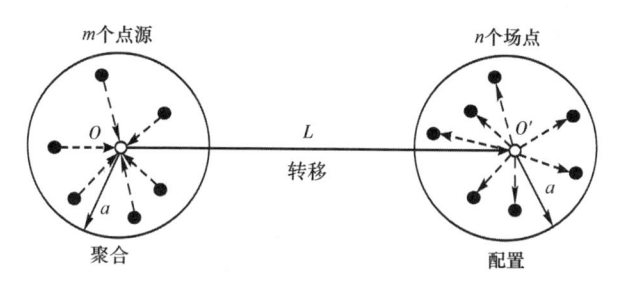

图 3.1 快速算法原理

3.2.2 预修正快速傅里叶变换方法的基本原理

对于预修正快速傅里叶变换高阶边界元方法而言,假定无界流场中有一个物体,上面布置 m 个高阶等参元离散,离散后共有 n 个节点,在每个节点上布置源强已知的点源,欲计算每个节点上的速度势值。设影响系数矩阵为 $[D]_{n \times n}$,源强为 $\{\phi\}_n$,速度势值为 $\{\Psi\}_n$,则三者之间的关系为

$$\{\Psi\}_n = [D]_{n \times n} \{\phi\}_n \tag{3.1}$$

使用通常的方法计算 $\{\Psi\}_n$ 需要 $O(n^2)$ 的计算量，$O(n^2)$ 的存储量。

如前所述，快速计算上述矩阵与向量的乘积，关键是要将该计算过程理解并看作一个计算给定强度的奇点分布（源分布）在空间某一点处所产生的势。根据场点和奇点距离的不同，将速度势的计算分成距离场点较近的奇点产生的势和距离场点较远的奇点产生的势两部分，即

$$\{\Psi\}_n = \{\Psi\}_{\text{near}} + \{\Psi\}_{\text{far}} = ([D]_{n\times n}\{\phi\}_n)_{\text{near}} + ([D]_{n\times n}\{\phi\}_n)_{\text{far}} \quad (3.2)$$

我们称 $\{\Psi\}_{\text{near}}$ 为近场奇点的影响，$\{\Psi\}_{\text{far}}$ 为远场奇点的影响。pFFT 方法的关键在于可以使用 FFT 方法快速计算位于三维均匀网格上的点状奇点对场点势 $([D]_{n\times n}\{\phi\}_n)_{\text{far}}$ 的贡献。

为说明用三维均匀网格上点状奇点表示点源作用的构想的来源，考虑图 3.2 中包含半径为 a 的球 S_a 内的点源分布 $\rho(x)$，对所有 (r,θ,ϕ) 且 $r>a$，可以把点源分布 $\rho(x)$ 产生的速度势 $\Psi(r,\theta,\phi)$ 写成多极展开的级数形式，为

$$\Psi(r,\theta,\phi) = \sum_{l=0}^{\infty}\sum_{m=-l}^{l}\frac{c_{lm}}{r^{l+1}}Y_{lm}(\theta,\phi) \quad (3.3)$$

式中，Y_{lm} 为球面谐和函数，c_{lm} 为展开式系数。因为球面谐和函数在球面上满足正交性，所以如果知道半径 $r_c > a$ 的球 S 上的势，就可以计算出 c_{lm}：

$$c_{lm} = r_c^{l+1}\iint\limits_{S}Y_{lm}^{*}(\theta,\phi)\Psi(r,\theta,\phi)\mathrm{d}S \quad (3.4)$$

这意味着 $\rho(x)$ 在 S_a 外所产生的势，可以由包裹 S_a 的球面 S 上的势获得。如果在 S_a 布置点状奇点，使点状奇点与点源分布在 S 上产生的势相等，那么就可以用点状奇点代替点源奇点分布来计算远场所产生的势。从而为 pFFT 方法提供了理论基础。

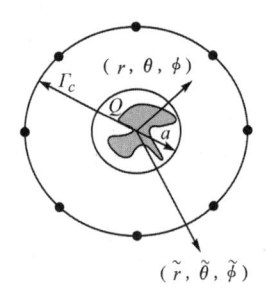

图 3.2 pFFT 方法计算原理

对于网格上的奇点，由于是人为选取的，当计算它们之间所产生的势的时候，可以令其布置为等间距的情况，这时，它们之间的计算可以用三维离散卷积的方法快速算出，这为 pFFT 方法提供了技术可能。

3.3 预修正快速傅里叶变换高阶边界元方法的实现步骤

3.3.1 边界元代数方程组求解的共轭参量迭代方法

由于 pFFT 方法要以迭代方法为求解器,所以选用一种合适的迭代方法对顺利求解线性方程组是非常重要的,目前较为常用的有共轭梯度法(CG)、雅可比(Jacobi)迭代法、共轭参量法(GCR)、最小余数法(GMR)等。由于 GCR 方法具有收敛性强、数值计算稳定等特点,本书使用 GCR[116]方法与 pFFT-HOBEM 方法相结合来求解线性方程组。这里给出 GCR 方法求解线性方程组 $[A]\{x\}=\{B\}$ 的计算流程,如图 3.3 所示。

```
取 x 的初值为 x^(0),残量 r_0 = Ax^(0)
For i=1, N, 1
{
u(i) = r_i
q(i) = Ar_i
For m=0, i, 1
{
   β = (q(i))^T q(m)
   u(i) = u(i) - β u(m)
   q(i) = q(i) - β q(m)
}
q(i) = q(i)/||q(i)||
u(i) = u(i)/||q(i)||
α = r_i^T q(i)
x_{i+1} = x_i + α u(i)
r_{i+1} = r_i + α q(i)
}
```

图 3.3 GCR 方法的计算流程

图中，‖·‖表示向量的范数，符号"T"代表矩阵转置。上面矩阵与向量相乘的过程不再是直接相乘，而将由 pFFT 方法计算完成，从而达到减少计算量的目的。

3.3.2 预修正快速傅里叶变换高阶边界元方法的基本步骤

如第 2 章所述，对于求解波浪与海上建筑物的作用问题，用传统高阶边界元方法，将积分方程离散后可以得到线性方程组

$$[A]_{N\times N}\{\phi\}_N = \{B\}_N \tag{3.5}$$

式中，$[A]$ 是一个满阵，当采用传统高阶边界元方法求解时，其计算量为 $O(N^3)$ 量级，存储量为 $O(N^2)$ 量级，当采用迭代方法求解时，其计算量与存储量均为 $O(N^2)$ 量级。将式(3.5)写为向量积的形式

$$\sum_{j=1}^{N} D_{ij}\phi_j = \sum_{j=1}^{N} C_{ij}V_j \quad (i=1,2,\cdots,N) \tag{3.6}$$

式中，

$$D_{ij} = \alpha\delta_{ij} - \iint_{S_j} \frac{\partial G(x,\xi)}{\partial n} \mathrm{d}S_\xi \tag{3.7}$$

$$C_{ij} = -\iint_{S_j} G(x,\xi) \mathrm{d}S_\xi \tag{3.8}$$

对于传统高阶边界元方法，N 为节点总数。S_j 为第 j 个节点（场点）积分，x_i 为第 i 个节点（点源）；ϕ_j 和 $V_j = \partial\phi_j/\partial n$ 是第 j 个节点上的速度势和法向速度。对于使用迭代法求解而言，它所需要的实际是式(3.6)等号两端的向量积，而并不需要显示的矩阵表达式，这样，即可将存储量降低至 $O(n)$ 量级。因此，式(3.6)等号两端均可看作一个向量积的形式，可以统一写为式(3.1)的形式，即

$$\{\Psi\}_n = [D]_{n\times n}\{\phi\}_n \tag{3.9}$$

式中，$[D]$ 是一个稠密矩阵，直接计算式(3.9)为未知量的平方 $O(N^2)$ 量级，将其分为远场和近场两部分。近场部分（用 D_{near} 表示）采用传统高阶边界元方法进行计算，由于 D_{near} 阶数很小，因此其计算量较小。对于远场部分（用 Ψ_{far} 表示）采用近似方法进行计算。如图 3.4 所示，下面对其每步计算进行具体的介绍。

第3章 外场波物相互作用的预修正快速傅里叶变换高阶边界元方法

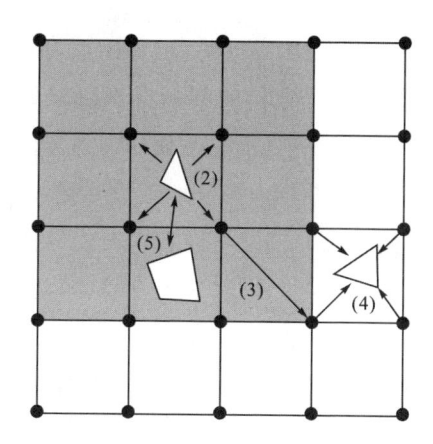

图3.4 预修正快速傅里叶变换高阶边界元方法基本步骤的二维表示

(1) 生成网格并布置网格奇点

用一个立方体包裹整个物体,称为根立方体,将根立方体划分为 $M_x \times M_y \times M_z$ 个均匀子立方体,在每个子立方体内沿 x、y、z 方向布置 p 个奇点,经验表明,取 $p=3$ 可以获得一个较高的精度[117],进而能够确定根立方体上网格奇点总数及其坐标值。设单元节点总数为 N,网格奇点总数为 N_g,由于节点总数 N 与物面几何性质及波长有关,而 N_g 不受限制,故 N_g 要明显小于 N[117],如图3.5所示。

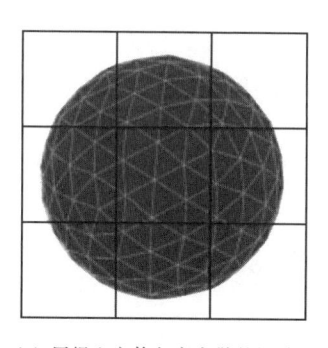

(a) 用根立方体包裹离散的圆球　　(b) 布置网格奇点

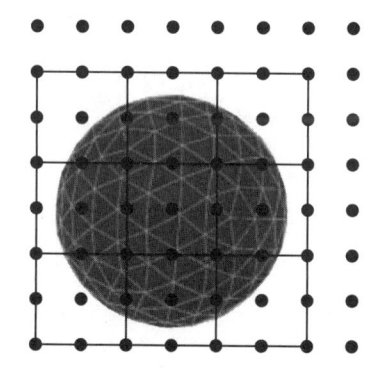

图3.5 生成网格并布置网格奇点

建立子立方体与单元及节点间的对应关系,由于采用高阶元方法,故既要判断每个节点所在的子立方体,又要判断每个单元所在的子立方体,因为从单元向网格奇点的投影是通过单元积分来实现的,而从网格奇点向单元的插值则是直接插值到节点上。单元所在子立方体的判断方法以单元中心所在子立方体为准。因此,单元和节点可以不在一个子立方体中。对于不含单元或者节点的子立方体称为空立方体,需要进行剔除,并且标识出共用一个顶点的子立方体,称为相邻子立方体,在计算近场预修正时将涉及它们。另外,图 3.5(b)中,网格奇点拓展到根立方体外侧是由于后文使用 FFT 计算的要求,即网格奇点必须是 2 的幂次。

需要注意的是,建立 pFFT 网格时,注意根立方体不要超过自由水面,因为在自由水面以上格林函数是没有定义的。

(2) 投影

这一步的目的是将网络中的各单元的源(偶极子)分布投影到网格奇点上,这一过程应保证网格单上的源(偶极子)与网络奇点上的源(偶极子)的影响相等。在具体操作过程中,可以先设定包围立方体球面上的测试点,进而使二者在这些测试点所产生的势相等,如图 3.6 所示。需要注意的是,在这一步计算并不是使用满足自由水面边界条件的格林函数,而是拉普拉斯方程的基本解[104]。在方程(3.6)等号左端,对应的单元为偶极子,此时网格奇点的源强 q_i 可通过下式计算

$$\sum_{i=1}^{I} \tilde{R}_{ji}^{q} q_i = \sum_{k=1}^{K_m} R_{jk}^{\text{left}} \sigma_k \quad (j = 1, 2, \cdots, J) \tag{3.10}$$

式中,I 为该子立方体的网格奇点总数($p = 3$ 时,$I = 27$),J 为测试点总数,K_m 为该子立方体中的单元总数。而在方程(3.5)等号右端,对应单元为源,此时网格奇点的源强 q_i 可通过下式计算

$$\sum_{i=1}^{I} \tilde{R}_{ji}^{q} q_i = \sum_{k=1}^{K_m} R_{jk}^{\text{right}} \sigma_k \quad (j = 1, 2, \cdots, J) \tag{3.11}$$

在式(3.10)和式(3.11)中,各系数矩阵的定义分别为

$$\left. \begin{array}{l} \tilde{R}_{ji}^{q} = \dfrac{1}{\| r_j - r_i \|} \\[2mm] R_{jk}^{\text{right}} = \displaystyle\int_{k} \dfrac{1}{\| r_j - r_k \|} \mathrm{d} r_k \\[2mm] R_{jk}^{\text{left}} = \displaystyle\int_{k} \dfrac{\partial}{\partial n_\xi} \left(\dfrac{1}{\| r_j - r_k \|} \right) \mathrm{d} r_k \end{array} \right\} \tag{3.12}$$

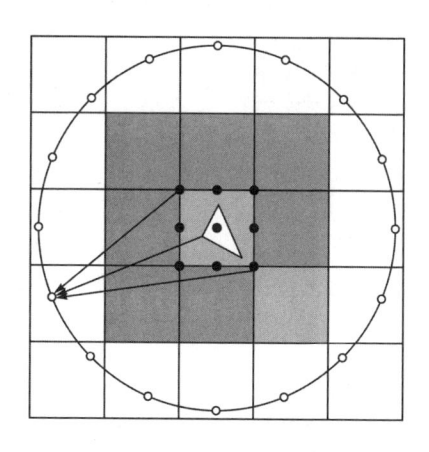

第3章 外场波物相互作用的预修正快速傅里叶变换高阶边界元方法

图 3.6 网格投影的二维示意

上述投影方法的精度主要在于这些测试点的位置的选取,可按照非乘积公式中的球面高斯点[118]选取(详见附录),此外,数值分析表明,当 $p=3$ 时,取测试球半径 $r_c=5.5d$ 是合适的(d 为子立方体的边长)[108]。

在计算的过程中,由于配置方程(3.10)和方程(3.11)是线性的,因此在子立方体中的第 k 个单元对第 i 个网格奇点 q_i 的作用,可以由一个列向量 $W(i,k)$ 来表示,对于单元为源[方程(3.5)等号右端]的情况,为

$$W_L(i,k) = [\tilde{R}_{ji}^{q'}]^{-1} R_{jk}^{\text{left}} \tag{3.13}$$

而对于单元为偶极子[方程(3.6)等号左端]的情况,为

$$W_R(i,k) = [\tilde{R}_{ji}^{q'}]^{-1} R_{jk}^{\text{right}} \tag{3.14}$$

式(3.13)和式(3.14)所求得的列向量分别为左、右投影算子,其中,$[\tilde{R}_{ji}^{q'}]^{-1}$ 为 $\tilde{R}_{ji}^{q'}$ 的广义逆,可以用广义奇异值分解来进行计算,需要注意的是,$[\tilde{R}_{ji}^{q'}]^{-1}$ 仅与网格奇点和测试点有关,对于所有子立方体而言,它们的 $[\tilde{R}_{ji}^{q'}]^{-1}$ 都是一样的,因此,广义逆仅需要计算一次,所以其计算量是非常小的。

(3) 网格势的计算

这一步的目的是计算网格奇点在网格点处所产生的网格势,由于在投影计算中已将方程(3.6)等号左端的偶极子投影为源的形式,如式(3.10),因此这里只需计算格林函数,不再计算其一阶导数,因此,方程(3.6)等号两端的计算方法相同。

由于网格奇点布置在均匀的网格上,因此网格势的计算实际是一个三维离散卷积,对于本书所使用的自由水面格林函数,其计算可以分解为

$$\hat{\Psi}(i,j,k) = Hq = \sum_{i'}^{I}\sum_{j'}^{J}\sum_{k'}^{K} h(i-i', j-j', k-k')q(i',j',k')$$

$$= \sum_{i'}^{I}\sum_{j'}^{J}\sum_{k'}^{K}[G_T(i-i',j-j',k-k') + G_H(i-i',j-j',k-k')]q(i',j',k') \qquad (3.15)$$

其中,$i、j、k$ 与 i'、j'、k' 分别是网格点 X、Y、Z 三个方向上的标识。另有关于格林函数的定义为

$$\left.\begin{aligned} G_T &= \frac{1}{r} \\ G_H &= PV\int_0^{+\infty}\frac{k+K}{k-K}\mathrm{e}^{k(z+\zeta)}J_0(kR)\mathrm{d}k + 2\mathrm{i}\pi K\mathrm{e}^{K(z+\zeta)}J_0(kR) \end{aligned}\right\} \qquad (3.16)$$

其中,影响系数矩阵 G_T 为格林函数的源项,它是一个三重嵌套托普利兹(Toeplitz)矩阵;影响系数矩阵 G_H 为格林函数的自由项,它在 X 方向和 Y 方向为双重嵌套托普利兹矩阵,在 Z 方向为汉克尔(Hankel)矩阵。此外,当 $i=i'$、$j=j'$、$k=k'$ 时,定义

$$\begin{aligned} G_T(0,0,0) &= 0 \\ G_H(0,0,0) &= 0 \end{aligned} \qquad (3.17)$$

根据 G_T 和 G_H 的性质,上述计算网格势的向量乘法运算式(3.15)可以通过快速傅里叶变换来完成[119],从而将计算量由 $O(N_g^2)$ 量级降低到 $O(N_g \log N_g)$ 量级,具体有关该计算方法的基本理论和实现方法可以参照附录。

(4)插值

这一步的目的是根据网格势来求出单元节点的速度势,该过程实际上可以看作投影的逆过程,不同的是,插值过程是直接将网格势插值到单元节点上,它同样是通过测试点来完成的,即

$$\sum_{k=1}^{K_n}\phi_k\frac{1}{\|r_j-r_k\|} = \sum_{i=1}^{I}\phi_i\frac{1}{\|r_j-r_i\|} \qquad (j=1,2,\cdots,J) \qquad (3.18)$$

式中,K_n 为子立方体中的节点总数。与投影过程相同,插值的计算仍然使用拉普拉斯基本解,而不是满足自由水面边界条件的格林函数[19]。另外,无论是源分布还是偶极子分布,插值算子都是相同的。在数值计算中,式(3.18)也将通过计算插值算子 Z^T 来完成,即

$$Z^T(k,i) = \left[\frac{1}{\|r_j-r_k\|}\right]^{-1}\frac{1}{\|r_j-r_i\|} \qquad (3.19)$$

与投影算子相同,广义逆的计算可以使用广义奇异值分解的方法,并且其同样只与网格奇点和测试点有关,广义逆仅需要计算一次,故这部分的计算量同样是非常小的。

(5)近场影响的预修正

从上述几个步骤可以看出,上述使用网格势的方法在计算远场影响时,将近场影响也包含在了其中,但这种方法得到的近场作用结果是不准确的,必须对其进行扣除,然后采用常规方法计算的近场影响,从而保证结果的准确性,即

$$\{\Psi\}_n = [D]_{n \times n} \{\phi\}_n = (D\phi)_{\text{near}} + Z^T H_I W q - (Z^T H_I W q)_{\text{near}} \quad (3.20)$$

以上即预修正快速傅里叶变换高阶边界元方法在波浪对海洋结构物作用问题中的基本步骤。

在算法实现的过程中,先计算方程(3.6)等号右端向量,然后以此结果作为 GCR 方法迭代初值计算方程(3.6)等号左端向量积。对于多频率问题的计算,在进行频率循环时,先计算格林函数中与频率无关的一部分,以备每个频率重新使用,这样可以进一步提高计算效率。

下面给出预修正快速傅里叶变换高阶边界元方法求解方程组的具体实现步骤,最终可求出速度势 ϕ_i。

(1)生成网格,布置奇点。

(2)对于子立方体,建立左、右投影算子。

(3)对于子立方体,建立插值算子。

(4)计算网格影响系数矩阵的托普利兹矩阵部分的傅里叶变换。

(5)进行频率循环

①计算网格影响系数矩阵的汉克尔矩阵部分的傅里叶变换;

②使用 pFFT 方法计算方程(3.6)等号右端部分 $C_{ij}V_j$;

③将 $C_{ij}V_j$ 赋值为方程(3.6)等号左端速度势 ϕ_j 的初值;

④使用 GCR 方法迭代求解,求出速度势 ϕ_j。

(6)计算完成。

3.4 预修正快速傅里叶变换高阶边界元方法的验证和计算效率分析

3.4.1 波浪与淹没圆柱相互作用问题的验证与计算效率分析

应用预修正快速傅里叶变换高阶边界元方法对无限水深淹没圆柱进行计算,并与传统高阶边界元方法进行对比[79]。淹没圆柱的半径 a 和高度 T 均为 1 m,上底面距静水面的距离也为 1 m,转动中心固定于上底面的圆心。在圆柱表面剖分 8×16+16×8 个单元(径向和垂向为 8 个,环向为 16 个),如图 3.7 所示,得到的附加质量和辐射阻尼的计算结果,如图 3.8 和图 3.9 所示。可以看出,无论是激振力,还是附加质量和辐射阻尼,采用 pFFT 方法加速后的计算结果均与传统高阶边界元方法的计算结果符合良好,证明了本书方法的正确性。

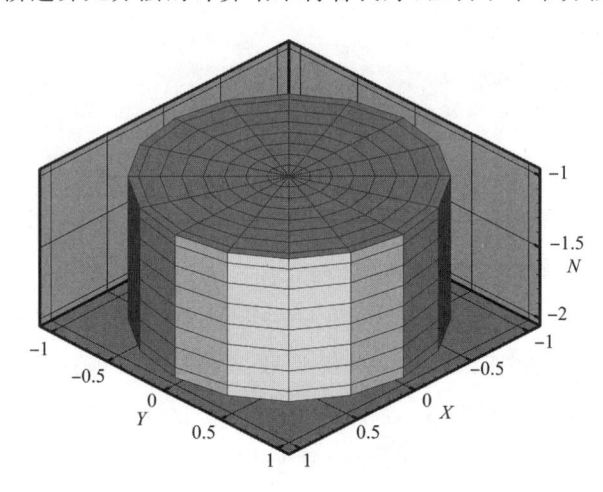

图 3.7 淹没圆柱表面网格剖分

第 3 章 外场波物相互作用的预修正快速傅里叶变换高阶边界元方法

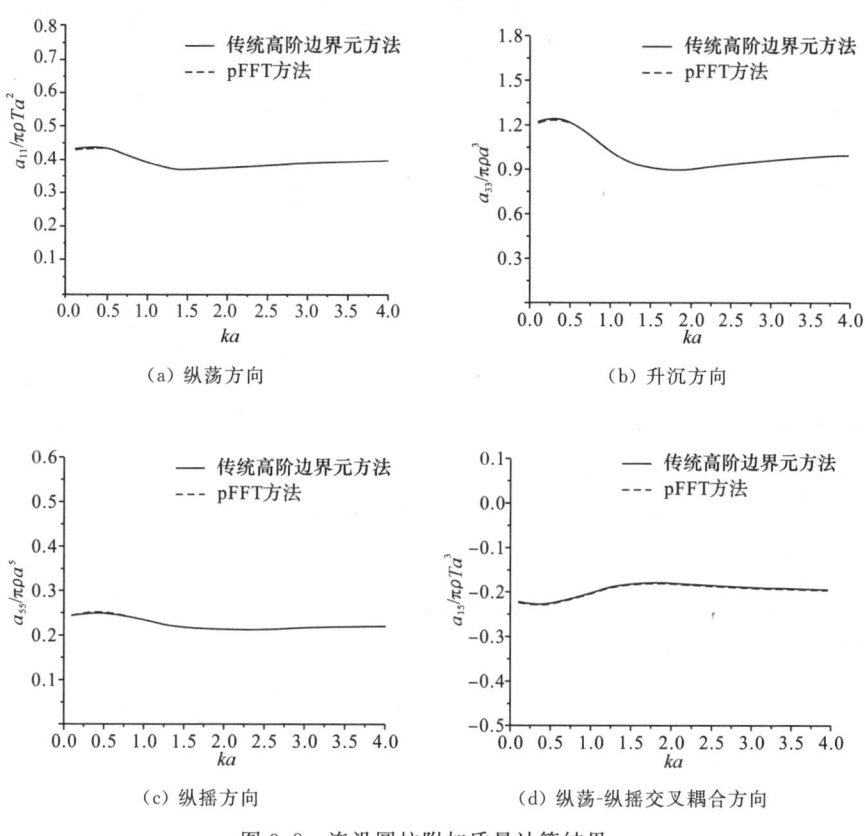

(a) 纵荡方向

(b) 升沉方向

(c) 纵摇方向

(d) 纵荡-纵摇交叉耦合方向

图 3.8 淹没圆柱附加质量计算结果

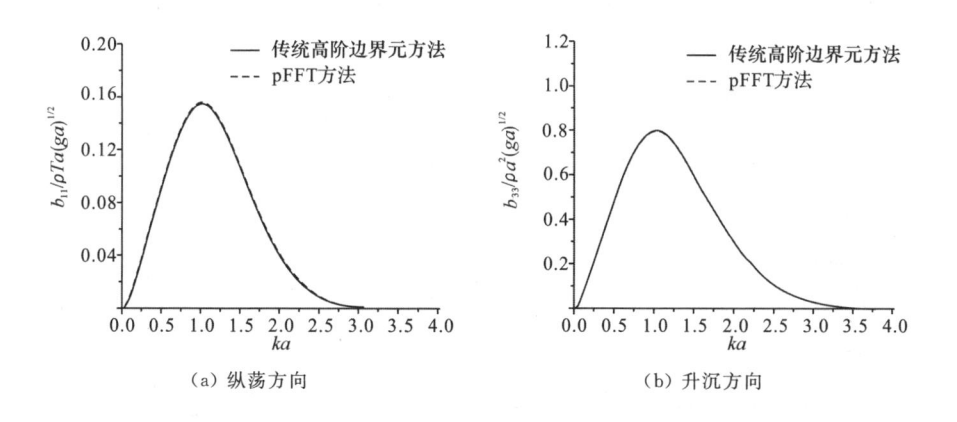

(a) 纵荡方向

(b) 升沉方向

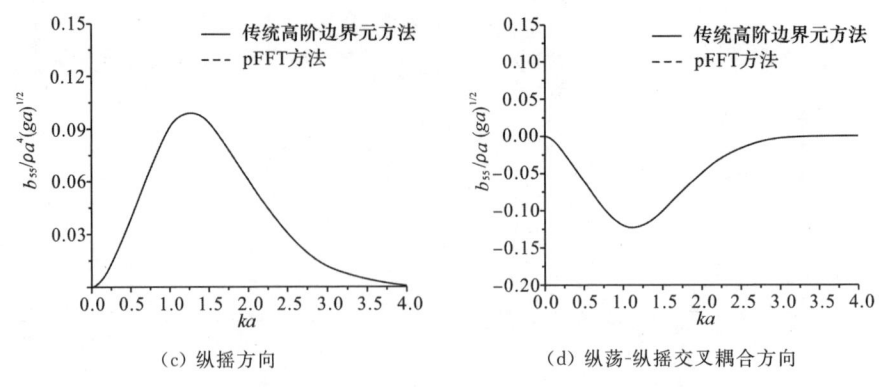

(c) 纵摇方向　　　　　　　　　　(d) 纵荡-纵摇交叉耦合方向

图 3.9　淹没圆柱辐射阻尼计算结果

为了比较 pFFT 方法的计算效率,对上述淹没圆柱在波数为 0.5 的波浪作用下,分别采用 LU 分解直接高阶边界元方法(Direct-HOBEM)、GCR 迭代高阶边界元方法(GCR-HOBEM)和 pFFT 高阶边界元方法(pFFT-HOBEM)求解速度势积分方程,计算量与存储量的对比结果如图 3.10 所示。可以看出,对于计算量而言,GCR 迭代高阶边界元方法的计算速度总要快于传统高阶边界元方法的计算速度,且当未知量的个数较少时,这两种方法均比 pFFT 高阶边界元方法的计算速度快。当未知量的个数大于 1 200 时,pFFT 高阶边界元方法的计算量小于传统高阶边界元方法的计算量,且随着未知量个数的增加,其所需要的计算量增加相对较少,与未知量基本呈线性关系,而传统高阶边界元方法所需要的计算量则随未知量的增加而显著增加。对于存储量而言,当未知量的个数小于 1 000 时,传统高阶边界元方法所需存储量较少,但随着未知量个数增加,pFFT 高阶边界元方法所需存储量小于传统高阶边界元方法所需存储量,且未知量个数越多其优越性越明显。由此可见,pFFT 高阶边界元方法特别适用于大范围且未知量个数较多的情况。

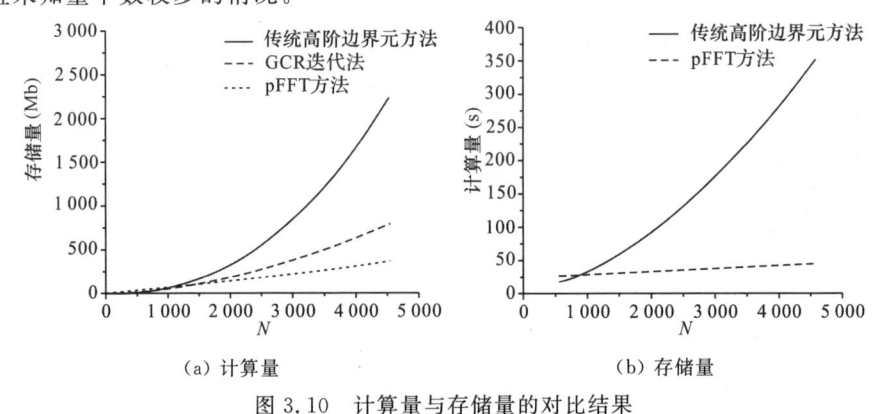

(a) 计算量　　　　　　　　　　(b) 存储量

图 3.10　计算量与存储量的对比结果

第3章 外场波物相互作用的预修正快速傅里叶变换高阶边界元方法

为了更加清楚的对比 pFFT 方法的计算效率,表 3-1 和表 3-2 中给出了这三种方法所需的计算时间和存储量,并得出了 pFFT 方法在计算时间与存储量与其他两种方法的比值,从结果中可以看出,未知量个数越多,pFFT 方法与其他方法计算时间与存储量的比值越小,其优越性越明显。

表 3-1 计算时间的比较

计算量 N	计算时间/s			计算时间比较	
	传统高阶边界元方法	迭代法	pFFT 方法	pFFT 方法/传统高阶边界元方法	pFFT 方法/迭代法
562	18.52	16.67	36.61	197.68%	219.62%
1 122	71.48	52.42	62.88	87.97%	119.95%
2 274	385.11	212.77	163.17	42.37%	76.69%
3 410	1 077.36	463.20	285.95	26.54%	61.73%
4 546	2 236.41	805.31	380.28	17.00%	47.22%

表 3-2 存储量的比较

计算量 N	存储量/Mb		存储量比较
	传统高阶边界元方法	pFFT 方法	pFFT 方法/传统高阶边界元方法
562	19	27	142.11%
1 122	35	30	85.71%
2 274	100	35	35.00%
3 410	210	39	18.57%
4 546	348	45	12.93%

3.4.2 波浪与截断圆柱相互作用问题的验证与计算效率分析

应用预修正快速傅里叶变换高阶边界元方法对无限水深截断圆柱进行计算,并与传统高阶边界元方法进行对比。截断圆柱的半径 a 和高度 T 均为 1 m,转动中心位于坐标原点,波浪沿 X 正向入射。在圆柱表面剖分 $8 \times 24 + 24 \times 8$ 个单元(径向和垂向为 8 个,环向为 24 个),如图 3.11 所示,截断圆柱波浪激振力的计算结果如图 3.12 所示,附加质量和辐射阻尼的计算结果如图 3.13、图 3.14 所示。可以看出,本书方法与传统高阶边界元方法的计算结果符合良好,证明了本书方法的正确性。

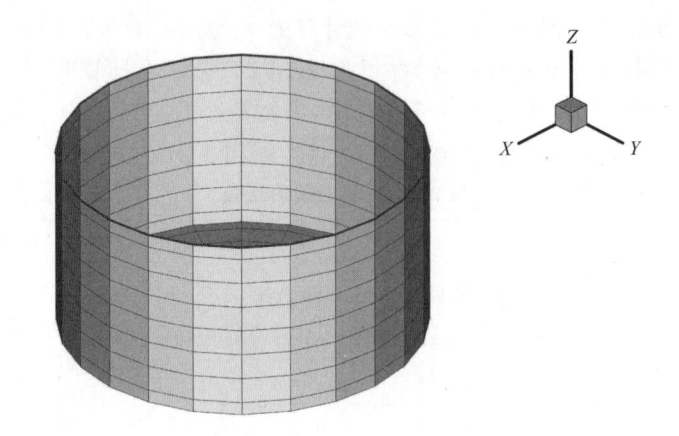

图 3.11　截断圆柱网格剖分

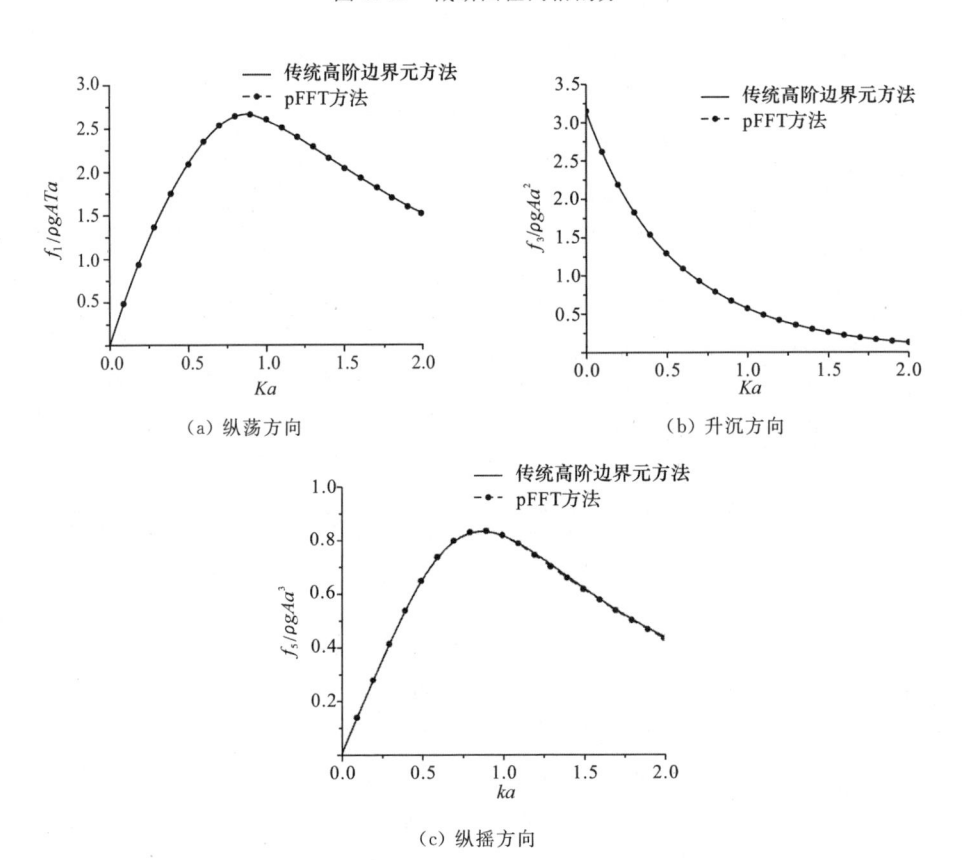

(a) 纵荡方向

(b) 升沉方向

(c) 纵摇方向

图 3.12　截断圆柱波浪激振力计算结果

(a)纵荡方向

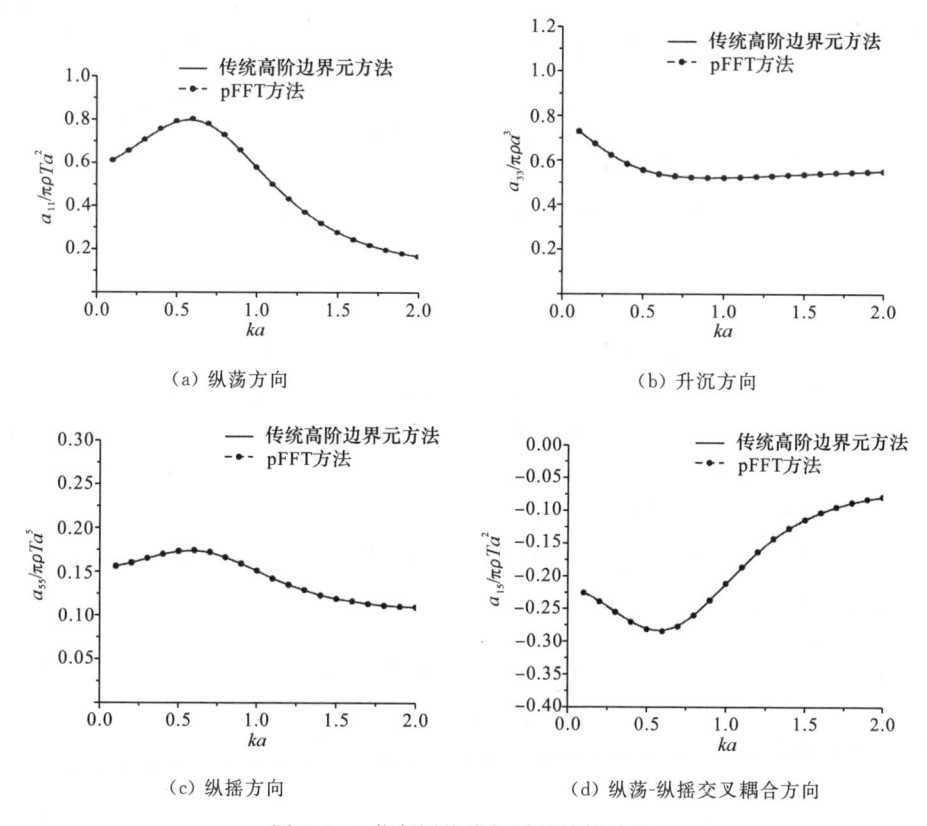

(b)升沉方向

(c)纵摇方向

(d)纵荡-纵摇交叉耦合方向

图 3.13　截断圆柱附加质量计算结果

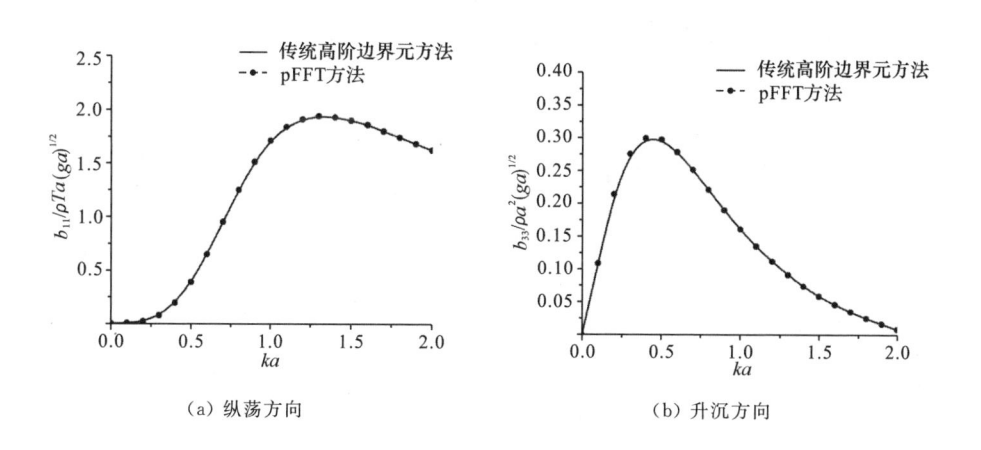

(a)纵荡方向

(b)升沉方向

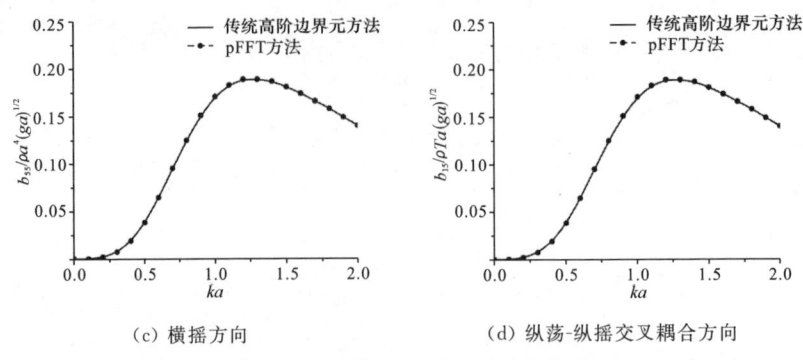

(c) 横摇方向　　　　　　　　(d) 纵荡-纵摇交叉耦合方向

图 3.14　截断圆柱辐射阻尼计算结果

为比较波面计算结果,取截断圆柱周围(-1.1,0),(0.0,1.1)和(1.1,0.0)三点进行计算,考虑水面上计算点距离物面较近时积分的准奇异性,采用自适应高斯积分法对其进行处理[20],如图 3.15 所示。可以看出,本书方法与传统高阶边界元方法的计算结果符合良好,证明了本书方法在计算波面上的正确性。经过上述比较,可以证明本书方法在计算单物体问题上是正确的。

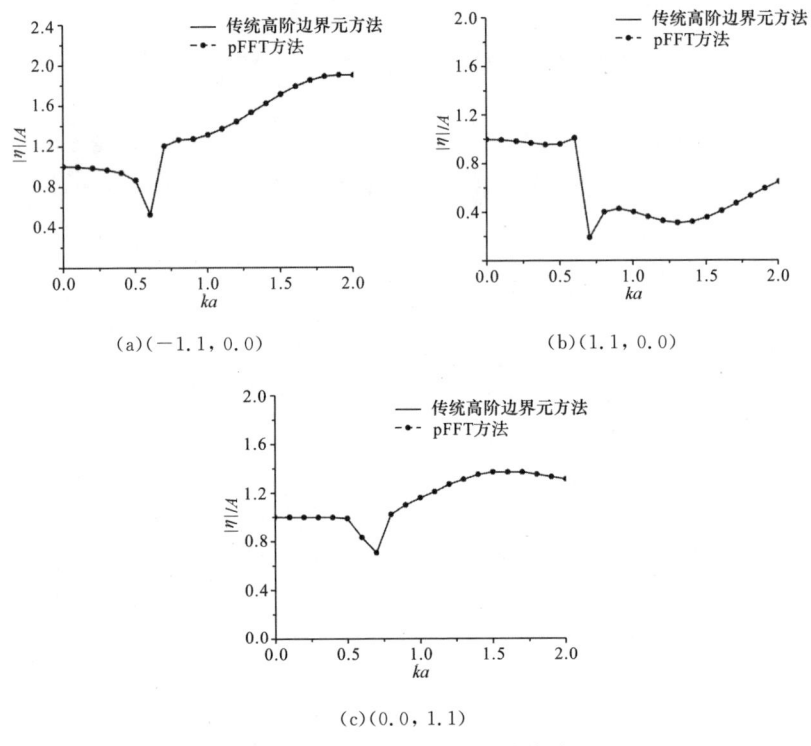

(a) (-1.1, 0.0)　　　　　　　　(b) (1.1, 0.0)

(c) (0.0, 1.1)

图 3.15　截断圆柱附加质量计算结果

第 3 章 外场波物相互作用的预修正快速傅里叶变换高阶边界元方法

为了比较 pFFT 方法的计算效率,考虑上述截断圆柱在波数 $ka=1.0$ 的波浪作用下的情况,分别采用直接高阶边界元方法、GCR 迭代高阶边界元方法和 pFFT 高阶边界元方法进行计算。为了发挥本书方法在计算时的高效性,应保证每个方向上的网格奇点总数 N_p 接近于 2 的幂次,故取子立方体个数 M 为 7 和 15,对应 N_p 为 16 和 32,分别用 pFFT A 和 pFFT B 表示。上述四种方法的计算量与存储量的对比结果如图 3.16 所示。可以看出,对于计算量而言,迭代法的求解速度总是要快于传统高阶边界元方法,当未知量的个数小于 1 000 时,它们均优越于 pFFT 方法。随着未知量的增加,pFFT 方法逐渐显示出其优越性,pFFT A 和 pFFT B 的计算量分别在未知量个数大于 1 000 和小于 1 700 时优于传统高阶边界元方法。随着未知量的进一步增加,超过 2 800 时,pFFT B 的计算量小于 pFFT A 的计算量。由此可见,对于未知数较多的问题,应使用更多子立方体的网格布置方案以节省计算量。对于存储量而言,当未知量个数较少时,传统高阶边界元方法所需存储量较少,但随着未知量个数增加,分别大于 1 000 和 2 600 时,pFFT 方法的两种网格布置方案所需存储量开始小于传统高阶边界元方法所需存储量,且未知量个数越多其优越性越明显。另外,pFFT B 存储量要大于 pFFT A 存储量,且总是相差一个常数。这是由于两种方法在存储量上的主要差别在于网格势计算过程中的网格奇点总量上,对于 pFFT A 总是 $O(32^3)$,而 pFFT B 则总是 $O(64^3)$,均与未知量个数无关。另外,从存储量的多少来看,pFFT 方法即使在未知量个数为 5 000 时,存储量也仅为 150 Mb,远远低于计算机的存储量,不会成为决定因素。综上所述,本书推荐应以时间最小化为原则确定网格优化方法,即节点数大于 1 700 时,采用 pFFT B,节点数大于 1 000 小于 1 700 时,采用 pFFT A。

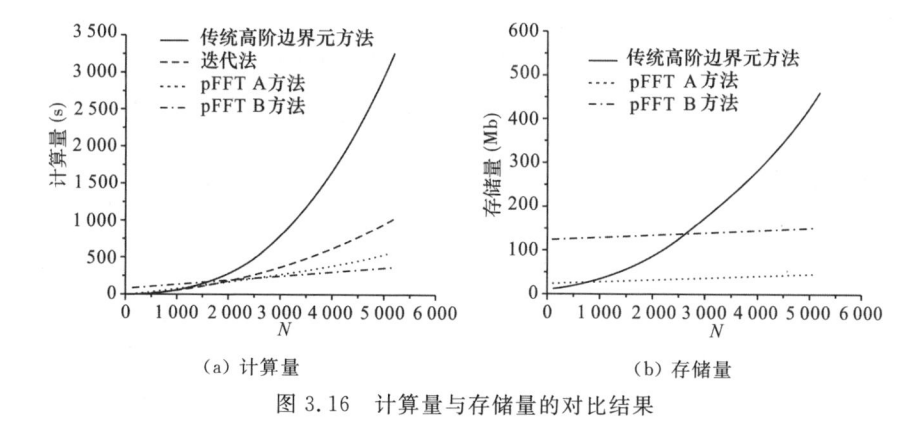

(a) 计算量

(b) 存储量

图 3.16 计算量与存储量的对比结果

为进一步分析 pFFT 方法不同步骤所耗费的计算量,表 3-3 为 pFFT 方法各步骤所耗费的计算量的比较。其中,"A"和"B"分别代表 pFFT A 和 pFFT B 两种网格方案。可以看出,在 pFFT 计算过程中,投影和插值两部分所耗费的计算量相对较少,真正的主要计算量发生在网格势计算和近场预修正计算两部分。其中,网格势部分所耗费的计算量并不随未知量的变化而改变,在本书的两种 pFFT 网格选取方案中,其分别为 4.6 s 和 64 s,这是由于网格势计算仅仅发生在网格奇点之间,具体说,pFFT A 是对 32 个奇点的三维离散卷积,pFFT B 是对 64 个奇点的三维离散卷积。当未知量个数较少时,网格势计算为 pFFT 方法主要计算量,因此 pFFT B 所耗费的计算量相对较长。但是,随着未知量个数的增加,预修正部分成为 pFFT 方法耗费的主要计算量。此时,pFFT 方法实际可近似看作整个计算域分解为 N_c 个子域(N_c 为子立方体个数),其中,每一个子域分别使用 GCR 迭代方法进行求解。因此,这相当于将传统高阶边界元方法的 $O(N^2)$ 量级降低为 $N_c \times O(N_s^2)$ 量级,其中 $N_s = N/N_c$。由此可以看出,当未知数个数较多时,应选用更多子立方体的 pFFT 网格方案以获得较高的计算效率。

表 3-3 pFFT 方法各步骤所耗费的计算量的比较

N	投影/s A	投影/s B	网格势计算/s A	网格势计算/s B	插值/s A	插值/s B	近场预修正计算/s A	近场预修正计算/s B	其他/s A	其他/s B	总时间/s A	总时间/s B
97	0.17	0.25	4.81	60.00	0.38	3.59	4.28	21.48	0.00	0.02	9.64	85.34
217	0.36	0.48	4.55	62.75	0.41	3.63	9.21	23.58	0.01	0.03	14.53	90.47
385	0.61	0.80	4.53	63.59	0.44	3.64	18.31	33.19	0.02	0.03	23.91	101.25
481	0.69	0.95	4.63	64.03	0.42	3.63	23.31	41.27	0.02	0.02	29.06	109.89
721	0.98	1.31	4.61	64.06	0.45	3.69	37.84	49.67	0.02	0.05	43.91	118.78
961	1.36	1.73	4.59	62.84	0.47	3.69	46.55	67.17	0.03	0.06	53.00	135.50
1 441	1.97	2.91	4.50	63.33	0.50	3.77	78.87	86.81	0.06	0.06	85.91	156.88
1 729	2.33	3.41	4.61	62.24	0.55	3.79	93.70	106.73	0.06	0.07	101.25	176.23
2 305	3.08	3.73	4.58	62.92	0.58	3.81	147.28	131.64	0.05	0.08	155.56	202.19
2 881	3.84	4.42	4.63	67.61	0.64	3.91	220.31	152.45	0.08	0.11	229.50	228.50
3 457	4.59	5.14	4.64	63.73	0.72	4.00	314.55	202.52	0.11	0.11	324.61	275.48
4 033	5.31	6.06	4.67	68.09	0.69	4.05	382.73	225.63	0.13	0.11	393.53	303.94
4 609	10.53	10.84	4.63	64.08	0.78	4.02	457.03	266.42	0.11	0.11	473.08	345.50
5 185	6.81	7.83	4.66	63.42	0.84	4.06	558.33	302.00	0.14	0.11	570.78	377.42

3.4.3 波浪对超大型浮体作用问题的验证与计算效率分析

为验证 pFFT 方法在更复杂问题水动力分析中的正确性以及大规模水动力计算的高效性,考虑双排阵列形 2×8 的截断圆柱组成的柱群在不同频率波浪作用下的激振力变化情况。这种结构常用于在浮式机场、浮式桥梁以及移动式近海军事基地等工程中。每根圆柱的半径和吃水深度分别为 12 m 和 20 m,相邻圆柱轴心距离为 $2d=64$ m(d 为相邻圆柱轴心距离的一半儿)。对于这种结构而言,其圆柱间的水动力干涉影响较大,不能当作单个圆柱,而必须将其看作一个整体进行研究。考虑纵荡、升沉和纵摇三个方向上的网格收敛性测试,分别取波浪周期 T 为 5 s、10 s、15 s 和 20 s,并分别取 1 272、3 208、4 880 和 12 240 个节点进行数值计算,见表 3-4,可以看出,取 4 880 个节点可以获得一个收敛的结果,故取该网格进行数值计算,其网格剖分形式如图 3.17 所示,其中,为清晰期间,图中 Z 轴方向扩大两倍展示。

表 3-4 网格收敛性分析

N	纵荡方向作用力 (10^3 kN)				升沉方向作用力 (10^3 kN)				纵摇方向作用力 (10^3 kN)			
	$T=5$ s	$T=10$ s	$T=15$ s	$T=20$ s	$T=5$ s	$T=10$ s	$T=15$ s	$T=20$ s	$T=5$ s	$T=10$ s	$T=15$ s	$T=20$ s
1 272	0.52	8.10	5.42	8.34	0.09	3.28	6.20	23.11	16.43	486.53	1 957.30	4 628.30
3 208	3.09	6.13	6.08	7.92	0.06	2.04	7.10	21.33	19.93	564.78	1 704.00	4 779.30
4 880	3.46	5.52	6.29	7.73	0.05	1.71	7.31	21.12	20.42	596.94	1 662.70	4 817.10
12 240	3.46	5.52	6.30	7.73	0.05	1.70	7.30	21.11	20.37	595.87	1 660.90	4 814.50

图 3.17 物体表面网格剖分

上述 4 880 个节点的数值计算结果如图 3.18 所示,基于上一节的数值分析,取 HOBEM-pFFT B 的 pFFT 网格剖分方案进行计算可获得较高的计算效率。计算中,波浪周期 T 为 5~20 s,周期的步长 ΔT 为 0.1 s。从图 3.18 中可以看出,对于升沉方向,本书结果在所有波浪周期中均能与传统高阶边界元方法相符合,而对于纵荡和纵摇而言,pFFT 方法与传统高阶边界元方法在绝大多数频率上能符合,尽管 pFFT 方法在 $T = 6.0$ s 时不能捕捉到波浪力的极大值。这主要是由于这时圆柱间的水动力发生波浪干涉的共振现象,此时势流边界元理论所获得的线性方程组是接近病态矩阵[120],这将导致迭代方法求解产生较大误差,从而产生上述该频率下两种方法不一致的情况。

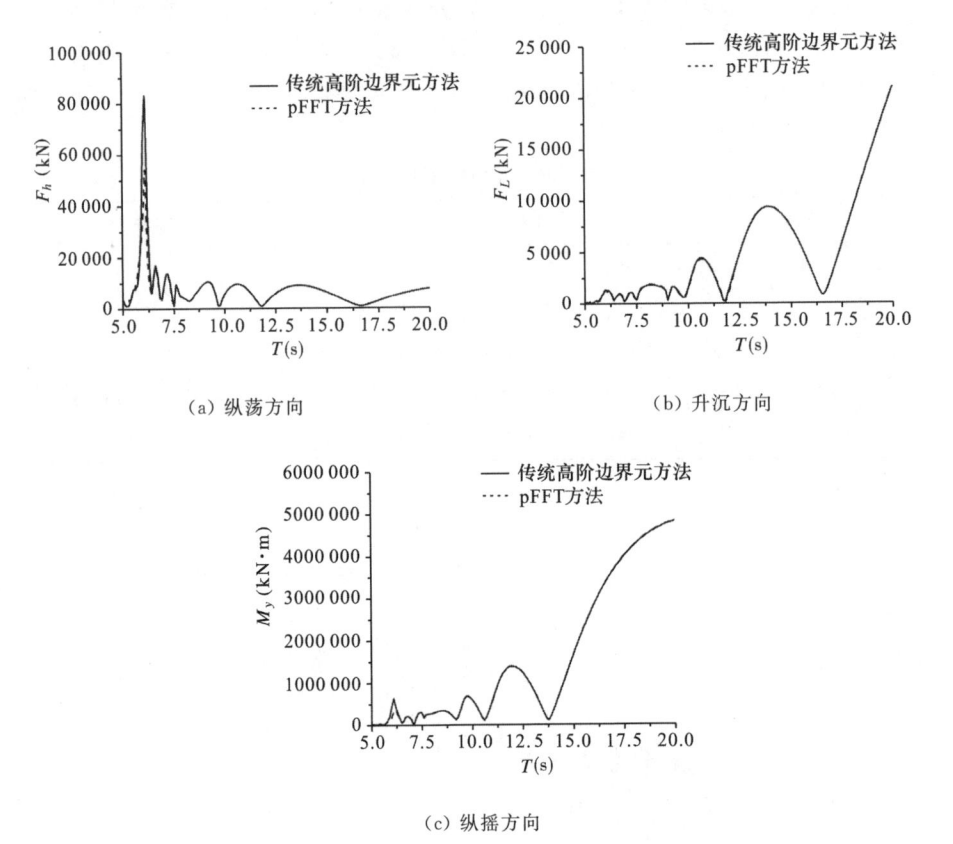

(a) 纵荡方向

(b) 升沉方向

(c) 纵摇方向

图 3.18 顺浪作用下 2 × 8 排列截断圆柱受到的波浪激振力

为进一步验证预修正快速傅里叶变换高阶边界元方法的计算效率,表 3-5 给出了不同波浪周期下的计算量,五种方法的平均计算时间分别为 2 732.49 s,

889.44 s,496.60 s,413.20 s,305.03 s。通过对比可以看出,本书方法所使用的计算量最少,仅为传统高阶边界元方法的11.2%,与取两个轴对称性的迭代法传统边界元相比,其计算量也仅为后者的73.8%,上述计算结果证明了本书方法的高效性。需要注意的是,对于一般结构而言,或者是超大型浮体在工作状态时(如一个船舶停靠在浮体旁边进行输油活动),都是没有对称简化性可以利用的,而本书方法则没有这种限制。另外,在实际工程中,超大型浮体通常由超过50个圆柱组成[121],因此,pFFT方法的效率会更高。最后,对于不同波浪周期的入射波而言,pFFT方法的计算量基本相同,这一点与多极子展开方法明显不同[122]。

表 3-5 阵列圆柱群不同方法计算量的对比

周期(s)	传统高阶边界元方法	迭代法	传统高阶边界元方法(对称简化)	迭代法(对称简化)	pFFT 方法
5	2 724.64	900.55	503.75	428.23	305.61
6	2 759.81	922.06	503.89	432.16	301.63
7	2 762.16	915.58	502.34	424.50	300.61
8	2 749.09	896.64	498.16	412.09	302.72
9	2 742.94	896.11	501.48	414.64	305.05
10	2 740.27	895.98	500.28	415.84	309.13
11	2 747.63	906.72	494.89	422.91	306.16
12	2 707.02	874.62	495.17	411.11	305.55
13	2 727.02	884.01	494.53	410.50	305.34
14	2 759.06	897.16	493.86	407.63	305.28
15	2 745.03	892.75	493.67	410.23	304.59
16	2 745.47	895.86	496.52	413.13	304.17
17	2 740.06	890.08	496.08	410.05	304.41
18	2 716.11	877.79	495.59	409.73	305.06
19	2 686.80	864.80	495.25	411.41	304.98
20	2 686.23	864.09	494.63	410.97	307.31

第 4 章 液舱内黏性流体晃荡数值模型的基本原理与数值方法

4.1 引 言

本章的主要目的是在黏性流体动力学理论的框架下建立一个比较通用的流体运动数值模型,该模型不仅可以解决液舱内流体晃荡问题,还可以拓展到其他黏性水动力问题中。该通用性主要体现在以下几个方面:

(1) 流体运动的基本控制方程为 Navier-Stokes 方程,可考虑流动过程中黏性耗散、涡旋运动以及湍流效应。

(2) 基本数值方法为有限体积法,允许使用非结构化网格对具有复杂边界形态的流体动力学问题进行统一处理。

(3) 采用 VOF 方法捕捉自由水面,可在非规则网格下实现对复杂自由水面流动过程的模拟。

(4) 在任意拉格朗日-欧拉观点下建立方程,可较准确的处理流固耦合问题。

(5) 模型具有良好的可拓展性,可在统一的有限体积环境下开展不同问题的流体动力分析。基于上述原则,本书使用开源代码 OpenFOAM 对该问题进行数值模拟。

本章内容将为第 5 章开展强迫运动时液舱晃荡问题的数值研究工作,以及第 6 章耦合数值模型的建立与耦合数值分析提供理论基础。

4.2 控制方程的建立

牛顿黏性流体的流动过程遵循质量守恒、动量守恒和能量守恒三个基本定律,对于不可压缩问题,能量方程可不考虑。在任意拉格朗日-欧拉(arbitrary lagrangian eulerian,ALE)观点下,连续方程和动量方程以张量的形式可分别表

第4章 液舱内黏性流体晃荡数值模型的基本原理与数值方法

示为

$$\frac{\partial \rho}{\partial t} + \frac{\partial \rho u_i}{\partial x_i} = 0 \tag{4.1}$$

$$\frac{\partial \rho u_i}{\partial t} + \frac{\partial \rho (u_j - u_j^m) u_i}{\partial x_j} = \frac{\partial \sigma_{ij}}{\partial x_j} + \rho f_i \tag{4.2}$$

式中,ρ 为流体的密度,u_i 为流体质点速度在第 i 方向上的分量,u_j^m 为网格运动速度,t 为时间,σ_{ij} 表示应力张量,f_i 表示单位体积流体所受到的体积力。动量方程(4.2)与应力散度项有关的关系式可以概括为:应力张量 σ_{ij} 可以分解为各项同性和各项异性两部分,即

$$\sigma_{ij} = -p\delta_{ij} + \tau_{ij} \tag{4.3}$$

式中,p 为压力,δ_{ij} 为张量置换符号,τ_{ij} 为偏应力张量。当流体的动力学黏性系数 μ 为各项同性时,有

$$\tau_{ij} = \lambda s_{kk} \delta_{ij} + 2\mu s_{ij} \tag{4.4}$$

其中,

$$\lambda = \mu' - \frac{2}{3}\mu \tag{4.5}$$

μ' 为第二黏性系数(膨胀性系数),而

$$s_{ij} = \frac{1}{2}\left(\frac{\partial u_i}{\partial x_j} + \frac{\partial u_j}{\partial x_i}\right) \tag{4.6}$$

为局部速度梯度张量的对称张量,又称变形速度张量,因此

$$\sigma_{ij} = -p\delta_{ij} + \lambda \frac{\partial u_k}{\partial x_k}\delta_{ij} + \mu\left(\frac{\partial u_i}{\partial x_j} + \frac{\partial u_j}{\partial x_i}\right) \tag{4.7}$$

此即牛顿黏性流体的应力-应变率关系式,也可以称为流体运动的本构关系。进一步引入斯托克斯假设:系统处于准热力学平衡状态时,可以近似认为 $\mu' = 0$(第二黏性系数为零),则有

$$\lambda = -\frac{2}{3}\mu \tag{4.8}$$

此时偏应力张量关系式可以简化为

$$\tau_{ij} = -\frac{2}{3}\mu \frac{\partial u_k}{\partial x_k}\delta_{ij} + \mu\left(\frac{\partial u_i}{\partial x_j} + \frac{\partial u_j}{\partial x_i}\right) \tag{4.9}$$

相应地,应力-应变率关系式也可以简化为

$$\sigma_{ij} = -p\delta_{ij} + \mu\left(\frac{\partial u_i}{\partial x_j} + \frac{\partial u_j}{\partial x_i}\right) - \frac{2}{3}\mu \frac{\partial u_k}{\partial x_k}\delta_{ij} \tag{4.10}$$

经过张量运算,可以得到应力张量梯度的表达式:

$$\frac{\partial \sigma_{ij}}{\partial x_j} = -\frac{\partial p}{\partial x_i} + \frac{\partial}{\partial x_j}\left(\mu \frac{\partial u_i}{\partial x_j}\right) + \frac{1}{3}\frac{\partial}{\partial x_j}\left(\mu \frac{\partial u_k}{\partial x_k}\right)\delta_{ij} \tag{4.11}$$

则动量方程可以简化为

$$\frac{\partial \rho u_i}{\partial t} + \frac{\partial \rho (u_j - u_j^m) u_i}{\partial x_j} = \rho f_i - \frac{\partial p}{\partial x_i} + \frac{\partial}{\partial x_j}\left(\mu \frac{\partial u_i}{\partial x_j}\right) + \frac{1}{3}\frac{\partial}{\partial x_j}\left(\mu \frac{\partial u_k}{\partial x_k}\right)\delta_{ij} \quad (4.12)$$

进一步,当流体为不可压缩时,连续方程和动量方程可以简化为

$$\frac{\partial \rho u_i}{\partial x_i} = 0 \quad (4.13)$$

$$\frac{\partial \rho u_i}{\partial t} + \frac{\partial \rho (u_j - u_j^m) u_i}{\partial x_j} = \rho f_i - \frac{\partial p}{\partial x_i} + \rho v \frac{\partial}{\partial x_j}\left(\frac{\partial u_i}{\partial x_j} + \frac{\partial u_j}{\partial x_i}\right) \quad (4.14)$$

其中,$v = \mu/\rho$,为流体运动学黏性系数。此即描述各项同性不可压缩牛顿黏性流体运动的 Navier-Stokes 方程。本书的相关推导过程将主要以它们作为基本出发点。

4.3 控制方程的数值离散

本书使用开源代码 OpenFOAM 对问题进行求解,其中,控制方程采用有限体积法求解黏性流体运动方程,这主要考虑有限体积法在处理非规则边界问题时更具有优势,并且有限体积法是基于单元内流体运动的守恒性,更适合于模拟流体运动的特征。

上述 Navier-Stokes 方程描述的是流动物理量在时空上的输运关系,其特征可以归结为与时间相关的对流扩散方程,写成矢量形式,即

$$\frac{\partial \rho \phi}{\partial t} + \nabla \cdot (\rho \boldsymbol{u} \phi) - \nabla \cdot (\rho \mu_\phi \nabla \phi) = S_\phi(\phi) \quad (4.15)$$

对式(4.15)进行有限体积的离散,对于每一个控制体(CV)而言(图 4.1),满足如下形式

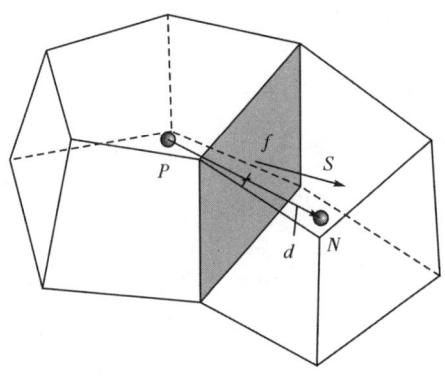

图 4.1 有限体积离散参量定义

第 4 章 液舱内黏性流体晃荡数值模型的基本原理与数值方法

$$\int_t^{t+\Delta t} \left[\frac{\partial}{\partial t} \int_{V_P} \rho \phi \, \mathrm{d}V + \int_{V_P} \nabla \cdot (\rho \boldsymbol{u} \phi) \mathrm{d}V - \int_{V_P} \nabla \cdot (\rho \mu_\phi \nabla \phi) \mathrm{d}V \right] \mathrm{d}t$$
$$= \int_t^{t+\Delta t} \left(\int_{V_P} S_\phi(\phi) \mathrm{d}V \right) \mathrm{d}t \tag{4.16}$$

进而使用格林定理,可以将式(4.16)各项进行空间离散,分别可得

$$\int_{V_P} \nabla \cdot (\rho \boldsymbol{u} \phi) \mathrm{d}V = \sum_f \boldsymbol{S} \cdot (\rho \boldsymbol{u} \phi)_f = \sum_f F \phi_f$$
$$\int_{V_P} \nabla \cdot (\rho \mu_\phi \nabla \phi) \mathrm{d}V = \sum_f \boldsymbol{S} \cdot (\rho \mu_\phi \nabla \phi)_f = \sum_f (\rho \mu_\phi)_f \boldsymbol{S} \cdot (\nabla \phi)_f \tag{4.17}$$

依据式(4.17),设控制体不随时间改变,可以将式(4.16)写成

$$\int_t^{t+\Delta t} \left[\left(\frac{\partial \rho \phi}{\partial t} \right)_P V_P + \sum_f F \phi_f - \sum_f (\rho \mu_\phi)_f \boldsymbol{S} \cdot (\nabla \phi)_f \right] \mathrm{d}t = \int_t^{t+\Delta t} (S_u V_P + S_p V_P \phi_P) \mathrm{d}t \tag{4.18}$$

再对式(4.18)进行时间离散,若采用 Crank-Nicholson 格式,则

$$\frac{\rho_P \phi_P^n - \rho_P \phi_P^0}{\Delta t} V_P + \frac{1}{2} \sum_f F \phi_f^n - \frac{1}{2} \sum_f (\rho \mu_\phi)_f \boldsymbol{S} \cdot (\nabla \phi)_f^n +$$
$$\frac{1}{2} \sum_f F \phi_f^0 - \frac{1}{2} \sum_f (\rho \mu_\phi)_f \boldsymbol{S} \cdot (\nabla \phi)_f^0 \tag{4.19}$$
$$= S_u V_P + \frac{1}{2} S_p V_P \phi_P^n + \frac{1}{2} S_p V_P \phi_P^0$$

进而可以将式(4.19)写成线性方程组的形式

$$a_P \phi_P^n + \sum_N a_N \phi_N^n = R_P \tag{4.20}$$

上式即有限体积处理一般对流扩散问题的处理方法。

下面考虑上述流动控制方程组(4.13)、(4.14)的数值求解,首先将体积力及表面力两项进行简化,并将控制方程组写成矢量的形式

$$\nabla \cdot \boldsymbol{u} = 0 \tag{4.21}$$

$$\frac{\partial \rho \boldsymbol{u}}{\partial t} + \nabla (\rho (\boldsymbol{u} - \boldsymbol{u}^m) \boldsymbol{u}) = -\nabla p^* - \boldsymbol{f} \cdot \boldsymbol{x} \nabla \rho + \nabla \cdot (\mu \nabla \boldsymbol{u}) + (\nabla \boldsymbol{u}) \cdot \nabla \mu + \sigma \kappa \nabla \gamma \tag{4.22}$$

其中,p^* 为流体流动时所带来的压力,上式中使用了下述关系

$$\rho \boldsymbol{f} - \nabla p = \rho \boldsymbol{f} - \nabla (p^* + \rho \boldsymbol{f} \cdot \boldsymbol{x}) = \rho \boldsymbol{f} - \nabla p^* - \rho \boldsymbol{f} - \boldsymbol{f} \cdot \boldsymbol{x} \nabla \rho$$
$$= -\nabla p^* - \boldsymbol{f} \cdot \boldsymbol{x} \nabla \rho \tag{4.23}$$

对于动量方程式(4.22),使用前文所述有限体积法对其进行离散,可以写成以下简化形式

$$\boldsymbol{A}_D \boldsymbol{u} = \boldsymbol{A}_H - \nabla p^* - \boldsymbol{f} \cdot \boldsymbol{x} \nabla \rho + \sigma \kappa \nabla \gamma \tag{4.24}$$

其中,简化离散矩阵 $\boldsymbol{A}$ 为

$$\begin{aligned}\boldsymbol{A}_D &\rightarrow \left\langle \frac{\partial \rho [\boldsymbol{u}]}{\partial t} \right\rangle + \left\langle \nabla \cdot (\rho_f \varphi^m [\boldsymbol{u}]_f) \right\rangle \\ \boldsymbol{A}_H &\rightarrow \left\langle \nabla \cdot (\mu \nabla [\boldsymbol{u}]) \right\rangle + \left\langle (\nabla [\boldsymbol{u}]) \cdot \nabla \mu \right\rangle \end{aligned} \quad (4.25)$$

这里,下角标 f 表示单元边界面上的参量,且 $\varphi^m = (\boldsymbol{u} - \boldsymbol{u}^m)_f \cdot \boldsymbol{S}_f$。根据式(4.24)显式求解出速度,即

$$\boldsymbol{u} = \frac{\boldsymbol{A}_H}{\boldsymbol{A}_D} - \frac{\nabla p^*}{\boldsymbol{A}_D} - \frac{\boldsymbol{f} \cdot \boldsymbol{x}}{\boldsymbol{A}_D} \nabla \rho + \frac{\sigma \kappa}{\boldsymbol{A}_D} \nabla \gamma \quad (4.26)$$

定义流率 φ 为

$$\varphi = \boldsymbol{u}_f \cdot \boldsymbol{S}_f \quad (4.27)$$

进而将式(4.24)写成流率 φ 的形式

$$\varphi = \varphi^* - \left(\frac{1}{\boldsymbol{A}_D}\right)_f \nabla p^* \quad (4.28)$$

式中,

$$\varphi^* = \left(\frac{\boldsymbol{A}_H}{\boldsymbol{A}_D}\right)_f \boldsymbol{S}_f - \left(\frac{1}{\boldsymbol{A}_D}\right)_f (\boldsymbol{f} \cdot \boldsymbol{x})_f (\nabla \rho)_f \boldsymbol{S}_f + \left(\frac{\sigma \kappa}{\boldsymbol{A}_D}\right)_f (\nabla \gamma)_f \boldsymbol{S}_f \quad (4.29)$$

这里,式(4.29)将用于流率预测,而式(4.28)将用于流率修正。将式(4.29)代入式(4.28)中,结合流率定义式,也可求得速度,即

$$\boldsymbol{u} = \boldsymbol{u}^* + \boldsymbol{A}_D \frac{\varphi - \varphi^*}{(\boldsymbol{A}_D)_f} \quad (4.30)$$

其中,

$$\varphi^* = \boldsymbol{u}_f^* \cdot \boldsymbol{S}_f \quad (4.31)$$

将流率表达式(4.29)代入连续方程(4.21)中,可以得到压力方程为

$$\left\langle \nabla \cdot \left(\left(\frac{1}{\boldsymbol{A}_D}\right)_f \nabla [p^*] \right) \right\rangle = \nabla \cdot \varphi^* \quad (4.32)$$

上述求解方法称为 PISO(pressure-implicit with splitting of operators)方法[123]。最后需要说明一点,在 PISO 方法的推导过程中,利用了投影的思想,即通常所说的分步法,此时速度和压力是分开求解的。综上所述,使用 PISO 方法求解 Navier-Stokes 方程,可以概括为:使用动量方程进行速度预测,使用压力方程求解压力,再通过已经求得的压力,通过动量方程进行速度修正。将其基本的计算过程整理如下。

(1) 由式(4.26)求解动量方程,计算速度 $\boldsymbol{u}$;

(2) 根据式(4.29)进行流率预测,计算 φ^*;

(3) 求解压力方程式(4.32),计算动压力 p^*;

(4) 根据式(4.28)进行流率修正,求出 φ;

(5) 最后根据式(4.30)即可求出速度 $\boldsymbol{u}$。

以上即 PISO 方法的主要计算公式及数值实现方法。

数值计算中,时间步长的选取需满足 CFL 条件,可通过克朗数(Cr)进行自动选取

$$\Delta t < Cr \times \min\{\sqrt{S_e}/|u_e|\} \tag{4.33}$$

式中,S_e 和 u_e 分别为单元面积和单元速度。计算中,克朗数原则上取 1.0 即可满足 CFL 条件要求,本书取 0.5 以保证自由水面做大振幅非线性运动时的计算精度。在处理冲击力问题时,则取 $Cr=0.01$ 且 $\Delta t_{\max}=0.001$ s 以满足高频冲击力的计算要求。具体如何处理在不同的算例中再进行详细的描述。

4.4 基于两相流数值模型的自由水面捕捉

波浪运动最重要的特征就是自由水面的存在。目前,在黏性流范围内,人们针对自由水面问题已经运用了很多的方法,例如 MAC(marker and cell)、VOF(volume of fluid)以及 LS(level set)方法等,这些都是对自由水面的位置进行近似捕捉的方法。其中,VOF 方法是目前最流行、最成熟的方法之一。原始的 VOF 方法(Hirt 和 Nichols,1981[124])是在有限差分的背景下建立起来的,而有限体积法来自有限差分,适用于 VOF 方法的实现。综上所述,考虑模型的适用性,也为了使数学模型能够满足如波浪破碎、冲击等复杂物理现象的模拟要求,采用 VOF 方法对自由水面运动进行捕捉。定义流体相函数 α 为

$$\begin{cases} \alpha = 0 & (在空气中) \\ 0 < \alpha < 1 & (在自由水面中) \\ \alpha = 1 & (在水中) \end{cases} \tag{4.34}$$

它满足 ALE 观点下的边界面方程,

$$\frac{\partial \alpha}{\partial t} + \frac{\partial (u_i - u_i^m)\alpha}{\partial x_i} = 0 \tag{4.35}$$

在进行数值计算时,直接求解相函数方程式(4.35)会造成 α 因对流运动而导致两相流界面形状模糊不清的问题($0 < \alpha < 1$ 部分向两相流的内部扩展,使界面形状模糊不清)[125],从而导致计算结果不准确。本书采用在界面方程中增加人工可压缩性的方法来解决这一问题[126]。将方程式(4.35)改写为

$$\frac{\partial \alpha}{\partial t} + \frac{\partial (u_i - u_i^m)\alpha}{\partial x_i} + \frac{\partial [\alpha(1-\alpha)u_i^r]}{\partial x_i} = 0 \qquad (4.36)$$

其中，u_i^r 为垂直于两相界面的速度，由于有系数 $\alpha(1-\alpha)$ 的存在，因此新增的这一项仅存在于两相流界面中。

将界面方程(4.36)进行有限体积离散，其形式为

$$\left\langle \frac{\partial [\alpha]}{\partial t} \right\rangle + \langle \nabla \cdot (\varphi^m [\alpha]_f) \rangle + \langle \nabla \cdot (\varphi^{rb} [\alpha]_f) \rangle = 0 \qquad (4.37)$$

其中，参量 φ^{rb} 的表达式为

$$\varphi^{rb} = (1-\alpha)_f \varphi^r \qquad (4.38)$$

而参量 φ^r 的定义为

$$\varphi^r = \gamma_c \max \left| \frac{\boldsymbol{u} \cdot \boldsymbol{S}}{|\boldsymbol{S}|} \right| (\boldsymbol{n}^* \cdot \boldsymbol{S}) \qquad (4.39)$$

式中，参量 γ_c 为人工压缩项折减系数，取 0 为跳过人工压缩项计算，取 1 为正常进行人工压缩项计算。$\boldsymbol{n}^*$ 为两相流界面单位法向量，其定义为

$$\boldsymbol{n}^* = \frac{(\nabla \alpha)_f}{|(\nabla \alpha)_f| + \delta} \qquad (4.40)$$

其中，δ 为防止当 $|(\nabla \alpha)_f| \to 0$ 时数值计算出错而选取的值，可取为 10^{-5}。

界面方程离散式(4.37)的求解方法与速度方程式(4.24)的求解方法类似，可以使用集中质量阵的方法进行显式求解，从而求得流体相函数 α 在整个流场的分布。

进而即可确定两相流的密度及动力黏性系数在流场中的分布

$$\rho = \alpha \rho_w + (1-\alpha)\rho_a \qquad (4.41)$$
$$\mu = \alpha \mu_w + (1-\alpha)\mu_a \qquad (4.42)$$

式中，下脚标 w 和 a 分别代表水和空气，并取 $\rho_w = 1.0 \times 10^3$ kg/m³、$\mu_w = 1.0 \times 10^{-3}$ Pa·s；$\rho_a = 1.0$ kg/m³、$\mu_a = 1.48 \times 10^{-5}$ Pa·s。最后，在数据分析时，流体的自由水面可按照 $\varphi = 0.5$ 等值线近似处理。

在程序实现的过程中，先通过式(4.37)计算出流体相函数 α 在流场中的分布，再根据式(4.41)和式(4.42)确定网格中流体的性质参数，这样就可以把两相流看作一个整体流场，然后使用 PISO 方法对整个两相流的流场进行计算，并最终得到求解速度和求解压力，完成流场的求解。

4.5 物体运动流固耦合的处理

上述几节中，流动控制方程组(4.21)、(4.22)，以及边界面方程(4.35)均是

第 4 章 液舱内黏性流体晃荡数值模型的基本原理与数值方法

在 ALE 观点下建立的,其目的是使数值模型能够对流固耦合问题进行处理,即通过 ALE 观点下的网格运动来追踪物体的运动,求得计算域的边界状况,从而更新网格,进而在新的计算域中对上述方程进行求解。可以看出,本书所使用的 ALE 方法在计算中实际上是将流体的计算与网格的运动分开处理,这也是该方法的一个显著优点。由于 ALE 观点下的控制方程与数值离散求解等问题已经解决,因此,本节将主要讲述时域运动方程的求解以及运动网格的处理。

首先建立刚性物体的时域运动方程,如图 4.2 所示,用两组坐标系进行描述,一组是定义为 $oxyz = ox_1x_2x_3$ 的空间固定坐标系,另一组是定义为 $o'x'y'z' = o'x_1'x_2'x_3'$ 的物体坐标系,即相对于物体本身不动的坐标系,也称随体坐标系,在物体静止时两个坐标系重合,刚体质心在空间固定坐标系下的位置为 $\boldsymbol{x}_0 = (x_0, y_0, z_0)$,转动中心在空间固定坐标系下的位置为 $\boldsymbol{x}_c = (x_c, y_c, z_c)$。这样一来,使用随体坐标系 $o'x'y'z' = o'x_1'x_2'x_3'$ 来描述流体作用荷载和物体的运动(包括位移、速度和加速度),使用空间固定坐标系 $oxyz = ox_1x_2x_3$ 来描述流体质点和物体位置的向量,具体处理方法如下。

(1)在空间固定坐标系 $oxyz$ 下,$\xi = \{\xi_1, \xi_2, \xi_3\}$ 和 $\theta = \{\theta_1, \theta_2, \theta_3\}$ 分别表示物体质心平动位移和转动位移。其中,转动位移即随体坐标系 $o'x'y'z'$ 的转角(物体空间旋转布莱恩角,旋转顺序为 roll-pitch-yaw)。

(2)在随体坐标系 $o'x'y'z'$ 下,$\dot{\xi} = \{\dot{\xi}_1, \dot{\xi}_2, \dot{\xi}_3\}$ 和 $\dot{\theta} = \{\dot{\theta}_1, \dot{\theta}_2, \dot{\theta}_3\}$ 分别表示物体质心的平动速度和绕质心转动的角速度,物体的质量和惯性矩则用质量矩阵 $[M]$ 表示,其具体形式可参考第 2 章。

(3)在空间固定坐标系 $oxyz$ 和随体坐标系 $o'x'y'z'$ 下,任意一点的位置向量可分别表示为 $\boldsymbol{x} = \{x_1, x_2, x_3\}$ 和 $\boldsymbol{x} = \{x_1', x_2', x_3'\}$。

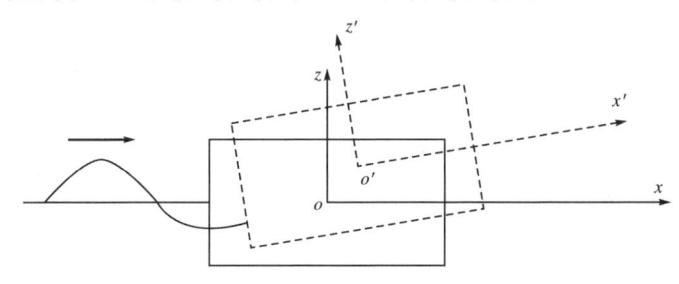

图 4.2 坐标定义

在两个坐标系下,位置向量的关系可以写为

$$\boldsymbol{x} = \boldsymbol{x}_c + [D]^{\mathrm{T}} \times (\boldsymbol{x}' - \boldsymbol{x}_c') \tag{4.43}$$

$$x' = x'_c + [D](x - x_c) \tag{4.44}$$

需要注意的是,与第 2 章不同,这里所使用的运动方程没有引入线性假设。上式中,$[D]$ 为转换矩阵,定义为

$$[D] = \begin{bmatrix} c_2 c_3 & s_1 s_2 c_3 + c_1 s_3 & -c_1 s_2 c_3 \\ -c_2 s_3 & -s_1 s_2 s_3 + c_1 c_3 & c_1 s_2 s_3 + s_1 c_3 \\ s_2 & -s_1 c_2 & c_1 c_2 \end{bmatrix} \tag{4.45}$$

其中,

$$c_i = \cos \theta_i \quad s_i = \sin \theta_i \quad (i = 1, 2, 3) \tag{4.46}$$

同样简化通过定义六个运动分量 $\xi = (\xi_1, \xi_2, \xi_3)$ 和 $\theta = (\theta_1, \theta_2, \theta_3)$ 来描述三维刚体关于质心的运动,仍定义前三个方向为平动分量,分别为纵荡、横荡和升沉,后三个方向为转动分量,分别为横摇、纵摇和回转。根据牛顿第二定律,得到时域内刚性物体的运动方程为

$$[M]\{\ddot{\xi}\} + [B]\{\dot{\xi}\} + [K]\{\xi\} = \{f\} + \{f_m\} + \{f_e\} \tag{4.47}$$

式中,$[M]$ 为物体的质量矩阵;$[B]$ 为物体的阻尼矩阵;$[K]$ 为系泊系统的刚度矩阵;$\{f\}$ 为流体作用力;$\{f_m\}$ 为物体的重力;在 z 方向上的分量为 $-Mgn_z$,在其他方向上的分量为零,$\{f_e\}$ 为来自外部系泊系统的静力部分。

对于物体的自由运动问题,需要通过求解刚体运动方程得到其运动响应;对于受迫运动问题,由于运动频率和振幅均为已知,因此不需要对刚体运动方程进行求解。

获得物体的运动响应之后,即可根据物体的运动情况,重新获得计算域的边界状况,进而通过新的边界对网格进行更新,获得新的计算域。由于本书研究的是液舱晃荡问题,流体计算域始终随液舱运动保持着刚体运动的特征,即流体计算域的边界是规则运动的。因此,流体计算域的网格只需要随液舱进行刚体运动即可,而不需要每步求解拉普拉斯方程。

4.6 数值求解过程

至此,已经对数值模型的主要构成部分进行了说明,并对使用的主要方法进行了描述。当使用上述方法对具体问题进行模拟时,还必须为其指定定解条件。从微分方程数值求解的角度而言,定解条件一般由初始条件和边界条件构成。关于这一问题我们将在第 5 章再进行详细的描述,这里先看作已知的。

第 4 章 液舱内黏性流体晃荡数值模型的基本原理与数值方法

下面对上述黏性流体与运动物体相互作用数值模型的计算过程进行总结。

(1) 已知 t_0 时刻流体的运动参量与物体的运动参量；
(2) 在随体坐标系下解运动方程(4.47)，求出 $t_0 + \Delta t$ 时刻物体的运动参量；
(3) 根据物体运动参量确定流体计算域新的边界及边界条件；
(4) 根据新的流体计算域，获得 $t_0 + \Delta t$ 时刻新的网格参量；
(5) 在新的网格参量下解黏性流体式(4.37)，获得黏性流体界面函数在流场中的分布；
(6) 根据式(4.41)、式(4.42)获得黏性流体中的各单元中的物理参量；
(7) 由式(4.26)求解动量方程，计算速度 u；
(8) 根据式(4.29)进行流率预测，计算 φ^*；
(9) 求解压力方程式(4.32)，计算动压力 p^*；
(10) 根据式(4.28)进行流率修正，求出 φ；
(11) 根据式(4.30)求出流体速度 u；
(12) 计算流体对物体的作用力和力矩；
(13) 至此，могу求出 $t_0 + \Delta t$ 的流体运动参量与物体运动参量；
(14) 进入下一时间步。

可见，上述计算过程偏重于每一时间步的计算，黏性流体数值模型计算流程，如图 4.3 所示。

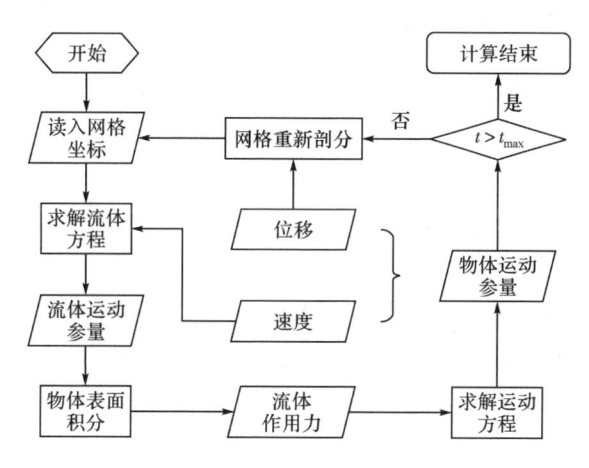

图 4.3 黏性流体数值模型计算流程

第 5 章　液舱内黏性流体晃荡问题的数值验证与分析

5.1　引　言

　　本章针对受迫运动时液舱内黏性流体晃荡问题,对第 4 章所建立的黏性流体动力学数值模型的可靠性,特别是流场求解器和界面捕捉方法的准确性,以及液舱晃荡的整体及局部冲击力进行了验证。通过对二维矩形液舱内流体晃荡问题、三维矩形液舱内流体晃荡问题,以及复杂几何结构(带横隔板)液舱内流体晃荡问题的数值模拟,验证了本书模型的正确性。并对不同情况下黏性流体晃荡的数值结果进行分析,研究了流体黏性对自由水面运动的影响,同时也为耦合模型中的数值研究工作提供指导意义并奠定基础。

5.2　二维矩形液舱受迫运动时流体晃荡问题

5.2.1　液舱内流体晃荡自由水面运动的验证

　　为验证本书黏性流体动力学数值模型的正确性,选取长为 B,高为 H 的矩形容器进行研究,如图 5.1 所示,当水深为 h 时,容器内流体第 n 阶理论自振频率 ω_n 可通过下式确定,

$$\omega_n^2 = \frac{(2n+1)\pi g}{B}\tanh\left(\frac{(2n+1)\pi h}{B}\right) \tag{5.1}$$

　　作为算例,取 $B=1.0$ m,$H=0.6$ m,$h=0.5$ m 的情况进行研究,此时流体晃荡自振频率 $\omega_0=5.316$ rad/s。容器按照正弦函数振动,其位移函数为

$$x(t) = -x_0\sin(\omega t) \tag{5.2}$$

第 5 章 液舱内黏性流体晃荡问题的数值验证与分析

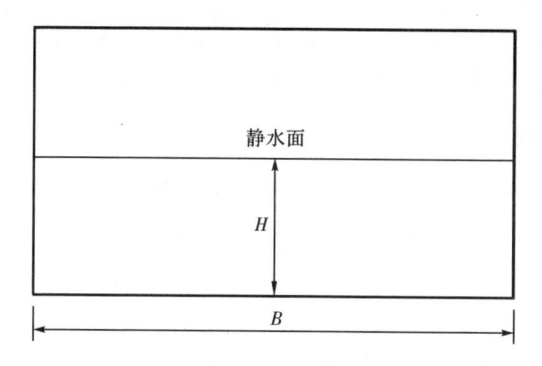

图 5.1 容器受迫振动

取激励振幅分别为 $x_0=0.005$ m 和 $x_0=0.0004$ m,激励频率分别为 $\omega_f=0.5\omega_0$ 和 $\omega_f=0.9\omega_0$ 两组算例进行计算,并与 Faltinsen[12] 的线性解析解及 Liu 和 Lin[37] 的非线性数值结果进行对比,如图 5.2 所示。通过对比可以看出,由于自由水面非线性较小,三种方法的计算结果均符合良好。

(a) $x_0=0.005$ m,$\omega_f=0.5\omega_0$

(b) $x_0=0.0004$ m,$\omega_f=0.9\omega_0$

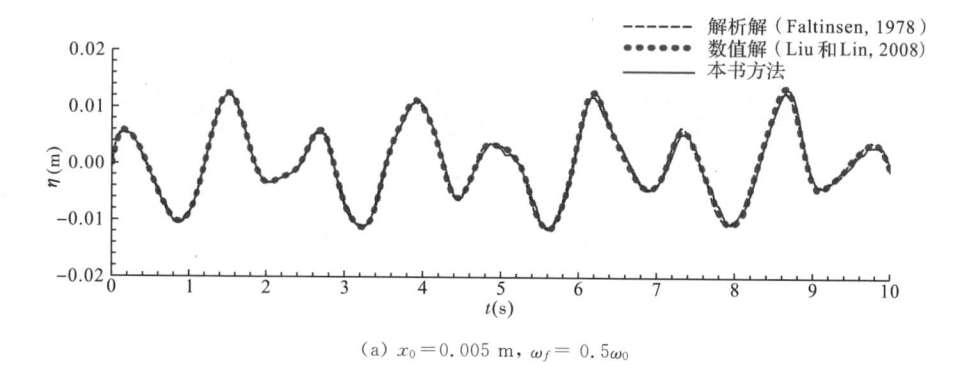

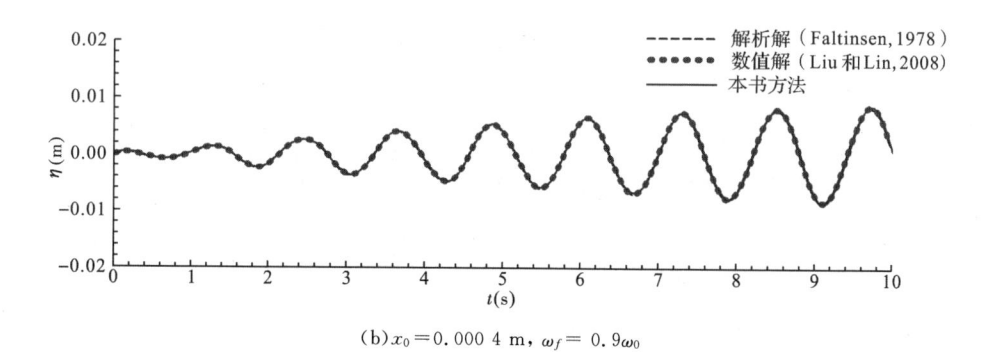

图 5.2 容器左端自由水面随时间的变化

为进一步验证本书方法的正确性,取 $B=0.57$ m,$H=0.3$ m 的矩形容器进行研究,水深 $h=0.15$ m,此时容器内流体晃荡自振频率 $\omega_0=6.0578$ rad/s。容器做正弦运动,振幅 $x_0=0.005$ m,激励频率分别为 $\omega_f=0.583\omega_0$ 和 $\omega_f=1.0\omega_0$,计算结果仍与 Faltinsen[12] 的线性解析解及 Liu 和 Lin[37] 的非线性数值结果及实验结果进行对比,如图 5.3 所示。从图 5.3(a)中可以看出,本书方法与其他方法及实验结果均符合良好。从图 5.3(b)中可以看出,随着时间的变化,流体共振现象发生,线性解析解无法预测自由水面的非线性特征,本书计算结果则能够很好地对其进行描述,且与 Liu 和 Lin[37] 的非线性数值结果及实验结果均符合良好。通过上述数值模拟,可以证明本书方法在预测自由水面运动方面的正确性。

(a) $x_0=0.005$ m, $\omega_f=0.583\omega_0$

(b) $x_0=0.005$ m, $\omega_f=1.0\omega_0$

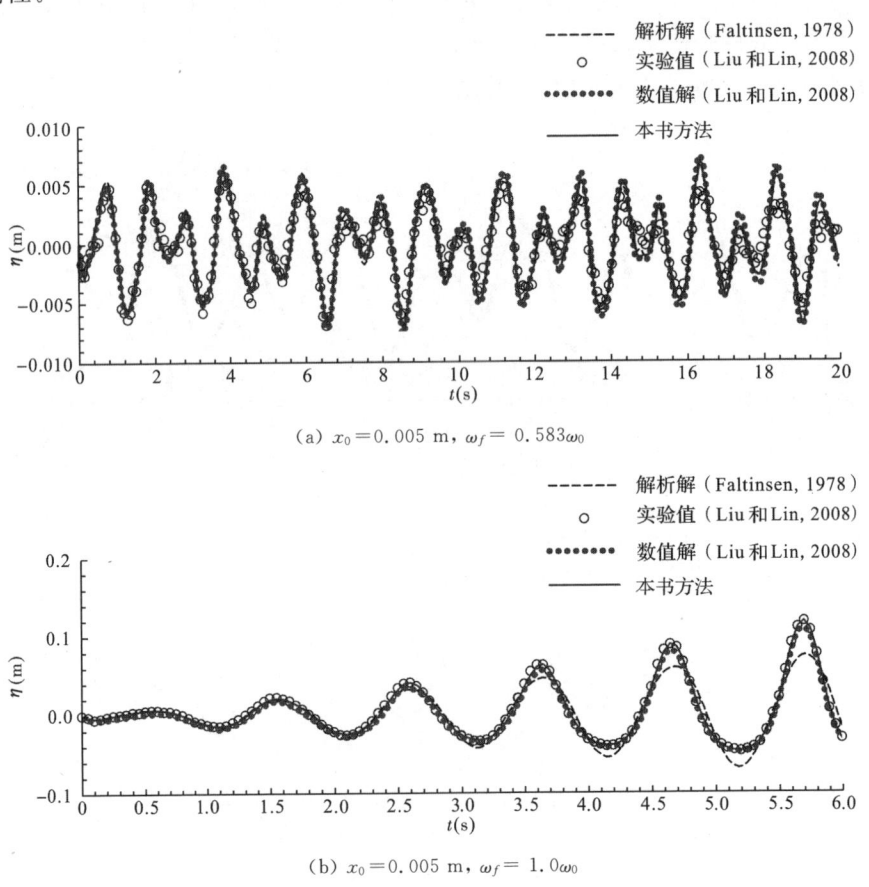

图 5.3 容器左端自由水面随时间的变化

5.2.2 液舱内流体晃荡局部冲击力及整体作用力的验证

为验证本书方法在计算流体冲击力方面的正确性,取 $B=0.60$ m,$H=0.40$ m 的矩形容器进行研究,水深 $h=0.06$ m,此时容器内流体晃荡自振频率 $\omega_0=3.953$ rad/s。容器做正弦运动,振幅 $x_0=0.06$ m,激励频率 $\omega_f=4.833$ rad/s,压强盒放置于容器左端静水面以下 0.01 m 处。将本书数值结果与 Zhu[127] 的实验结果及朱小松[128] 的 SPH 方法的计算结果进行对比,如图 5.4 所示。由于仅有一段实验数据,因此取相对时间序列进行对比。可以看出,本书数值结果和 Zhu[127] 的实验结果及朱小松[128] 的 SPH 方法在冲击过程中的第一峰值、第二峰值及点压力时间过程线均符合良好,证明本书模型可以应用于液舱晃荡问题的点压力计算。

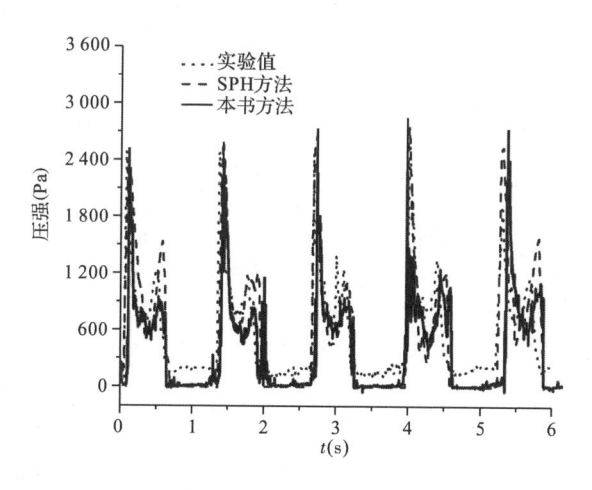

图 5.4 测点压强时间过程线

进一步选取 Iglesias[129] 的纵摇实验进行计算。实验所用矩形容器长 0.64 m,高 0.14 m,宽 0.252 m,水深 0.030 m,容器绕位于其竖直中心线上距离容器底部以下 0.1 m 处的一点在容器平面内转动。初始时刻矩形容器处于水平位置,容器转角为正弦函数,其表达式为

$$\theta = -6°\sin(\omega t) \tag{5.3}$$

网格剖分时对自由水面部分进行适当的加密,时间步长取 $Cr=0.5$ 且 $\Delta t_{max}=0.005$ s 进行数值计算。首先给出激励频率 $\omega_f=4.00$ rad/s 时流体晃荡作用力矩随时间的变化,并与陈强[130] 的 SPH 数值结果进行对比,如图 5.5 所示,可以看出,力矩的时间历程曲线存在许多毛刺波动,这主要是由流体对容器

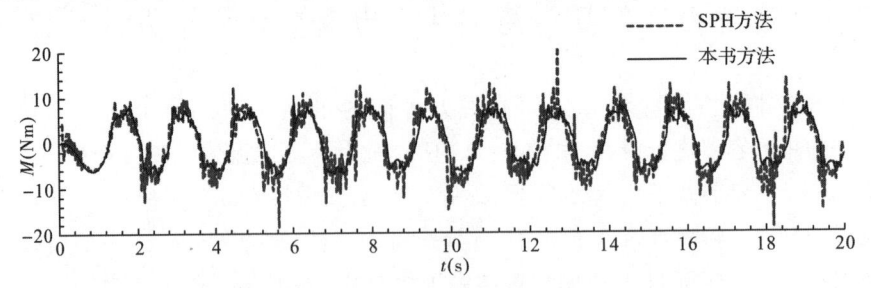

边壁的砰击作用造成的,总体来说,两种方法均符合良好。

图 5.5 激励频率 $\omega_f = 4.00$ rad/s 时流体晃荡作用力矩随时间的变化

进一步给出不同频率时流体晃荡作用力矩幅值的计算结果,并与 Iglesias[129] 的实验及 SPH 数值结果,以及陈强[130] 的 SPH 数值结果进行对比,其中,两种 SPH 方法的不同点主要在边界条件的处理上,Iglesias[129] 使用的是斥力方法,而陈强[130] 使用的是镜像方法。流体晃荡作用力矩幅值使用带通傅里叶变换方法近似获得。如图 5.6 所示,可以看出,本书方法相比于两种 SPH 方法在某些点处更加贴近实验结果。

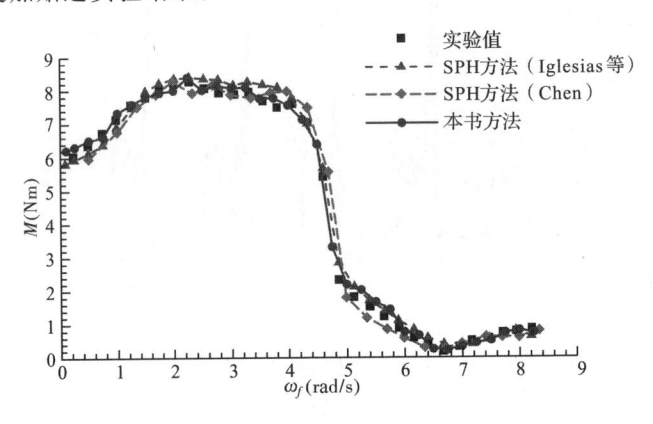

图 5.6 流体晃荡作用力矩幅值对比

通过上述数值验证,可以证明本书方法可以应用于计算液舱晃荡过程中的局部冲击力和整体作用力的计算。

5.3 三维矩形液舱受迫运动时流体晃荡问题

对于三维情况,如图 5.7 所示(三维视图和俯视图),矩形方箱长为 B,宽为

第 5 章 液舱内黏性流体晃荡问题的数值验证与分析

W,高为 H,箱内水深为 h,则其内部流体在 x 和 y 两个方向上的第 n 阶理论自振频率 ω_{m0} 和 ω_{0n} 分别为

$$\omega_{m0}^2 = \frac{(2m-1)\pi g}{B}\tanh\left(\frac{(2m-1)\pi h}{B}\right) \quad (m=1,2,3,\cdots) \quad (5.4)$$

$$\omega_{0n}^2 = \frac{(2n-1)\pi g}{W}\tanh\left(\frac{(2n-1)\pi h}{W}\right) \quad (n=1,2,3,\cdots) \quad (5.5)$$

令方箱在与 x 轴夹角为 θ 方向按照正弦函数做水平振荡运动,相应的位移分量分别为

$$S_x(t) = S\cos\theta\sin(\omega t) \quad (5.6)$$

$$S_y(t) = S\sin\theta\sin(\omega t) \quad (5.7)$$

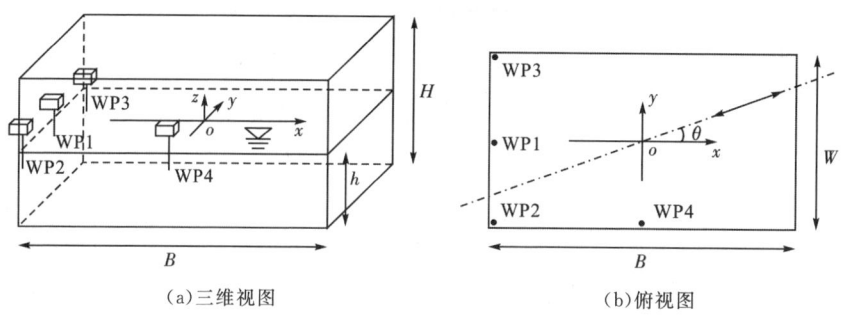

(a) 三维视图　　　　　　(b) 俯视图

图 5.7　容器尺寸及浪高仪布置

考虑如下算例:三维矩形容器 $B=0.57$ m, $W=0.31$ m, $H=0.30$ m, $h=0.15$ m, $\omega_{10}=6.058$ rad/s, $\omega_{01}=9.515$ rad/s,外部激励 $S=0.005$ m, $\theta=0°$, $\omega_f=0.6\omega_{10}=0.382\omega_{01}=3.635$ rad/s,测点 WP1、WP4、WP2 和 WP3 的浪高仪布置见表 5-1,将测点 WP4 和测点 WP1 位置处的自由水面计算结果与 Faltinsen[12] 的线性解析解(将三维问题看作两个二维问题叠加)及 Liu and Lin[37] 的数值结果进行对比,如图 5.8 所示。可以看出,三种方法的计算结果均符合良好。

表 5-1　容器内各自由水面测点的坐标值

测点编号	测点位置	测点处理论波面特征	测点坐标 (m)
WP1	平行于 y 轴侧壁中点	y 方向一阶共振波的波节点	(−0.285, 0.0)
WP4	平行于 x 轴侧壁中点	x 方向一阶共振波的波节点	(0.0, −0.155)
WP2	角点	x 和 y 方向一阶共振波的波幅叠加	(−0.285, −0.155)
WP3	角点	x 和 y 方向一阶共振波的波幅叠加	(−0.285, 0.155)

进一步取 $S=0.005$ m, $\theta=30°$, $\omega_f=0.985\omega_{10}=5.967$ rad/s 进行计算,将测点 WP1、WP4 和 WP2 位置处的自由水面计算结果与 Faltinsen[12] 的线性解析

解及 Liu 和 Lin[37] 的数值结果和实验结果进行对比,如图 5.9 所示。可以看出,随着流体运动的发展,自由水面非线性特征逐渐明显,线性解析解无法对其进行正确描述,本书结果则能够很好的描述这些特征,且与 Liu 和 Lin[37] 的数值结果和实验结果符合良好[图 5.9(c)中本书结果与 Liu 和 Lin[37] 的数值计算在最后时刻存在差别的原因是 Liu 和 Lin[37] 的数值计算中未设置顶盖]。通过上述算例,进一步说明了本书模型在三维流体晃荡数值模拟中的可靠性。

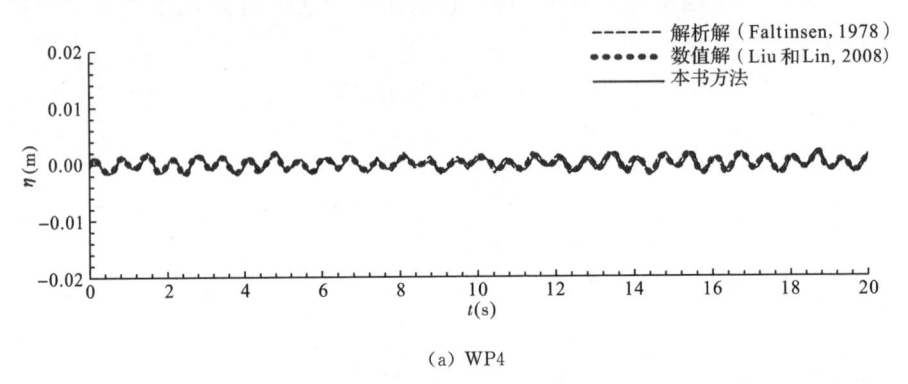

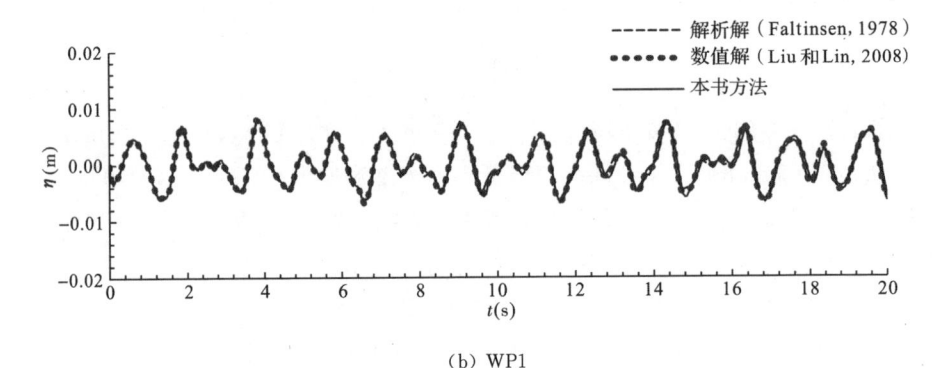

(a) WP4

(b) WP1

图 5.8 测点 WP4 和测点 WP1 位置处自由水面随时间的变化

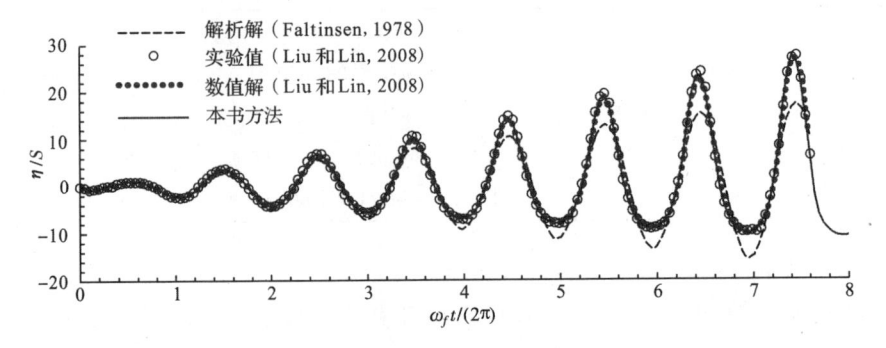

(a) WP1

(b) WP4

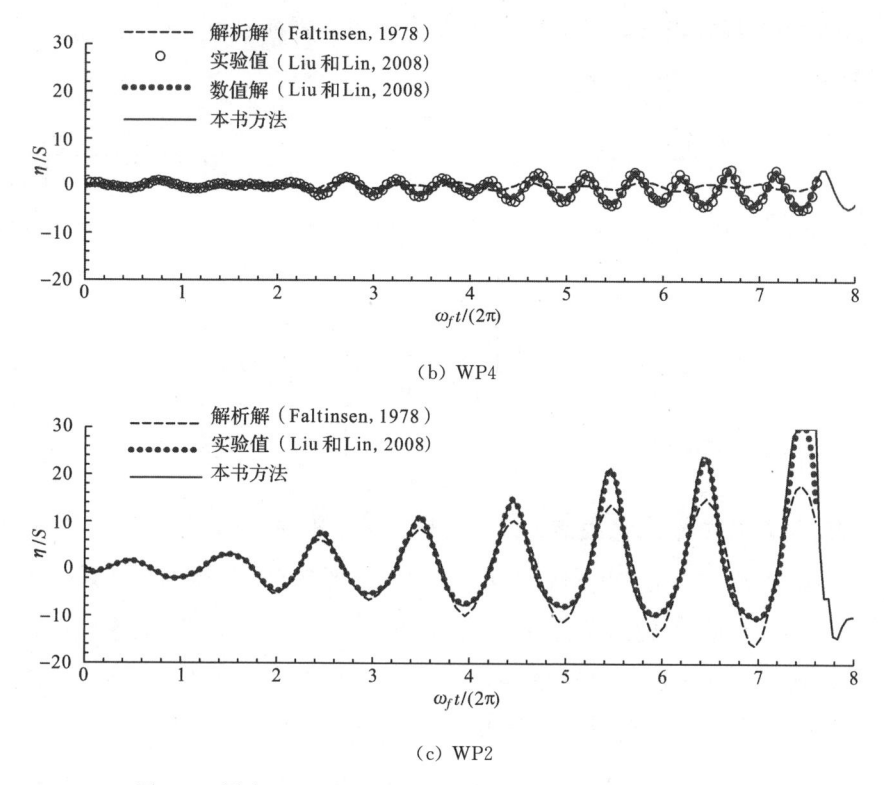

(c) WP2

图 5.9 测点 WP1、WP4 和 WP2 位置处自由水面随时间的变化

5.4 带横隔板矩形液舱内流体晃荡问题的验证与分析

如前文所述,对于大多数实际工程问题而言,人们总希望能够通过采取一定的措施来减少液舱内流体晃荡的危害,因此需要通过理论或者数值方法来模拟液舱内流体晃荡的演化过程,在本节中,我们将对带横隔板矩形液舱内流体在长时间激励作用下的晃荡问题进行研究,并特别分析了长时间激励作用下液舱内流体晃荡的演化过程,进而解释黏性耗散等问题对流动过程的影响。

5.4.1 不带横隔板时流体晃荡自由水面的演化及特征分析

如图 5.10 所示,选取长 $B=1.0$ m,水深 $H=0.5$ m 的二维矩形容器进行研究,为对比分析横隔板对流体晃荡的影响,先考虑不带横隔板的情况。此时,其自振频率为 $\omega_0 = 5.316 \text{ rad/s}$。

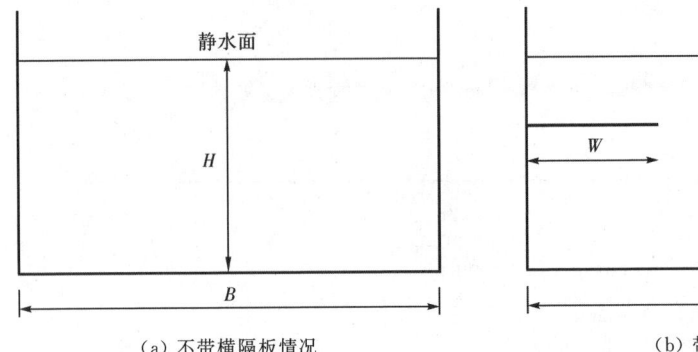

(a) 不带横隔板情况　　　　　(b) 带横隔板情况

图 5.10　容器尺寸设置

容器仍为正弦激励,选取两组振幅和频率进行研究,分别为 $x_0 = 0.01$ m 和 $\omega_f = 0.5\omega_0$,以及 $x_0 = 0.0004$ m 和 $\omega_f = 0.95\omega_0$。为研究长时间激励作用下容器内流体晃荡的水动力特征,尤其是在长时间激励作用下自由水面晃荡过程中的流体黏性耗散的问题,选取容器左端的自由水面的时间历程线进行研究,并与 Faltinsen[12] 的势流解析解、Liu 和 Lin[37] 的数值结果进行对比,如图 5.11 所示。可以看出,在初始的 50 s 激励时间内,本书黏性流数值结果与势流解析解计算结果符合良好。但是,随着激励时间的增加,势流结果和黏性流数值结果的差异逐渐明显,说明在流体运动过程中的黏性耗散逐渐明显。另外,随着晃荡时间的增加,本书黏性流模型所预测的自由水面晃荡周期略大于势流结果。该现象曾被 Greaves[131] 以及 Tsai 和 Jeng[132] 在研究矩形容器内自由水面晃荡问题中提及。

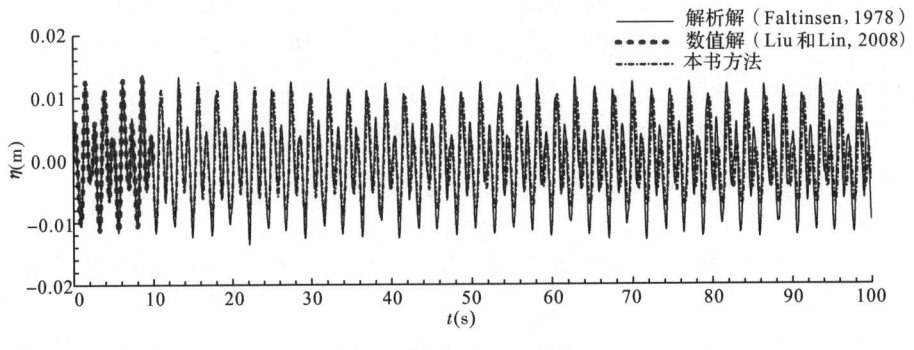

(a) $x_0 = 0.01$ m, $\omega_f = 0.5\omega_0$

第5章 液舱内黏性流体晃荡问题的数值验证与分析

(b) $x_0 = 0.0004$ m, $\omega_f = 0.95\omega_0$

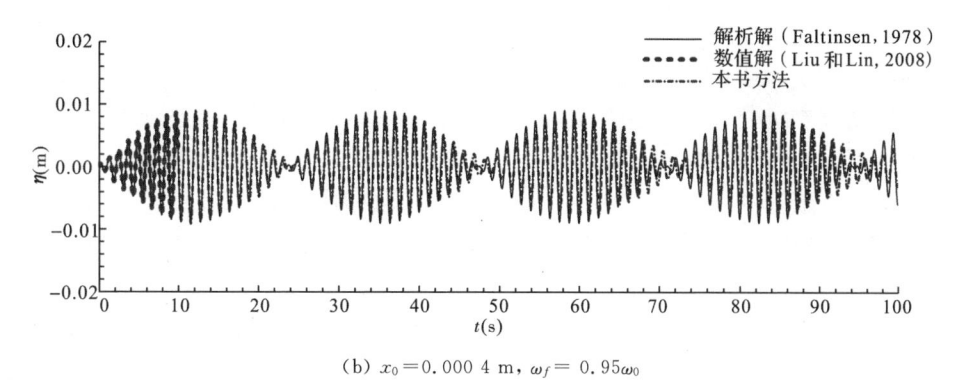

图 5.11 无横隔板容器内自由水面运动随时间的变化

为进一步研究流体黏性对水动力现象的影响,将图 5.11 中激励为 $x_0 = 0.01$ m 且 $\omega_f = 0.5\omega_0$ 的情况所获得的 1 500 s 的自由水面运动的时间历程线使用 FFT 进行谱分析,所得结果如图 5.12 所示。势流模型所获得的数值结果的振幅谱具有四个明显的频率,它们分别为流体基频 ω_0、外部激励频率 ω_f、一阶自振频率 ω_1 和二阶自振频率 ω_2。在这些频率中可以看出,在势流理论下,流体晃荡自振频率 ω_0、ω_1、ω_2 在总自由水面振动的过程中扮演重要的角色。但是,对于黏性流数值结果,从图 5.12 中可以看出,高阶自振频率所对应的谱值非常有限,这意味着在自由水面运动中,流体晃荡高阶自振频率的贡献被流体的黏性阻尼掉。更重要的是,在流体基频所对应的谱峰中,黏性流模型所对应的谱值明显小于势流模型所对应的谱值。另外,从图 5.12 的对比中还可以看出,在激励频率 ω_f 所对应的谱值中,本书黏性流模型和势流模型所获得的结果基本相等。这意味着因初始效应所引起的流体自由水面按自振频率振荡的部分在势流理论中被保留了下来,但是,这部分在黏性流模型中因考虑了流体的黏性影响而被耗散掉,此为本算例中势流模型中过高估计流体自由水面运动的主要原因。

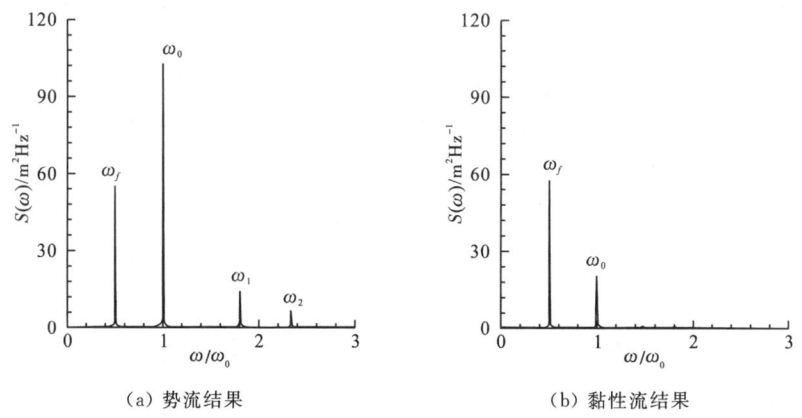

(a) 势流结果

(b) 黏性流结果

图 5.12 无横隔板容器自由水面振幅的 FFT 谱分析($x_0 = 0.01$ m, $\omega_f = 0.5\omega_0$)

对于外部激励为 $x_0=0.0004$ m 且 $\omega_f=0.95\omega_0$ 的情况,同样使用 FFT 方法对图 5.11(b)中的时间历程进行谱分析,所得结果如图 5.13 所示。可以看出,由于激励频率接近流体的基频,因此,高阶自振频率在谱中并没有被激发。在势流模型中,如图 5.13(a)所示,其振幅谱中流体基频 ω_0 和激励频率 ω_f 对自由水面运动的贡献基本相同。将图 5.13(a)和图 5.13(b)的计算结果进行对比,可以看出,在激励频率 ω_f 所对应的谱值中,黏性流模型和势流模型所获得的结果基本相等,但是,在流体基频所对应的谱峰中,黏性流模型所对应的谱值明显小于势流模型所对应的谱值,再一次证明了黏性耗散主要发生在流体基频 ω_0 所对应的自由水面运动分量中,如图 5.13(b)所示。

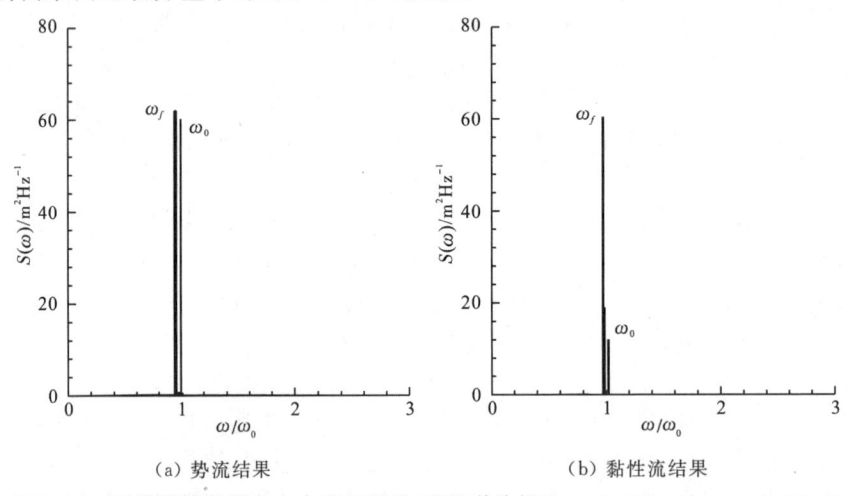

(a) 势流结果

(b) 黏性流结果

图 5.13 无横隔板容器自由水面振幅的 FFT 谱分析($x_0=0.0004$ m,$\omega_f=0.95\omega_0$)

5.4.2 带横隔板时流体晃荡自由水面的演化及特征分析

考虑带刚性横隔板的矩形容器中的流体晃荡问题,如图 5.14 所示,矩形容器长 $B=1.0$ m,水深 $H=0.5$ m,横隔板长为 W,其顶端距静水面的距离为 h,外部仍为正弦激励,其振幅和频率分别为 $x_0=0.002$ m 和 $\omega=0.995\omega_r=5.29$ rad/s。选取容器右端的自由水面的时间历程线进行研究,并与 Biswal 等[25]的线性及非线性势流结果进行对比。图 5.14 为不同横隔板水深 h/H 和长度 W/B 时容器内流体晃荡自由水面运动随时间的变化,由于 Biswal 等[25]的计算结果只有 10 s,因此只选取这一段与本书黏性流数值结果进行对比。从图中可以看出,虽然仅有最初的 10 s 激励,势流结果仍然与本书黏性流结果有较大的差异,说明当有横隔板存在时,流体运动的黏性耗散作用较为强烈。在以往

第 5 章　液舱内黏性流体晃荡问题的数值验证与分析

的研究中，无论是势流模型还是黏性流模型，数值模拟结果总是限制于较短的激励时间，这不利于理解流体晃荡过程中的水动力特征，尤其是流体黏性耗散问题。因此，本书模型对长时间激励作用下的流体晃荡情况进行研究。如图 5.14 所示，随着晃荡激励的继续，因初始效应而产生的自由水面运动过程中的长周期振幅包络逐渐被阻尼掉，导致自由水面振幅逐渐减小，并最终趋向于一个稳定值。通过上述模拟可以看出，流体晃荡问题中的能量耗散过程可以被本书模型很好的模拟出来。

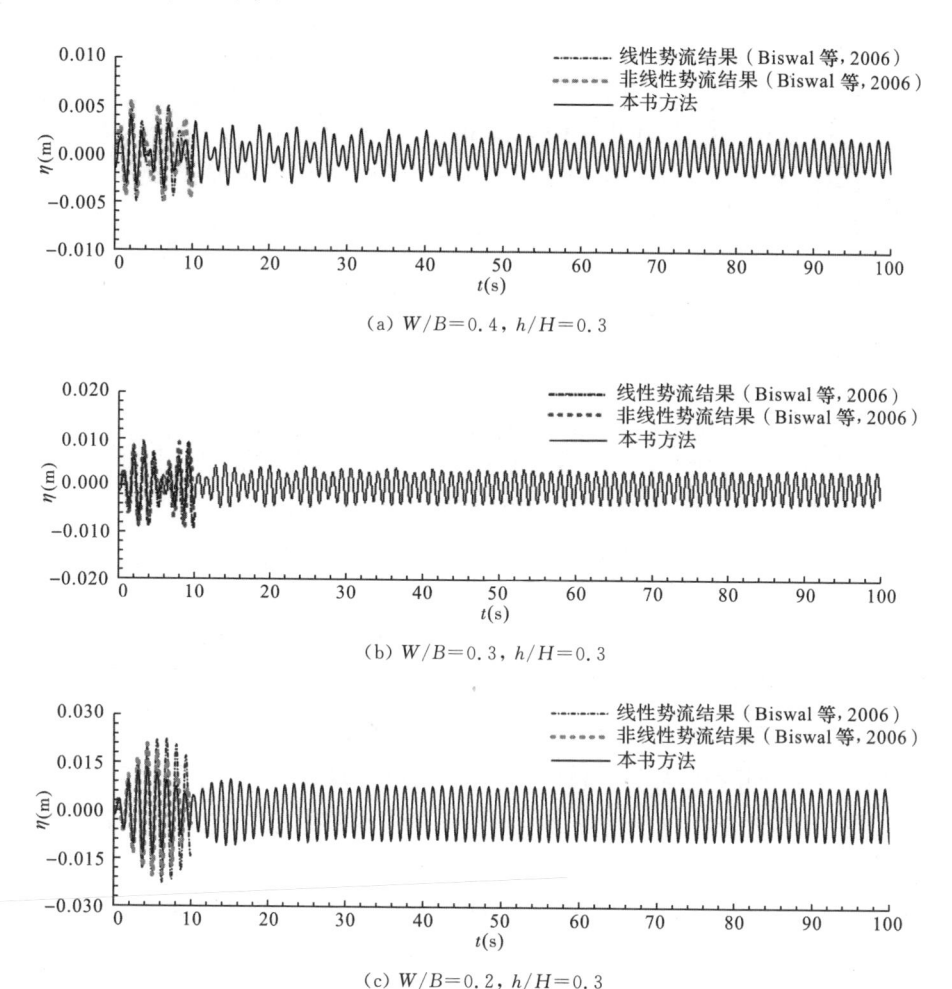

(a) $W/B=0.4$, $h/H=0.3$

(b) $W/B=0.3$, $h/H=0.3$

(c) $W/B=0.2$, $h/H=0.3$

(d) $W/B=0.2$, $h/H=0.1$

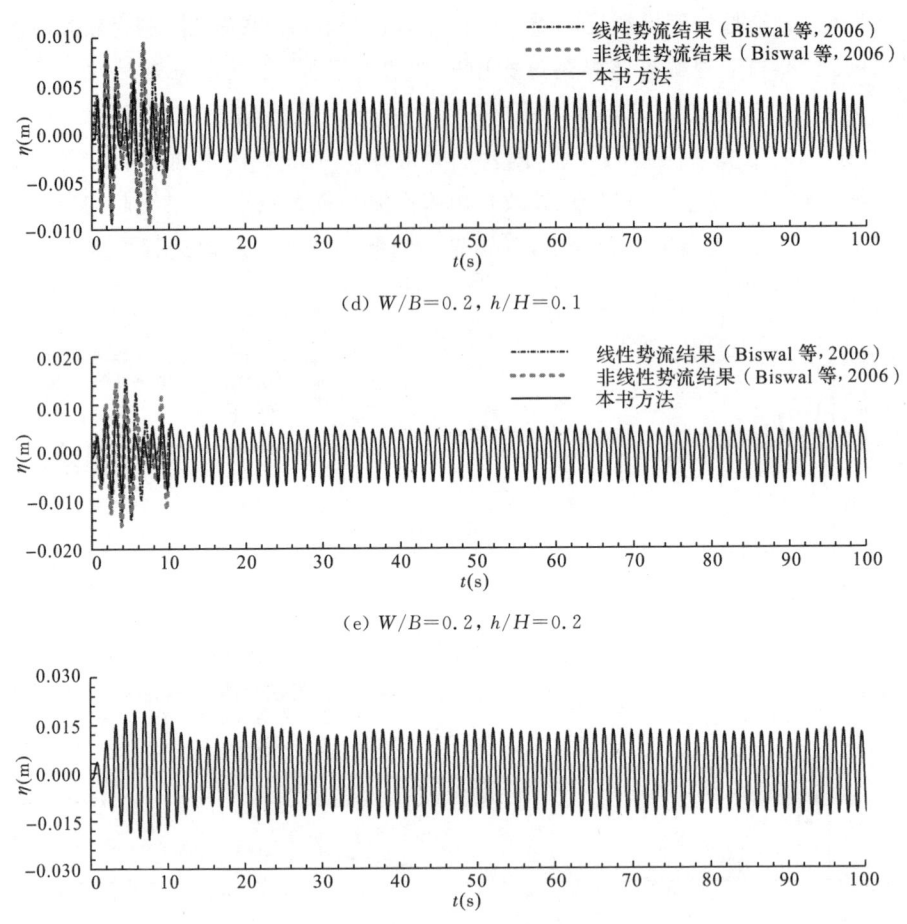

(e) $W/B=0.2$, $h/H=0.2$

(f) 本书方法在 $W/B=0.2$, $h/H=0.4$ 时容器内流体晃荡自由水面运动随时间的变化

图 5.14 不同横隔板水深 h/H 和长度 W/B 时容器内流体晃荡自由水面运动随时间的变化

在上一节无横隔板情况的分析中可以看出,自振频率所对应的流体晃荡自由水面运动分量将被阻尼掉,最终导致自由水面振幅减小。对于带横隔板的情况,我们使用小波变换的方法对自由水面运动能量谱进行研究,其中,采用 Ma 等[133]提出的"Morlet"小波进行分析。如图 5.15 所示,在激励初始阶段,自由水面波谱集中于两个频率,分别是流体晃荡自振频率 ω_0 和激励频率 ω_f,如图 5.15(a)和图 5.15(c)所示,自振频率 ω_0 所对应的谱值甚至高于激励频率 ω_f 所对应的谱值。这意味着在初始激励时,流体晃荡自振频率 ω_0 在总自由水面振动的过程中贡献更大。这也是图 5.14 中自由水面时间历程线在激励的初始阶段形成明显包络的原因。随着时间的变化,由于初始效应所产生的自振频率 ω_0 自由

第 5 章　液舱内黏性流体晃荡问题的数值验证与分析

水面运动分量迅速衰减，在 50 s 之后几乎完全消失，这意味着其对应的自由水面运动已被流体的黏性阻尼掉。而激励频率 ω_f 所对应的谱值则在整个激励过程中基本保持不变，并最终呈现稳定的状态，这是由于在该频率下不断有外部激励将能量传入流体，并在最后达到外部激励传入的能量与流体运动耗散的能量相等的动态平衡，即小波变换结果中所展示的自由水面运动能量谱是一个常数。同时，这也是图 5.15 中随着时间的增长，自由水面振幅保持不变的原因。以上小波变换结果所展示的是带横隔板矩形容器晃荡时自由水面运动过程中的能量耗散，该过程可以被本书模型很好的模拟出来。

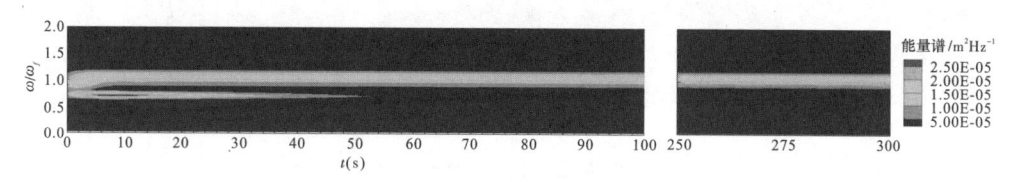

(a) $W/B=0.4$, $h/H=0.3$

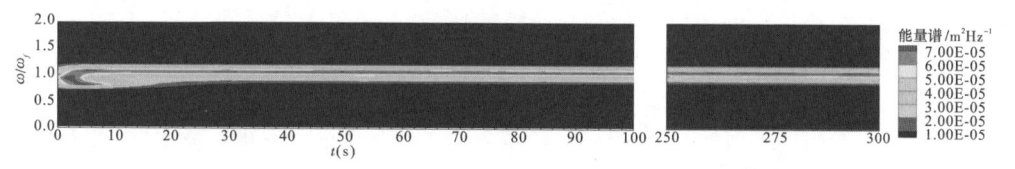

(b) $W/B=0.3$, $h/H=0.3$

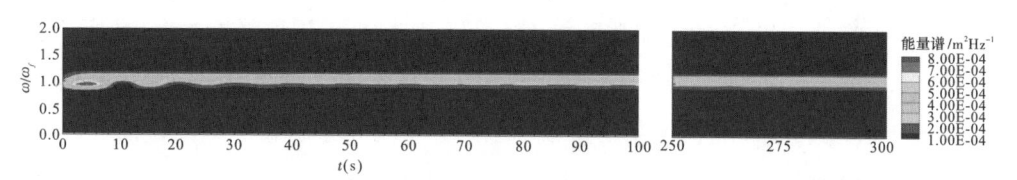

(c) $W/B=0.2$, $h/H=0.3$

(d) $W/B=0.2$, $h/H=0.1$

(e) $W/B=0.2$, $h/H=0.2$

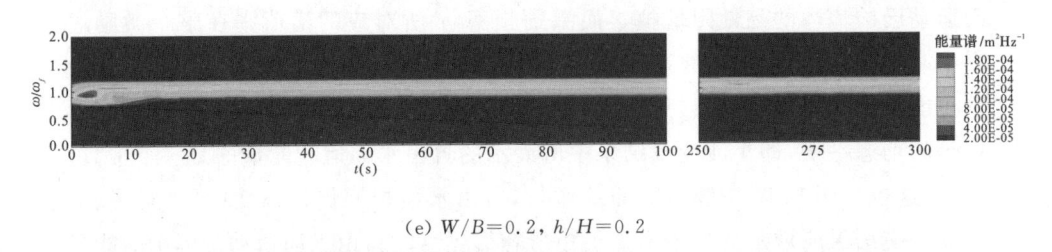

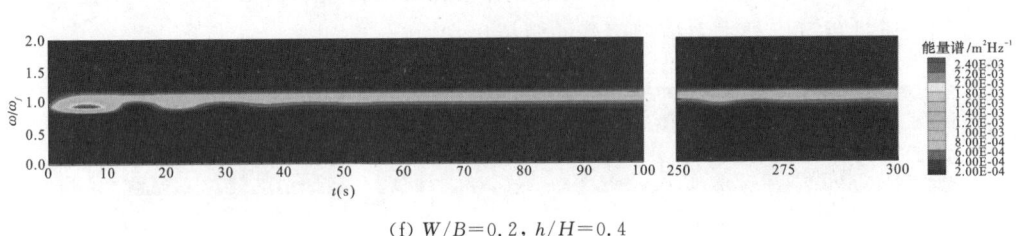

(f) $W/B=0.2$, $h/H=0.4$

图 5.15　不同横隔板尺寸时容器内自由水面运动小波变换谱分析

5.4.3　激励频率对流体晃荡振幅的影响

本小节研究激励频率对带横隔板矩形容器内流体晃荡振幅的影响,首先考虑激励振幅 $X_0=0.002$ m、横隔板深度 $h/H=0.3$ 时,不同横隔板宽度(W/B 分别为 0.2、0.3、0.4)时容器右端自由水面稳定后的振幅随激励频率的变化,如图 5.16 所示。可以看出,流体晃荡振幅随激励频率变化呈明显的单峰特征,流体晃荡共振频率随横隔板宽度的增加而减小,并且位于 3.679 rad/s 和 5.316 rad/s 之间,这两个频率分别对应于将横隔板封闭($W/B=0.5$,$h/H=0.3$)和无横隔板($W/B=0$,$h/H=1.0$)时的情况。更重要的是,随着横隔板宽度的减小,共振频率时流体晃荡的最大振幅增大,也就是说,在共振条件下,较宽的横隔板将导致更大的流体黏性耗散,并能更好的抑制容器内流体晃荡振幅。

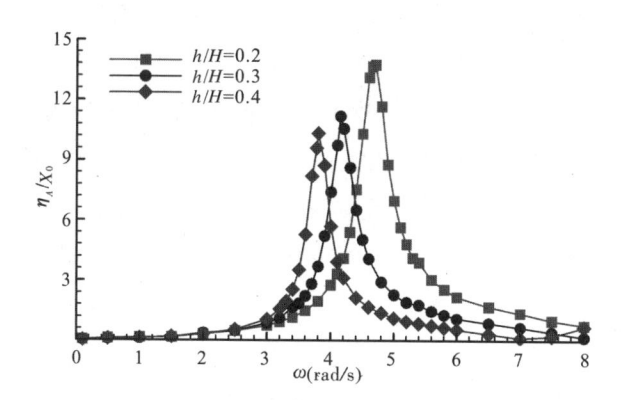

第5章 液舱内黏性流体晃荡问题的数值验证与分析

图 5.16 不同横隔板宽度时容器内自由水面振幅随激励频率的变化

进一步考虑不同横隔板深度(h/H 分别为 0.2、0.3、0.4)时容器右端自由水面稳定后的振幅随激励频率的变化,计算中取横隔板宽度为 $W/B=0.3$,激励振幅为 $X_0=0.002$ m。从图 5.17 中可以看出,当横隔板深度减小时,流体晃荡的共振频率减小,同时,其所对应的自由水面振幅减小,意味着此时横隔板的存在将对流体运动产生较大的黏性耗散,可以更好的抑制容器内流体晃荡振幅。

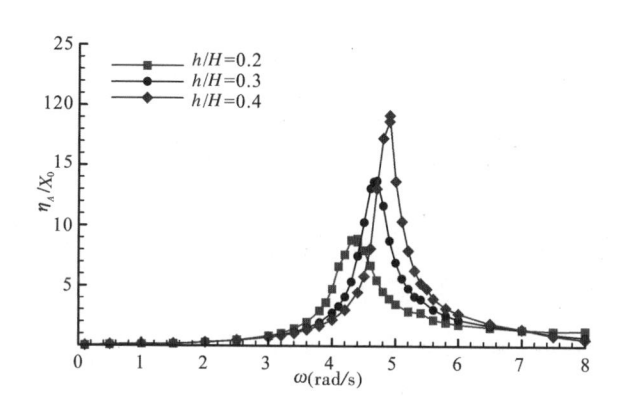

图 5.17 不同横隔板深度时容器内自由水面振幅随激励频率的变化

5.4.4 激励振幅对流体晃荡振幅的影响

考虑不同激励振幅对容器内流体晃荡振幅的影响,图 5.18 给出了横隔板相对深度 $h/H=0.2$、相对宽度 $W/B=0.3$ 时,激励频率 ω 分别为 4.2 rad/s、

4.3 rad/s、4.4 rad/s、4.5 rad/s、4.6 rad/s 时,容器右端自由水面随激励振幅的变化关系。从图 5.18 中可以看出,在相同激励频率条件下,容器右端自由水面相对波幅随激励振幅的增大而逐渐减小。这是由于当激励振幅较大时,自由水面运动也将较大,这将在容器固壁附近区域引起较大的流速,由于固体表面为不可滑移边界条件,因此其相应的速度梯度也将增大,特别是在横隔板的末端附近,将出现更大的黏性阻力和更多的能量耗散。这是流体与结构物相互作用中所存在的流体黏性耗散(或黏性拖曳阻力)现象,其宏观表现为容器内流体晃荡相对振幅随激励振幅的增大而减小。应该注意的是,图 5.18 中所给出的 5 个激励频率均为与系统的共振频率比较接近时的情况。

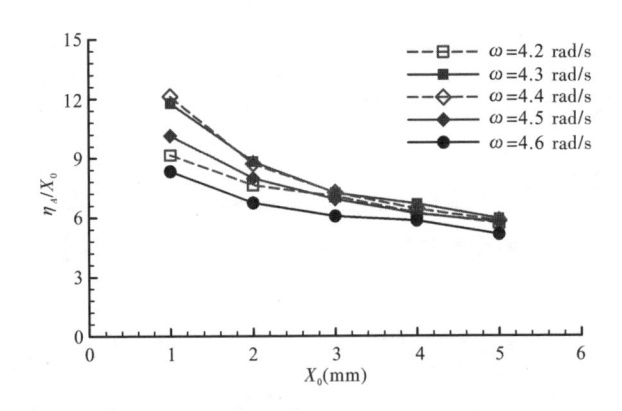

图 5.18 激励振幅对容器内自由水面振幅的影响

进一步考虑不同频率时激励振幅对容器内流体晃荡相对振幅的影响。图 5.19 为相对深度 $h/H=0.2$、相对宽度 $W/B=0.3$ 时,三种外部激励振幅时容器右端自由水面振幅随激励频率的变化。可以看出,在共振频率附近,当外部激励振幅为 0.001 m 时,流体晃荡相对振幅要明显高于激励振幅为 0.003 m 时的情况,该结论与图 5.18 所得到的结论一致。但是,当激励频率远离共振频率时,三种不同激励振幅所得到的流体晃荡相对振幅差别很小。这是由于在远离共振区的频率内,容器内自由水面不存在大振幅的液面运动,因此在容器固壁附近,流场中的梯度也较小,从而在不同的外部激励振幅情况下没有明显的能量耗散差异,所以激励振幅的轻微变化不会引起自由水面波幅的明显变化。

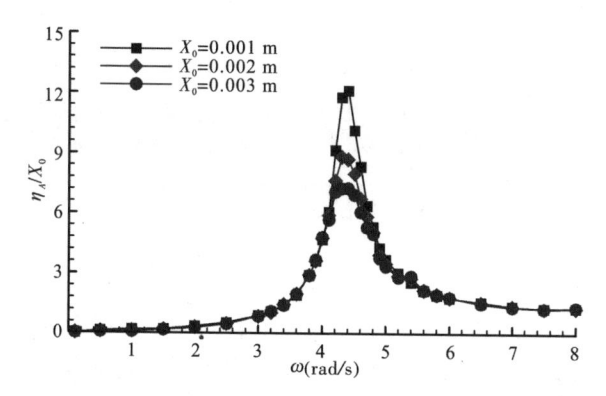

图 5.19 不同频率时激励振幅对容器内流体晃荡相对振幅的影响

第 6 章　船舶运动与其液舱内流体晃荡的耦合分析

6.1　引　言

  如绪论中所述,对于如 LNG、LPG、FPSO、原油货轮等液货船,液舱内流体晃荡对船舶自身的整体稳定性以及液舱结构的局部安全性均有较大影响,但由于该现象比较复杂,不仅涉及外部波浪和船舶运动的问题,还涉及液舱内流体大振幅晃荡带来的复杂自由水面运动(如破碎、射流等)、流体运动能量耗散、破碎波浪对液舱侧壁的局部冲击力等,因此研究相对较少,除了物理模型实验,数值方法多基于势流理论下的简化模型进行研究。但是,由于液舱内流体晃荡的强非线性与剧烈的破碎、冲击及能量耗散的特征,势流理论很难满足其计算需要,因此,有必要使用黏性流理论进行研究。

  当然,对于这个问题,最精确、最通用的计算模型之一为船舶内外均使用三维黏性流模型来完成,即建立三维黏性数值波浪水槽,并使该模型能够考虑船舶运动以及液舱内流体晃荡问题,但是,这种完全耦合模型不仅非常复杂,而且其计算量非常巨大,不仅对于普通 PC 机,即使对于一般的超级计算机也将是一个巨大的挑战。

  通过物理模型实验研究可以发现,一般而言,即使液舱内流体发生剧烈晃荡,船舶运动也仍将保持线性运动特征,也就是说,外部波浪荷载及船舶运动响应部分采用线性理论方法即可达到令人满意的精度[41]。因此,本章将在这个假设下,建立船舶外部使用势流理论,液舱内部使用黏性流体动力学理论的船舶运动与液舱内流体晃荡的耦合数值模型。与以往研究主要的不同是本书在模拟液舱内流体晃荡问题时使用的是黏性流体动力学模型,能够满足前文中所述的强非线性运动、自由水面破碎、波浪冲击以及能量耗散的需要。

  基于上述理论与现象分析,本章建立了外部波浪作用使用势流理论,内部流

第 6 章　船舶运动与其液舱内流体晃荡的耦合分析

体晃荡使用黏性流体动力学理论的耦合模型。在模型的建立过程中,对于外部波浪场的计算,使用了第 3 章所建立的预修正快速傅里叶变换高阶边界元方法处理以提高计算效率。对于内部流体晃荡问题,使用了第 4 章所介绍的黏性流体动力学理论进行描述,并采用 VOF 方法捕捉自由水面,从而满足液舱内流体因强非线性运动而带来的如波浪破碎、冲击、气液混合以及能量耗散等复杂物理现象的模拟需要。通过对波浪与矩形浮箱水平晃荡的耦合计算、波浪与矩形浮箱横摇晃荡的耦合计算,以及波浪与 LNG 船舶三维晃荡的耦合计算,将本书方法与实验结果及其他数值结果进行了对比,验证了本书方法的正确性。此外,基于上述两组浮箱算例,本书分别对其在不同装载水深时,浮箱运动、浮箱内流体晃荡作用力,以及其对应的时间历程线进行了研究,分析了耦合运动时水动力特征及其产生原因。对于 LNG 船舶三维晃荡的情况,本章研究了不同装载水深、入射频率及入射方向时,液舱内流体晃荡与船舶整体运动响应的耦合影响,并特别关注了不同入射波波幅对船舶运动振幅、液舱内流体晃荡作用力,以及液舱内流体运动形态的水动力特征变化,详细分析了所出现物理现象的产生机理。最后,本章还对液舱内部各特征点的局部冲击力进行了研究,并与不使用耦合分析时局部冲击力的计算结果进行了对比。上述分析不仅拥有其相应的理论价值和科学研究意义,也为工程实际应用提供了参考。

6.2　船舶运动与液舱内流体晃荡耦合数值模型的建立

6.2.1　波浪对物体作用的时域波浪激振力、附加质量和延迟函数

如前所述,即使液舱内流体发生剧烈晃荡时,船舶运动仍保持线性运动特征,且外部波浪形态亦满足线性波浪的运动特征,也就是说,当入射波浪非线性作用较弱的情况下,外部波浪荷载及船舶运动响应部分采用线性理论方法就可以达到令人满意的精度。因此,本书使用脉冲响应函数(IRF)方法对该问题进行处理。

在规则波作用下,在第 i 个方向结构物上的广义波浪作用力可以写为

$$F_j(t) = \mathrm{Re}\{f_j \mathrm{e}^{-\mathrm{i}\omega t}\} \quad (j=1,2,\cdots,6) \tag{6.1}$$

其中,波浪激振力 f 可通过频域方法确定。

在不规则波浪作用下,若结构物中心处波面的瞬时高度为 $\eta(\tau)$,则在整个物体上的瞬时广义波浪作用力 $F_j(t)$ 可根据下述卷积求得

$$F_j(t) = \int_0^t h_j(t-\tau)\eta(\tau)\mathrm{d}\tau \quad (j=1,2,\cdots,6) \tag{6.2}$$

式中,h_j 为时域一阶脉冲响应函数,通过对频域内线性传递函数的傅里叶变换可以求出,即

$$h_j(t) = \mathrm{Re}\left\{\frac{1}{\pi}\int_0^{+\infty} H_j(\omega)\mathrm{e}^{\mathrm{i}\omega t}\mathrm{d}\omega\right\} \quad (j=1,2,\cdots,6) \tag{6.3}$$

其中,$H_j(\omega)$ 为频域内线性传递函数,其物理意义是单位波幅规则波作用时物体所受到的一阶波浪力。

对于一个做任意复杂运动的物体,都可以表示为一系列的小脉冲运动的线性叠加。在物体做小振幅运动假设下,物体运动可以表示为该物体在各坐标轴上运动分量的线性叠加,速度势的求解可采用线性叠加方法计算。定义 $\xi_j(t)$ 和 $\dot{\xi}_j(t)$ 分别为物体 t 时刻时,第 j 个模态下的位移和运动速度,则物体运动所产生的辐射势可表示为

$$\Phi(x,t) = \sum_{j=1}^{6}\left[\dot{\xi}(t)\varphi_j + \int_{-\infty}^{t}\dot{\xi}(\tau)\chi_j(t-\tau)\mathrm{d}\tau\right] \tag{6.4}$$

式中,φ_j 和 $\chi_j(\tau)$ 分别是物体 j 方向单位脉冲运动所产生的速度势和单位脉冲运动在 τ 时间后流体中的速度势。

通过物面压力积分可求得辐射势所产生的波浪力。其中,k 方向上的广义作用力可表示为

$$\begin{aligned}F_k(t) &= \iint_{S_B}\rho\frac{\partial \Phi(x,t)}{\partial t}n_k\mathrm{d}s \\ &= \sum_{j=1}^{6}\left[m_{kj}\ddot{\xi}(t) + \int_{-\infty}^{t}\dot{\xi}(\tau)K_{kj}(t-\tau)\mathrm{d}\tau\right] \quad (k=1,2,\cdots,6)\end{aligned} \tag{6.5}$$

式中,

$$m_{kj} = -\rho\iint_{S_B}\varphi_j n_k\mathrm{d}s \tag{6.6}$$

$$K_{kj}(t) = -\rho\iint_{S_B}\frac{\partial \chi_j(t)}{\partial t}n_k\mathrm{d}s \tag{6.7}$$

根据牛顿第二定律,物体的时域运动方程可写为

第 6 章　船舶运动与其液舱内流体晃荡的耦合分析

$$\sum_{j=1}^{6}\{(M_{kj}+m_{kj})\ddot{\xi}_j(t)+\int_{-\infty}^{t}\dot{\xi}_j(\tau)K_{kj}(t-\tau)\mathrm{d}\tau+B_{kj}\mid\dot{\xi}_j(t)\mid\dot{\xi}_j(t)+C_{kj}\xi_j(t)\}$$
$$=F_j(t)+G_j(t) \tag{6.8}$$

式中，M_{kj} 和 C_{kj} 为物体广义质量和恢复力系数，二者与频域方法定义相同；B_{kj} 为系统黏性阻尼；$G_j(t)$ 为外部约束作用力；$F_j(t)$ 为时域波浪激振力。

时域运动方程式(6.8)可以描述结构物任何形式的运动，对于简谐运动的情况，如，

$$\xi_j=\zeta_j\mathrm{e}^{-\mathrm{i}\omega t} \tag{6.9}$$

将式(6.9)带入方程式(6.8)中，有

$$\sum_{j=1}^{6}\{-\omega^2(M_{kj}+m_{kj})\zeta_j-\mathrm{i}\omega\int_{-\infty}^{t}K_{kj}(t-\tau)\zeta_j\mathrm{e}^{-\mathrm{i}\omega\tau}\mathrm{d}\tau+$$
$$B_{kj}(\zeta_j\mathrm{e}^{-\mathrm{i}\omega t})+C_{kj}\zeta_j\mathrm{e}^{-\mathrm{i}\omega t}\}=F_j(t)+G_j(t) \tag{6.10}$$

该方程等价于频域下的运动方程，即

$$\sum_{j=1}^{6}\{-\omega^2[M_{kj}+a_{kj}(\omega)]\zeta_j-\mathrm{i}\omega b_{kj}(\omega)+C_{kj}\}\zeta_j\mathrm{e}^{-\mathrm{i}\omega t}+B_{kj}(t)$$
$$=F_j(t)+G_j(t) \tag{6.11}$$

因此有

$$a_{kj}(\omega)=m_{kj}-\frac{1}{\omega}\int_{0}^{+\infty}K_{kj}(t)\sin(\omega t)\mathrm{d}t \tag{6.12}$$

$$b_{kj}(\omega)=\int_{0}^{+\infty}K_{kj}(t)\cos(\omega t)\mathrm{d}t \tag{6.13}$$

对式(6.13)进行傅里叶逆变换，可写出依赖于频率的阻尼系数的延迟函数 $K_{kj}(t)$，表达式为

$$K_{kj}(t)=\frac{2}{\pi}\int_{0}^{+\infty}b_{kj}(\omega)\cos(\omega t)\mathrm{d}\omega \tag{6.14}$$

根据式(6.14)，可根据已知的依赖于频率的附加质量在某一频率的值，得出结构物常数附加质量系数，表达式为

$$m_{kj}=a_{kj}(\omega')+\frac{1}{\omega'}\int_{0}^{+\infty}K_{kj}(t)\sin(\omega' t)\mathrm{d}t \tag{6.15}$$

ω' 是任意选择的频率值，方程式(6.15)中所给出的 m_{kj} 的结果不依赖于 ω' 的选取。若取 $\omega'=\infty$，可得

$$m_{kj}=a_{kj}(\infty) \tag{6.16}$$

6.2.2 船舶运动与其液舱内流体晃荡耦合数值模型的建立与计算流程

在本书所研究的耦合数值模型中,液舱内流体晃荡作用力将在运动方程式(6.8)中考虑,即

$$\sum_{j=1}^{6}\{(M_{kj}+m_{kj})\ddot{\xi}_j(t)+\int_{-\infty}^{t}\dot{\xi}_j(\tau)K_{kj}(t-\tau)\mathrm{d}\tau+ \\ B_{kj}^l\dot{\xi}_j(t)+B_{kj}^n\mid\dot{\xi}_j(t)\mid\dot{\xi}_j(t)+C_{kj}\xi_j(t)\}=F_j^{\text{ext}}(t)+F_j^{\text{int}}(t) \tag{6.17}$$

其中,B_{kj}^l 和 B_{kj}^n 分别为线性流体黏性阻尼和非线性流体黏性阻尼,可以通过实验或经验公式得出。$F_j^{\text{int}}(t)$ 为液舱内流体的总作用力(包括静水压力和晃荡作用力),使用前文基于 OpenFOAM 的两相流模型计算,而对于外部波浪荷载所需要的频域计算结果,如计算时域激振力 $F_j(t)$ 所需要的频域激振力 f_j、时域附加质量 m_{kj} 和延迟函数 $K_{kj}(t)$ 所需要的频域附加质量 $a_{kj}(\omega)$ 和辐射阻尼 $b_{kj}(\omega)$,则使用第 3 章所建立的预修正快速傅里叶变换高阶边界元方法来完成。另外,为使浮箱运动能够较快达到稳定状态,数值模型在初始的前两个波浪周期内对作用于浮箱上的波浪激振力 $F_j(t)$ 进行缓冲,缓冲函数为

$$\text{Ramp}=\begin{cases}1 & (t>2T) \\ \dfrac{1}{2}\left[1-\cos\left(\dfrac{\pi t}{2T}\right)\right] & (t\leqslant 2T)\end{cases} \tag{6.18}$$

对于刚体运动方程式(6.17),采用标准四阶龙格库塔法求解,将运动方程写成二阶微分方程的形式:

$$\ddot{\xi}=h[t,\xi,\dot{\xi}] \tag{6.19}$$

在使用标准四阶龙格库塔法求解时,物体运动的位移和速度可以分别表示为

$$\xi(t+\Delta t)=\xi(t)+\Delta t\cdot\dot{\xi}(t)+\Delta t\cdot(M_1+M_2+M_3)/6 \tag{6.20}$$

$$\dot{\xi}(t+\Delta t)=\dot{\xi}(t)+(M_1+2M_2+2M_3+M_4)/6 \tag{6.21}$$

式中,参量 $M_i(i=1,2,3,4)$ 分别为

第6章 船舶运动与其液舱内流体晃荡的耦合分析

$$\left.\begin{aligned} M_1 &= \Delta t \cdot h[t, \xi(t), \dot{\xi}(t)] \\ M_2 &= \Delta t \cdot h\left[t + \frac{\Delta t}{2}, \xi(t) + \frac{\Delta t \cdot \dot{\xi}(t)}{2}, \dot{\xi}(t) + \frac{M_1}{2}\right] \\ M_3 &= \Delta t \cdot h\left[t + \frac{\Delta t}{2}, \xi(t) + \frac{\Delta t \cdot \dot{\xi}(t)}{2} + \frac{\Delta t \cdot M_1}{4}, \dot{\xi}(t) + \frac{M_2}{2}\right] \\ M_4 &= \Delta t \cdot h\left[t + \Delta t, \xi(t) + \Delta t \cdot \dot{\xi}(t) + \frac{\Delta t \cdot M_2}{2}, \dot{\xi}(t) + M_3\right] \end{aligned}\right\} \quad (6.22)$$

因此，在使用标准四阶龙格库塔法求解时，每个时间步需要迭代四次。首先根据 t 时刻物体运动的位移 $\xi(t)$ 和速度 $\dot{\xi}(t)$，进行一次流场的求解，得出液舱内流体晃荡作用力 $F_j^{\text{int}}(t)$，并同时考虑外场激振力 $F_j^{\text{ext}}(t)$ 及延迟函数 $K_{kj}(t)$，进而求解运动方程得到 M_1；根据加速度 M_1 的值可以求出下一次迭代的物体运动位移 ξ 和速度 $\dot{\xi}$，同样再一次对流场进行求解，并根据运动方程求出物体加速度 M_2。如此循环往复依次求出 M_3 和 M_4，最后根据式(6.20)和式(6.21)即可求出 $t + \Delta t$ 时刻物体运动的位移 $\xi(t + \Delta t)$ 和速度 $\dot{\xi}(t + \Delta t)$，从而进入下一时间步的计算。

在耦合模型的计算中，首先使用预修正快速傅里叶变换高阶边界元方法计算出频域激振力 f_j、频域附加质量 $a_{kj}(\omega)$ 和辐射阻尼 $b_{kj}(\omega)$，并通过上节所述脉冲响应函数方法获得时域激振力 $F_j(t)$、时域附加质量 m_{kj} 和延迟函数 $K_{kj}(t)$，并作为已知代入方程式(6.17)中。在时域计算时，首先在当前时刻下计算液舱内流体晃荡问题，并计算出液舱内流体广义作用力 $F_j^{\text{int}}(t)$，即可根据标准四阶龙格库塔法对运动方程式(6.17)求解，计算出船舶运动响应。需要特别注意的是，在本书耦合模型中，求解结构运动响应方程的时间步长与液舱内流体晃荡模型的时间步长是一致的，但是，二者与外部波浪激振力及船舶运动的延迟函数的时间步长是不一致的，通常前者将远小于后者，且非整数倍关系。对于这个问题，本书所采取的措施是在每一步求解运动方程之前，使用 B-样条函数插值求出该时刻二者所对应的外部波浪激振力及延迟函数所对应的值，对于记忆项中的物体运动速度，则按照与延迟函数对应的时间步长进行存储，计算时根据需要调用，进而对运动方程进行求解。时域耦合数值方法的计算流程如图6.1所示，在本书中，耦合模型的实现是基于 OpenFOAM 开源代码进行二次开发而完成的。

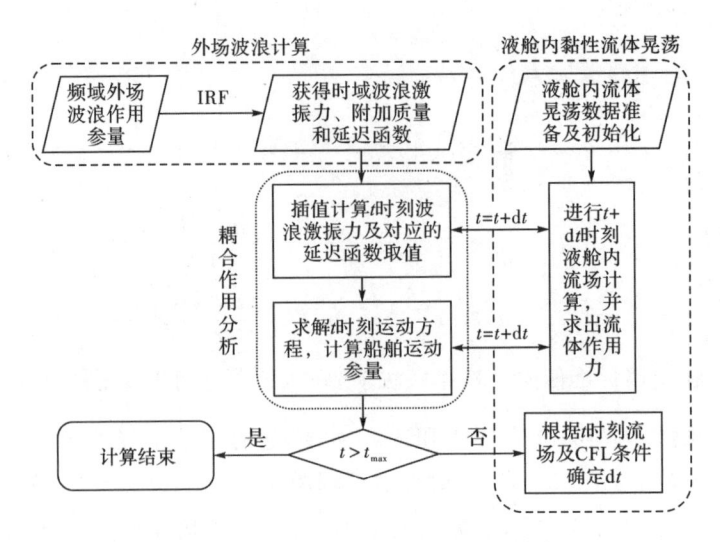

图 6.1 时域耦合数值方法的计算流程

6.3 波浪与矩形浮箱水平晃荡的耦合作用

6.3.1 平动浮箱参数及算例设置

为验证本书所建立数值模型在计算水平问题时的正确性,考虑波浪作用下浮箱在水平方向上的运动响应。根据 Fognebakke 和 Faltinsen[41] 的实验设置,在长为 13.5 m、宽为 0.603 m、水深为 1.03 m 的水槽中进行研究。浮箱中有两个宽为 0.15 m 的相同独立容器,其内部构造及详细的尺寸如图 6.2 所示,实验中将浮箱固定在实验水槽上方的滑道上,限制其只在水平方向运动,滑道阻力为 2.0 N。为防止浮箱发生漂移运动,在水平方向上设有水平弹簧,其刚度系数为 30.9 N/m。由于本书外部波浪场采用势流理论计算,因此还需考虑流体黏性阻尼的影响,根据莫里森公式,黏性阻尼可写为

$$B_{22}^n = C_d \frac{\rho W a}{2} \tag{6.23}$$

式中,W 为浮箱的总宽度,a 为浮箱吃水深度,拖曳力系数 C_d 取 3.0[41]。浮箱质量及波幅设置分别见表 6-1 和如图 6.3 所示,其中,表 6-1 中的 M 为浮箱本身的质量,不包括内部流体的质量。该浮箱质量设置的目的是让不同工况下浮箱和

第 6 章 船舶运动与其液舱内流体晃荡的耦合分析

浮箱内流体质量之和保持不变。最后说明的是，该算例中，入射波浪频率远离浮箱的共振频率。

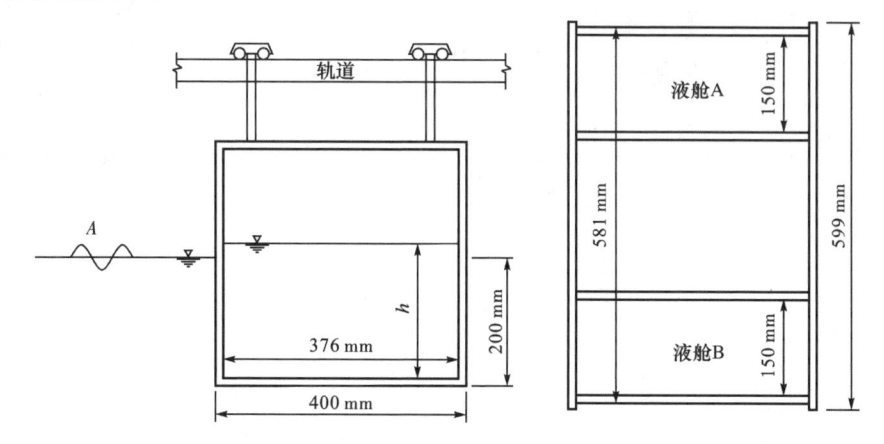

图 6.2 浮箱实验尺寸参量及参数设置

表 6-1 浮箱装载工况

个数	水深 h/m	质量 M/kg	自振频率 ω_0/(rad/s)
0	0	47.01	—
1	0.094	43.51	7.332
1	0.186	37.01	8.658
1	0.290	31.51	8.983
2	0.186	26.51	8.658

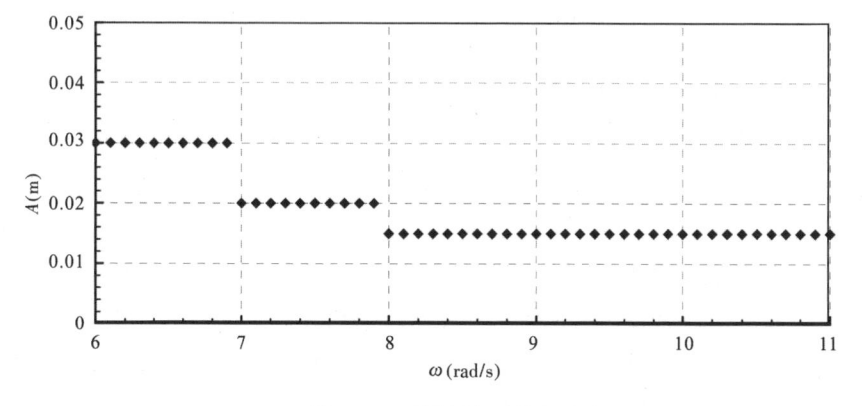

图 6.3 不同频率时波幅选取

6.3.2 平动浮箱在波浪作用下的激振力、附加质量和延迟函数

耦合模型的第一步为计算外部波浪荷载,图 6.4 和图 6.5 分别为平动浮箱波浪作用下激振力、附加质量和辐射阻尼的计算结果。

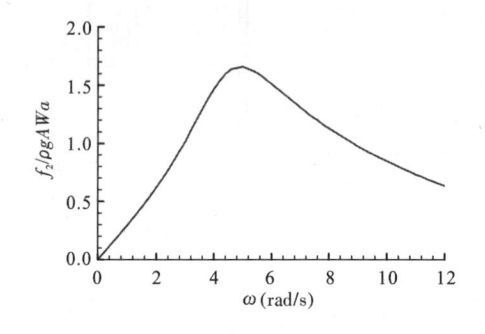

图 6.4 平动浮箱波浪作用下激振力的计算结果

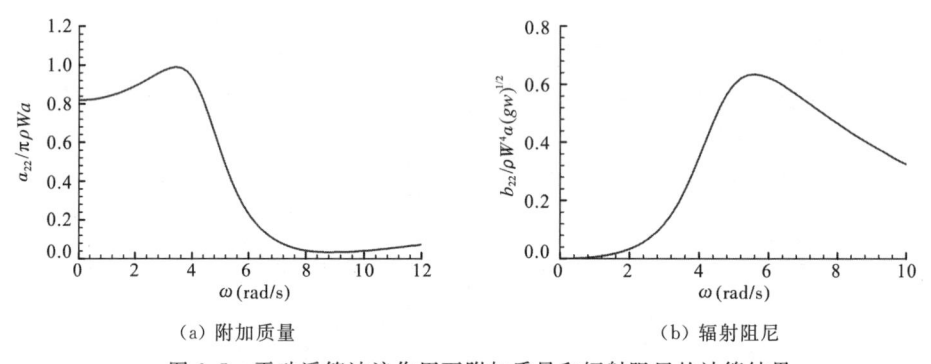

(a) 附加质量　　　　　　　　　(b) 辐射阻尼
图 6.5 平动浮箱波浪作用下附加质量和辐射阻尼的计算结果

进一步根据频域附加质量和辐射阻尼的计算结果,使用脉冲响应函数的方法计算浮箱在水平方向上的时域附加质量和延迟函数,其中,时域附加质量为 18.50 kg,平动浮箱延迟函数的计算结果如图 6.6 所示。计算中截取的高频频率为 $\omega=50$ rad/s,此时频域附加质量和辐射阻尼均已趋于稳定。

至此,外部波浪荷载的计算已经完成,进而即可根据上述外部波浪荷载计算结果代入黏性流模型中进行耦合数值计算。

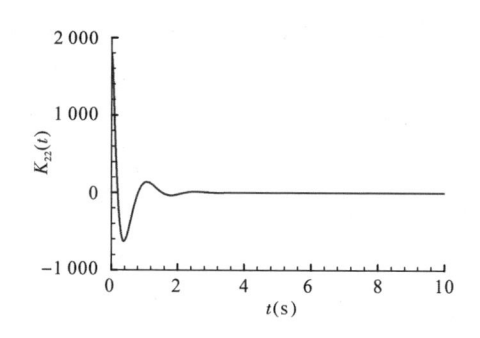

图 6.6　平动浮箱延迟函数的计算结果

6.3.3　波浪与矩形浮箱水平晃荡的耦合作用分析

在耦合计算之前，首先对浮箱空载情况进行数值计算，如图 6.7 所示，可以看出，本书数值模型计算结果与实验结果符合良好，证明本书所建立数值模型的运动方程求解部分是正确的。

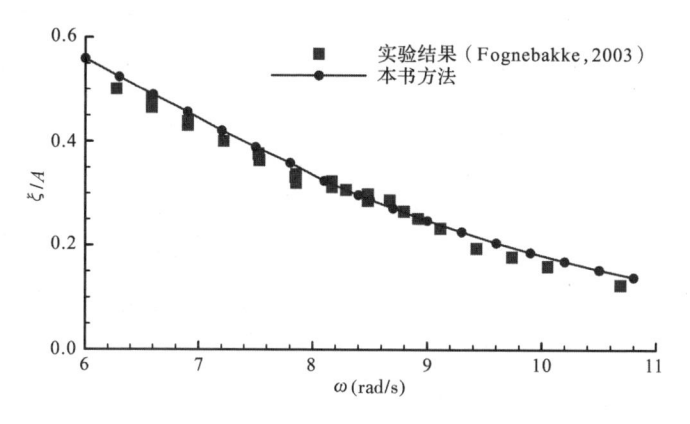

图 6.7　平动浮箱为空时其运动振幅随入射频率的变化

使用本书方法对表 6-1 中的工况进行计算，计算结果所得到稳定后浮箱的运动振幅与 Fognebakke 和 Faltinsen[41] 的实验和数值结果及陈强[130] 的 SPH 数值结果进行对比，如图 6.8 所示，可以看出，本书方法所得到的结果与 Fognebakke 和 Faltinsen[41] 的实验和数值结果及陈强[130] 的 SPH 数值结果符合良好，证明了本书方法的正确性。图 6.9 为不同装载情况与空箱情况的对比，当激励频率远离流体晃荡的共振频率时，浮箱内流体晃荡对浮箱的运动振幅影响较小，

(a) 单液舱装载,$h=0.186$ m

(b) 双液舱装载,$h=0.186$ m

(c) 单液舱装载,$h=0.094$ m

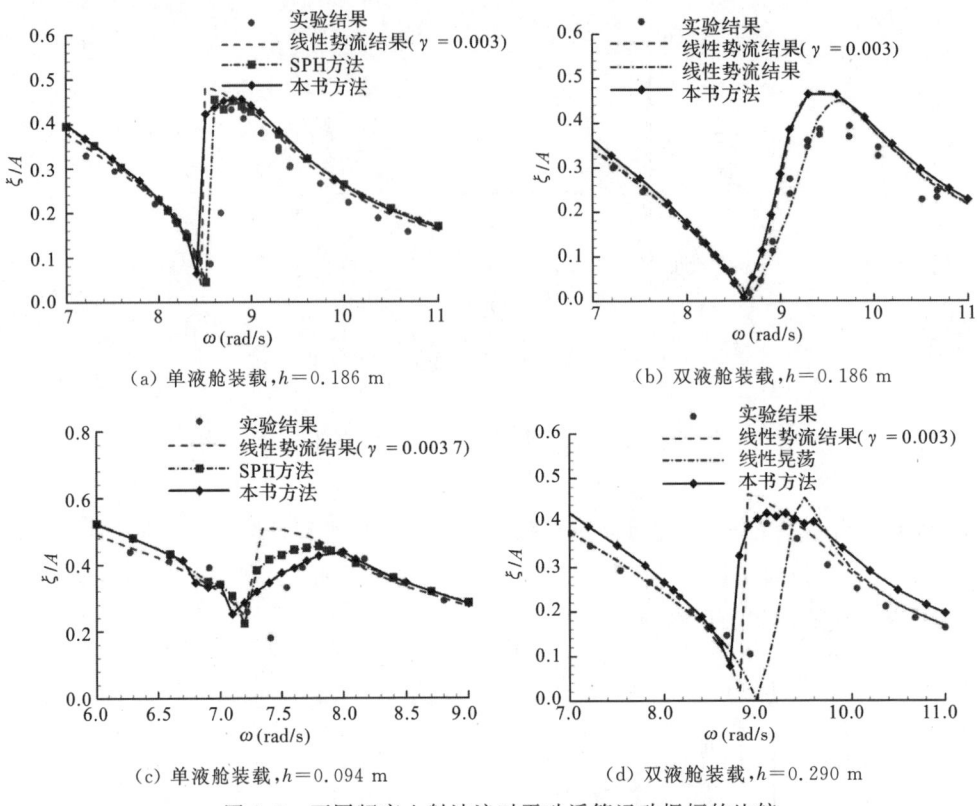

(d) 双液舱装载,$h=0.290$ m

图 6.8　不同频率入射波浪时平动浮箱运动振幅的比较

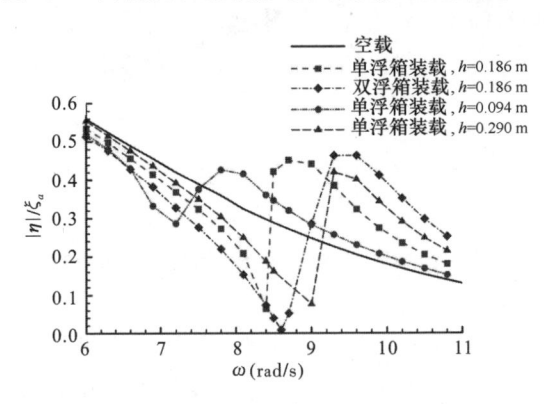

图 6.9　不同装载情况与空箱情况的对比

二者运动振幅基本重合。随着入射波浪频率逐渐接近流体晃荡共振频率,流体晃荡的影响逐渐增大。当激励频率小于流体晃荡的共振频率时,浮箱运动振幅小于空箱时的振幅。当激励频率在流体晃荡的共振频率附近时,浮箱运动振幅几乎为零。随着激励频率的继续增加,浮箱运动振幅迅速增加,明显大于空箱时的振幅。随着激励频率的进一步增加,浮箱运动振幅减小,并趋向于空箱时的振幅。需要注意的是,浮箱运动的最小值所对应的频率并不是恰好发生在浮箱内流体晃荡的自振频率 ω_0 处,而是有一定的差异。

将不同频率下浮箱内流体晃荡的作用力与其外部波浪激振力进行对比,由于浮箱内流体晃荡作用力因其冲击特征经常呈现不规则形态,故图 6.10 中所采用的均为浮箱运动稳定后内外流体作用力均方根的形式。可以看出,当波浪频率远离流体晃荡自振频率时,流体晃荡的作用力远小于波浪激振力,因而出现图 6.9 中当波浪频率远离流体晃荡自振频率时,浮箱运动振幅与空箱时的运动振幅很接近的情况。在流体晃荡自振频率附近,由于内部流体运动剧烈,因此浮箱内流体晃荡作用力迅速增大,从而导致图 6.9 中浮箱内流体晃荡对浮箱运动振幅的影响显著增加。

(a) 单浮箱装载,$h=0.186$ m

(b) 双浮箱装载,$h=0.186$ m

(c) 单浮箱装载,$h=0.094$ m

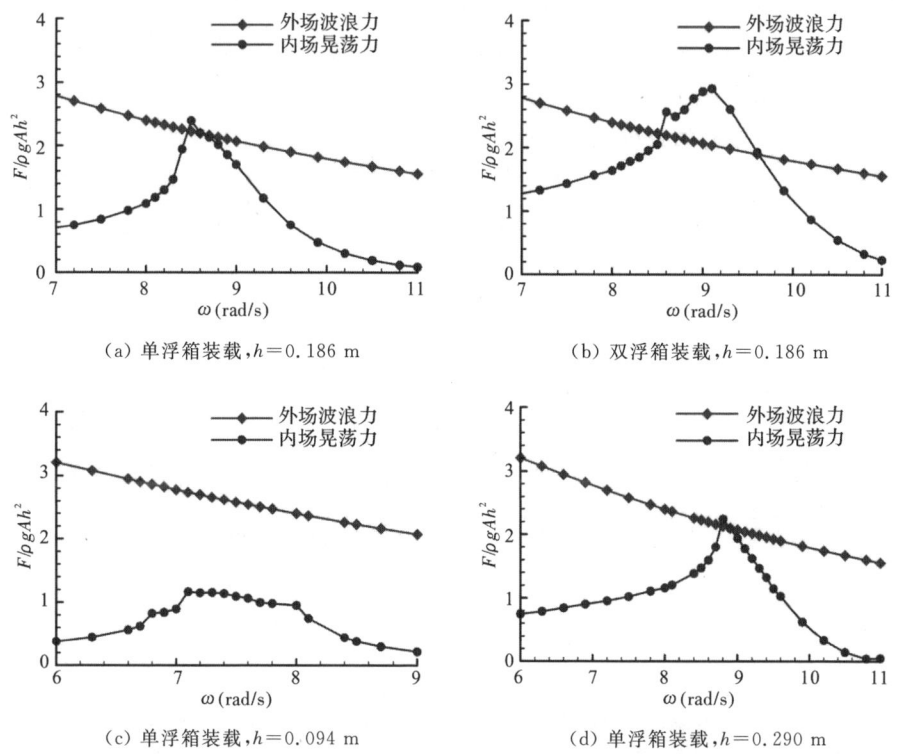

(d) 单浮箱装载,$h=0.290$ m

图 6.10 平动浮箱外部波浪激振力与内部流体晃荡作用力均方根随波浪激励频率的变化

为进一步分析浮箱内流体晃荡的影响,下面对单浮箱装载,$h=0.186$ m 和单浮箱装载,$h=0.094$ m 两种工况进行分析。首先选取单浮箱装载,$h=0.186$ m 工况下,入射频率 $\omega=6.0$ rad/s、$\omega=8.4$ rad/s、$\omega=8.5$ rad/s、$\omega=10.8$ rad/s 时

波浪激振力和流体晃荡作用力 30~50 s 的历时曲线进行对比,如图 6.11 所示。从图 6.11(a)和图 6.11(d)中可以看出,虽然这两种情况下流体晃荡作用力均明显小于波浪激振力,但 $\omega=6.0$ rad/s 时二者为反相位,$\omega=8.5$ rad/s 时二者为同相位,因此对应于图6.11(a)中在这两个频率下浮箱振幅分别小于空箱时和大于空箱时的情况。当 $\omega=8.4$ rad/s 时,如图 6.11(b)所示,流体晃荡作用力与波浪激振力大小基本相等,但方向几乎完全相反,因此,浮箱运动振幅几乎为零。当 $\omega=8.5$ rad/s 时,如图 6.11(c)所示,流体晃荡作用力与波浪激振力大小基本相等,方向基本相同,因此导致浮箱运动振幅显著增大,并明显高于空箱时的情况。另外,在图 6.11(b)和图 6.11(c)中均可发现流体晃荡作用力具有脉冲的特征,尤其是在图6.11(c)中,出现了较大的脉冲值。但是,由于本算例中浮箱运动方向的弹簧刚度较小,即约束较为柔软,因此脉冲作用力并未对浮箱运动产生重要的影响,如图 6.12 所示。进一步选取单浮箱装载,$h=0.186$ m 工况下,入射频率$\omega=8.4$ rad/s 和$\omega=8.5$ rad/s 时浮箱内部左侧波面进行研究。从图 6.13 中可以看出,尽管仅相差 0.1 rad/s,但二者的时间历程线有明显不同,入射频率 $\omega=8.4$ rad/s 所对应的自由水面振幅随时间变化平缓,而入射频率 $\omega=8.5$ rad/s 时自由水面频率-振幅历程线发生突变,包络不再光滑。由于自由水面破碎后,流体运动能量释放,造成流体对浮箱内壁的冲击,从而导致图 6.11 中流体作用力时间历程线中出现了较大的脉冲值。

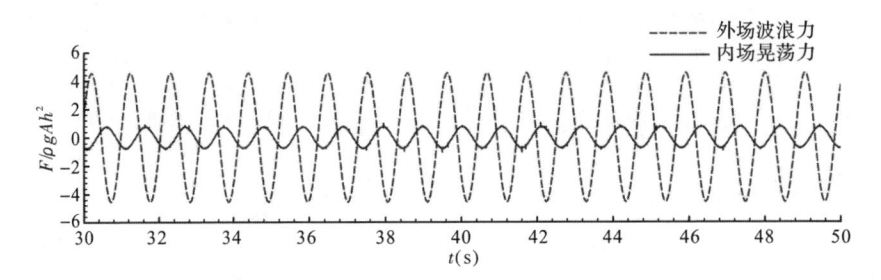

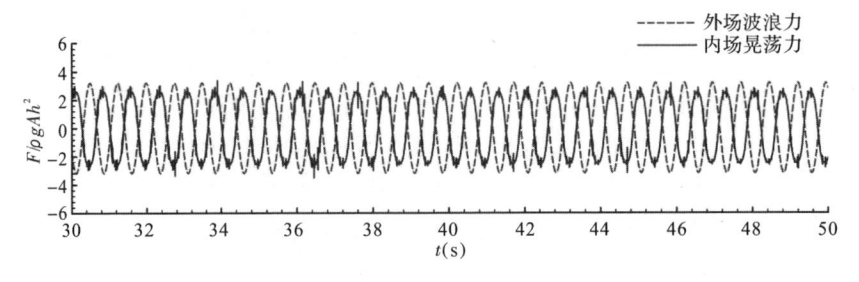

(a) $\omega=6.0$ rad/s

(b) $\omega=8.4$ rad/s

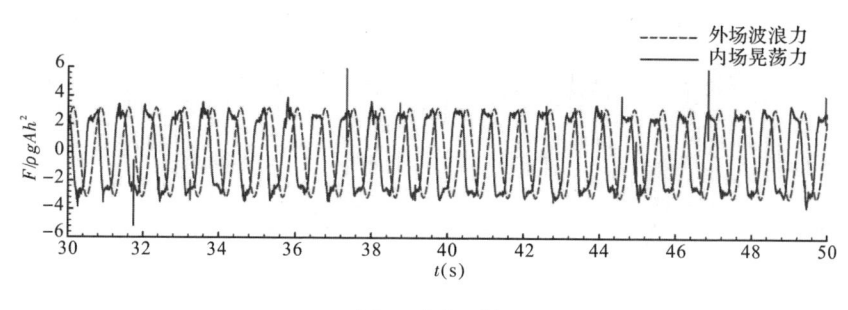

第 6 章 船舶运动与其液舱内流体晃荡的耦合分析

(c) $\omega=8.5$ rad/s

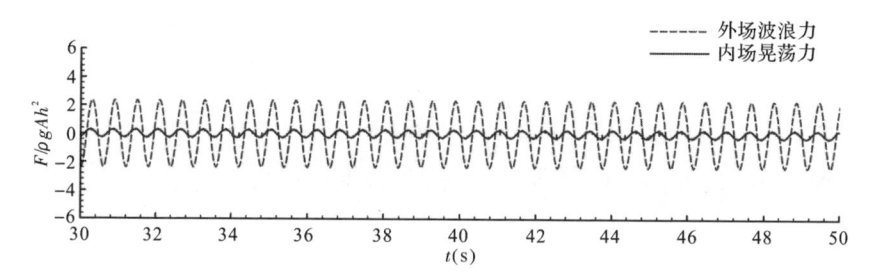

(d) $\omega=10.8$ rad/s

图 6.11 单浮箱装载,$h=0.186$ m 时平动浮箱波浪激振力与流体晃荡作用力历时曲线

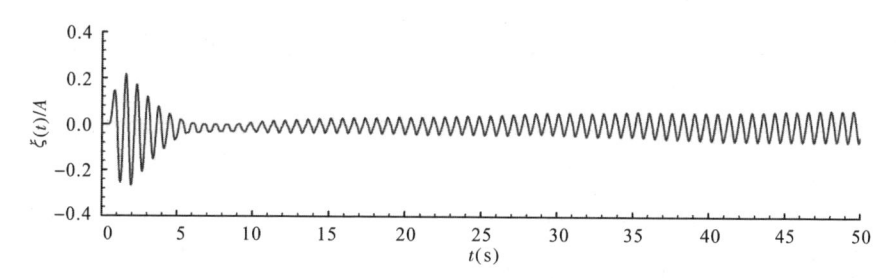

(a) $\omega=8.4$ rad/s

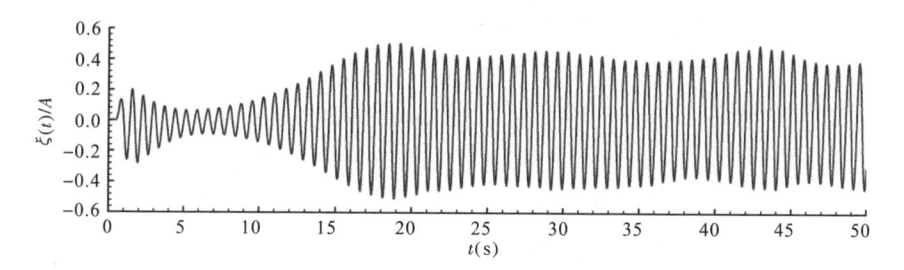

(b) $\omega=8.5$ rad/s

图 6.12 单浮箱装载,$h=0.186$ m 时平动浮箱运动随时间的变化

(a) $\omega=8.4$ rad/s

(b) $\omega=8.5$ rad/s

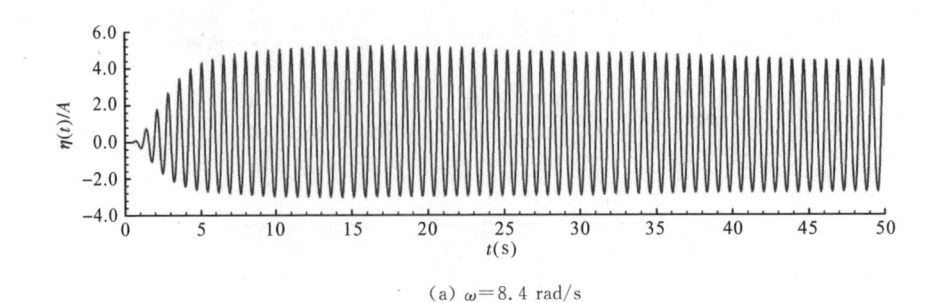

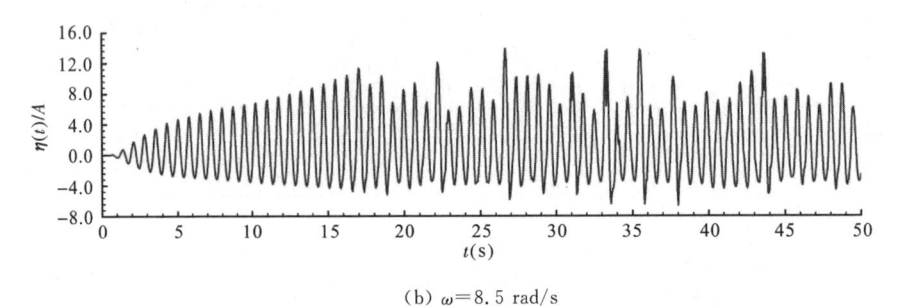

图 6.13　单浮箱装载，$h=0.186$ m 时平动浮箱内自由水面晃荡随时间的变化

对于单浮箱装载，$h=0.094$ m 的情况，首先从图 6.8(c)中可以看出，在共振频率处本书计算结果和实验结果，以及 SPH 数值结果有一定差别。这是由于浮箱内水深与浮箱宽度之比低于晃荡临界深宽比 0.337 4[5]，晃荡流体在其最小共振频率附近发生了如波浪冲击、破碎等强非线性物理现象。这些现象产生了较大的能量耗散，Fognebakke 和 Faltinsen[41]将其称为"晃荡阻尼"，并且认为其与相位差有直接关系，尤其是在共振频率处其将对浮箱稳态运动响应有较大的影响。尽管本书模型可以对这种强非线性物理现象进行直接模拟，但是由于数值耗散以及 VOF 方法在自由水面上的近似处理，在模拟共振频率下"晃荡阻尼"时存在一定的误差，从而导致本书方法与实验结果有一定的差距。

选取单浮箱装载，$h=0.094$ m 工况下，入射频率 $\omega=7.1$ rad/s、$\omega=7.2$ rad/s 和 $\omega=7.3$ rad/s 时波浪激振力和流体晃荡作用力 30～50 s 的历时曲线进行对比，并给出对应的 0～50 s 浮箱运动时间历程线和浮箱左端自由水面变化的时间历程线，如图 6.14～图 6.16 所示。可以看出，由于自由水面一直处于破碎的极限状态，故图 6.13 中自由水面时间历程线始终呈现不规则运动形态。破碎的自由水面对浮箱内壁不断冲击，导致流体晃荡作用力在波峰和波谷时均出现脉冲特征。同样，由于浮箱运动方向的弹簧刚度较小，约束柔软，故脉冲作用力并

第6章 船舶运动与其液舱内流体晃荡的耦合分析

未对浮箱整体运动响应产生重要的影响(图 6.15)。参照图 6.10 可知,这三个频率时内外流体作用力幅值差几乎相等,故浮箱运动振幅由其相位差决定,进而通过图 6.14(c)中浮箱内外流体晃荡作用力和波浪激振力时间历程线的对比可以看出,尽管浮箱内外流体作用力均接近反相位,但 $\omega=7.2$ rad/s 时二者相位差最大[图 6.14(b)],因此在本书数值模型结果中,该入射频率对应的浮箱运动振幅最小。

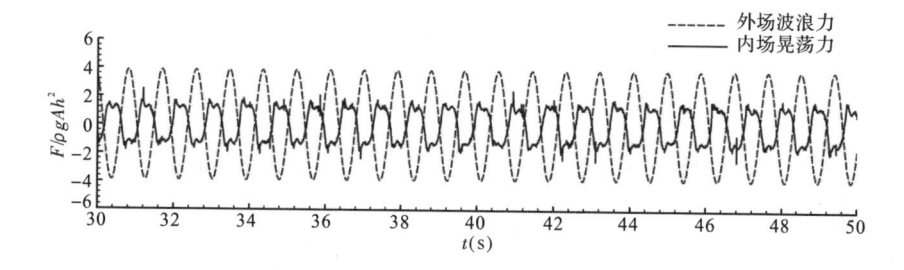

(a) $\omega=7.1$ rad/s

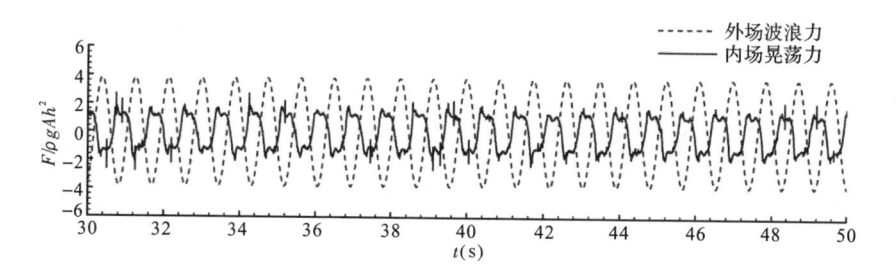

(b) $\omega=7.2$ rad/s

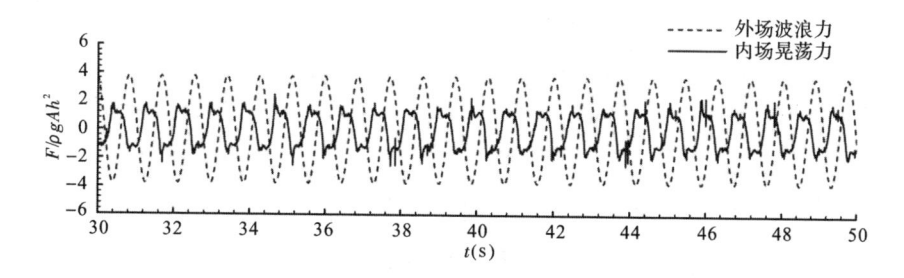

(c) $\omega=7.3$ rad/s

图 6.14　单浮箱装载,$h=0.094$ m 时平动浮箱波浪激振力与流体晃荡作用力历时曲线

(a) $\omega=7.1$ rad/s

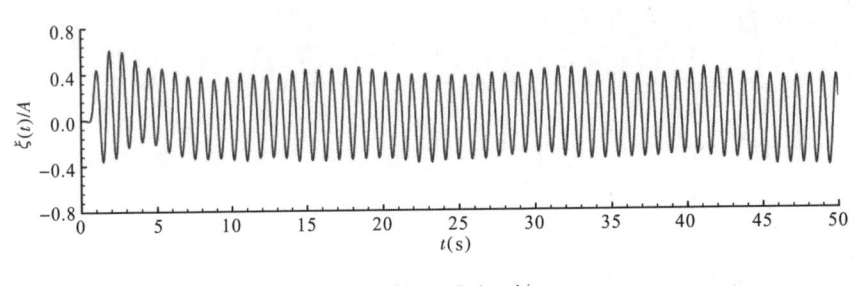

(b) $\omega=7.2$ rad/s

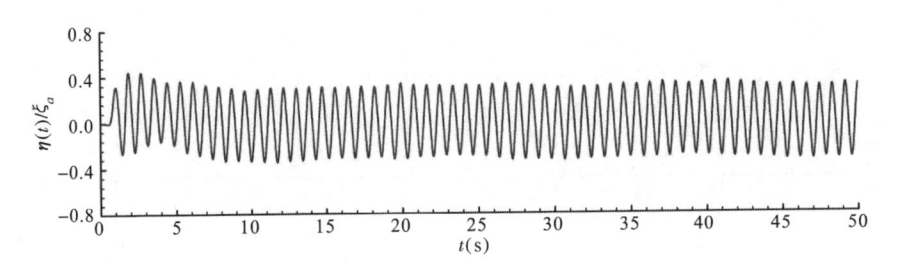

(c) $\omega=7.3$ rad/s

图 6.15 单浮箱装载，$h=0.094$ m 时平动浮箱运动随时间的变化

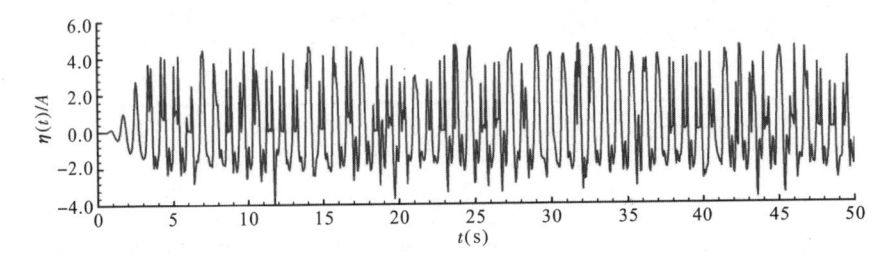

(a) $\omega=7.1$ rad/s

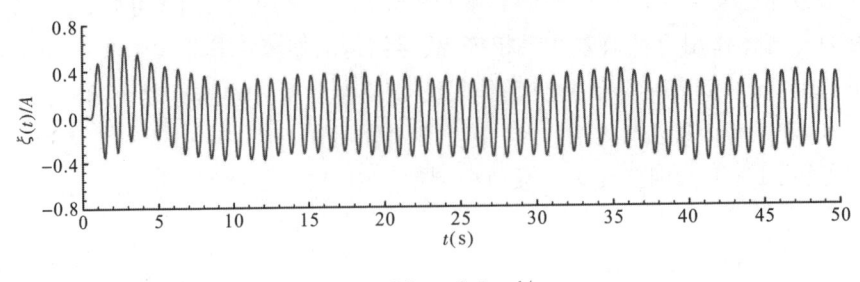

(b) $\omega=7.2$ rad/s

(c) $\omega=7.3$ rad/s

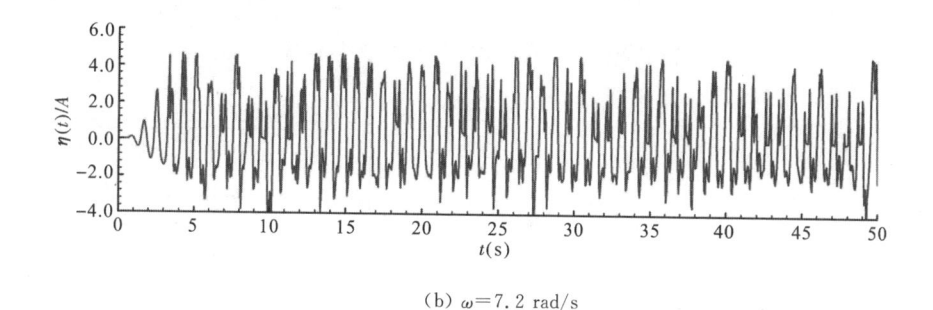

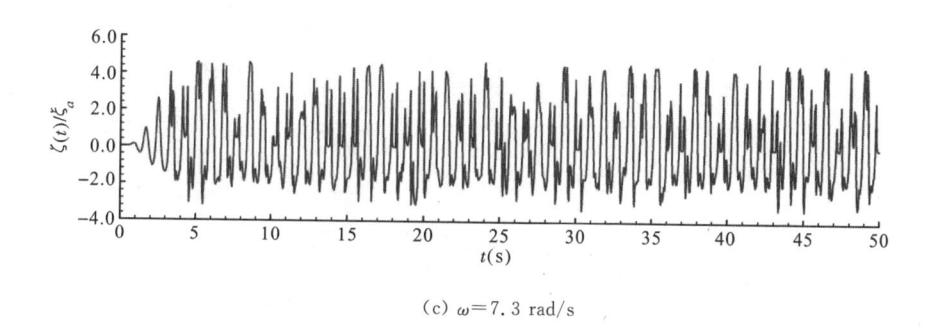

图 6.16　单浮箱装载,$h=0.094$ m 时平动浮箱内自由水面晃荡随时间的变化

6.4　波浪与矩形浮箱转动晃荡的耦合作用

6.4.1　转动浮箱参数及算例设置

为进一步验证本书所建立数值模型在计算转动问题时的正确性,考虑波浪作用下浮箱在转动方向上的运动响应。使用课题组内的物理模型实验[130]作为验证,该实验是在大连理工大学海岸和近海工程国家重点实验室完成的。实验使用的浑水水槽长为 69 m,深为 1.0 m,总宽为 0.7 m,并配装了自制液压伺服造波系统。实验水深固定为 0.6 m,规则波入射波幅为 0.015 m,误差范围为 ± 0.0015 m。浮箱模型采用有机玻璃制作,外轮廓宽 $W=0.48$ m,长 $L=0.696$ m,并设置其吃水深度 $a=0.1$ m。实验中浮箱只能绕其中心轴转动,且设置水平轴中心点距离水槽底部 0.65 m,浮箱质量中心在形心以下 0.0208 m 处。

图 6.17 为转动浮箱实验尺寸参量及参数设置,有两个宽为 0.10 m 的相同

独立容器,表 6-2 为浮箱的主要力学参数,在不同工况下,浮箱的质量(不包括水)保持不变。表 6-3 为各装填工况下的水深及其最小自振频率。

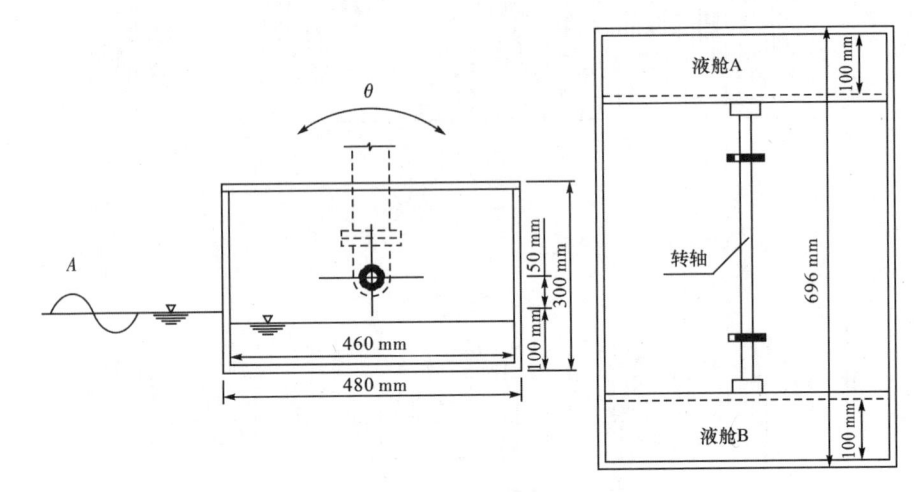

图 6.17 转动浮箱实验尺寸参量及参数设置

表 6-2 浮箱的主要力学参数

力学参数	参数取值
浮箱质量 M(kg)	16.600
惯性矩 I_{xx}(kg·m²)	0.419
惯性矩 I_{zz}(kg·m²)	0.612
浮箱为空时其自振频率 ω_c(rad/s)	5.536

表 6-3 各装填工况下的水深及其最小自振频率

装填水深 h(m)		流体晃荡自振频率 ω_0(rad/s)
液舱 A	液舱 B	
0.073	0	5.556
0.115	0	6.627
0.184	0	7.546
0.184	0.184	7.546

对于流体黏性的影响,根据 Kim[47] 的方法,假定转动方向的黏性阻尼系数与速度成正比,则线性黏性阻尼系数可以按照下式进行计算,

$$B_{44}^l = 2\varepsilon \sqrt{[m_{44} + a_{44}(\infty)]C_{44}} \tag{6.24}$$

其中,参数 ε 为常数,推荐取 0.02~0.10[47,40],本书取 0.024。

6.4.2 转动浮箱的波浪作用力矩、附加质量和延迟函数

根据上述参量,使用势流模型对外部波浪作用进行计算,图 6.18 和图 6.19 分别为转动浮箱的波浪作用力矩、附加质量和辐射阻尼的计算结果。

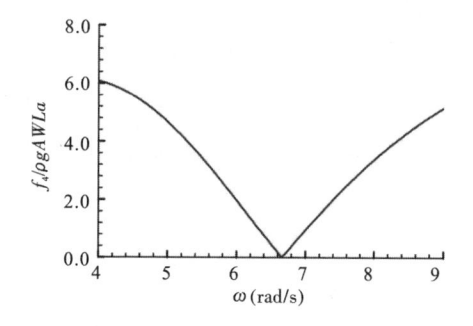

图 6.18 转动浮箱的波浪作用力矩的计算结果

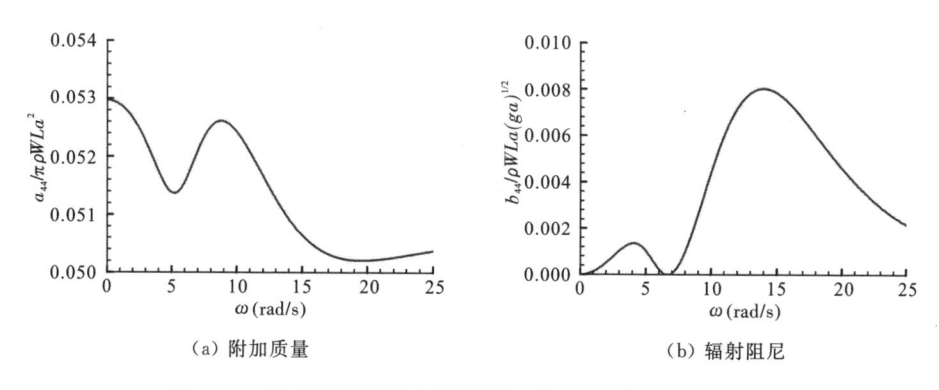

(a) 附加质量

(b) 辐射阻尼

图 6.19 转动浮箱的波浪作用附加质量和辐射阻尼的计算结果

进而使用脉冲响应函数的方法,对频域附加质量和辐射阻尼做卷积,即可计算出浮箱在转动方向上的时域附加质量和延迟函数。其中,时域附加质量为 0.767 kg,转动浮箱延迟函数的计算结果如图 6.20 所示。计算中截取的高频频率为 $\omega=50$ rad/s,此时频域附加质量和辐射阻尼均已趋于稳定。

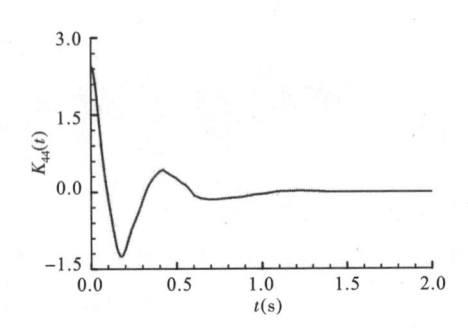

图 6.20 转动浮箱延迟函数的计算结果

下面即可根据上述外部波浪荷载计算结果代入黏性流模型中进行耦合数值计算。

6.4.3 波浪与矩形浮箱转动晃荡的耦合作用分析

首先对浮箱空载情况进行数值计算,并与实验结果进行对比,如图 6.21 所示。总体而言,本书数值模型计算结果与实验结果符合良好,可以认为本书的外部流场计算和运动方程的求解是可靠的。当入射频率在 6.7 rad/s 附近时,本书数值结果所计算的浮箱转动先接近零而后逐渐回升,而实验结果在该频率附近则比较光滑。这主要是由于本书在外部波浪场的计算中采用的是线性势流理论,忽略了波浪的非线性及黏性影响,导致其所预测的波浪作用力矩在 6.7 rad/s 附近接近零,而实验结果则可以考虑上述因素。在浮箱自振频率 $\omega_e=$ 5.536 rad/s 附近,本书结果与实验结果符合良好。需要注意的是,在 ω_0 附近,浮箱运动振幅与黏性系数的依赖关系较为敏感,本书所使用的黏性系数参量 $\varepsilon=$ 0.046 实际上是在这里通过试算得到的。

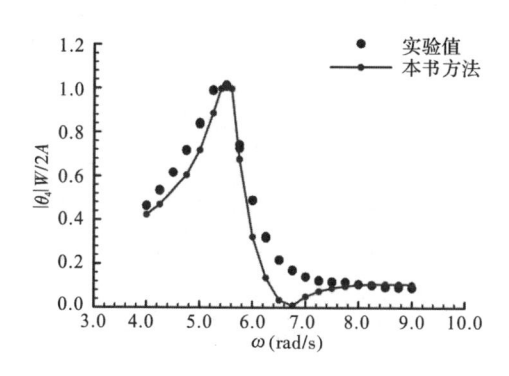

第6章 船舶运动与其液舱内流体晃荡的耦合分析

图 6.21 浮箱为空时其转动振幅随入射频率的变化

图 6.22 中给出了不同装载情况下本书模型与实验方法,以及陈强[130]的 SPH 数值模型所获得的浮箱转动振幅随波浪频率的变化,相比于图 6.21 中浮箱为空时的单峰曲线,装填流体时的频率-振幅曲线呈现双峰的特征。其中,第一个振幅峰值发生在浮箱自振频率 $\omega_c=5.536$ rad/s 附近,但由于浮箱内流体晃荡的影响,四种工况均向低频方向移动。第二个振幅峰值则发生在浮箱内流体晃荡的自振频率 ω_0 附近,对于水深较深,即图 6.22 中(b)(c)(d)三种情况,二者较为接近,而对于单液舱装载,$h=0.073$ m 的情况,图 6.22(a)显示浮箱的第二振幅峰值发生在 $\omega=6.25$ rad/s 附近,而此时的流体晃荡自振频率 $\omega_0=5.556$ rad/s,二者有较大差异。这仍然是由于浮箱内流体的深宽比 0.182,低于晃荡临界深宽比 0.337 4[5]。另外,浮箱运动振幅在浮箱自振频率附近达到最大值,而在 ω_0 附近一般并不是很大,如图 6.22(b)~(d)所示。通过对比可以看出,除了在波浪频率接近 6.7 rad/s 时,出现与空箱工况时相同的振幅为零的情况外,本书模型在大多数频率下与实验结果符合良好,并能够有效的预测双峰现象,可以证明本书所建立的数值模型是可靠的。相比于陈强[130]的 SPH 计算结果,本书模型在流体晃荡自振频率 ω_0 附近能更好的预测第二振幅峰值,并更加接近实验结果,这主要是本书所使用的数值方法相比于 SPH 方法更能准确的计算晃荡时流体对浮箱作用力的缘故。

(a) 单液舱装载，$h=0.073$ m

(b) 单液舱装载，$h=0.115$ m

(c) 单液舱装载，$h=0.184$ m

(d) 双液舱装载，$h=0.184$ m

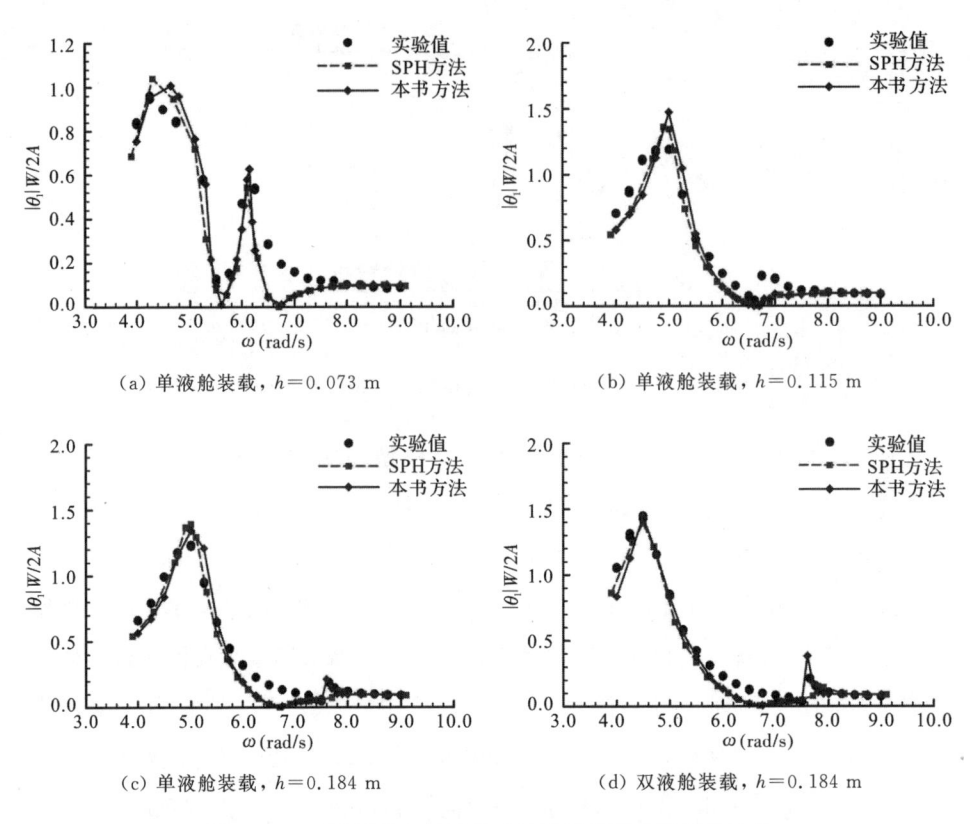

图 6.22　不同频率入射波浪时转动浮箱转动振幅的比较

将不同频率下转动浮箱外部波浪作用力矩与内部流体晃荡的作用力矩均方根进行对比,如图 6.23 所示。与浮箱转动振幅曲线类似,浮箱内流体晃荡的频率-作用力矩曲线具有双峰的特征,峰值所在的频率分别对应于物体的自振频率和浮箱内流体晃荡的自振频率。在这两个频率附近,流体晃荡的作用力矩均大于外部波浪作用力矩,且在流体晃荡自振频率 ω_0 附近,流体晃荡的作用力矩呈现突然增大的趋势。在单液舱装载,$h=0.184$ m 和双液舱装载,$h=0.184$ m 两种工况中,对比图 6.22 和图 6.23 可以看出,虽然在流体晃荡自振频率 $\omega_0=7.546$ rad/s 附近浮箱运动幅值并不是很大,但是,由于接近自振频率,流体运动剧烈,浮箱内流体的作用力矩达到一个极大值,这一点在考虑液舱内部的局部冲击力时应给予关注。

第6章 船舶运动与其液舱内流体晃荡的耦合分析

(a) 单液舱装载，$h=0.073$ m

(b) 单液舱装载，$h=0.115$ m

(c) 单液舱装载，$h=0.184$ m

(d) 双液舱装载，$h=0.184$ m

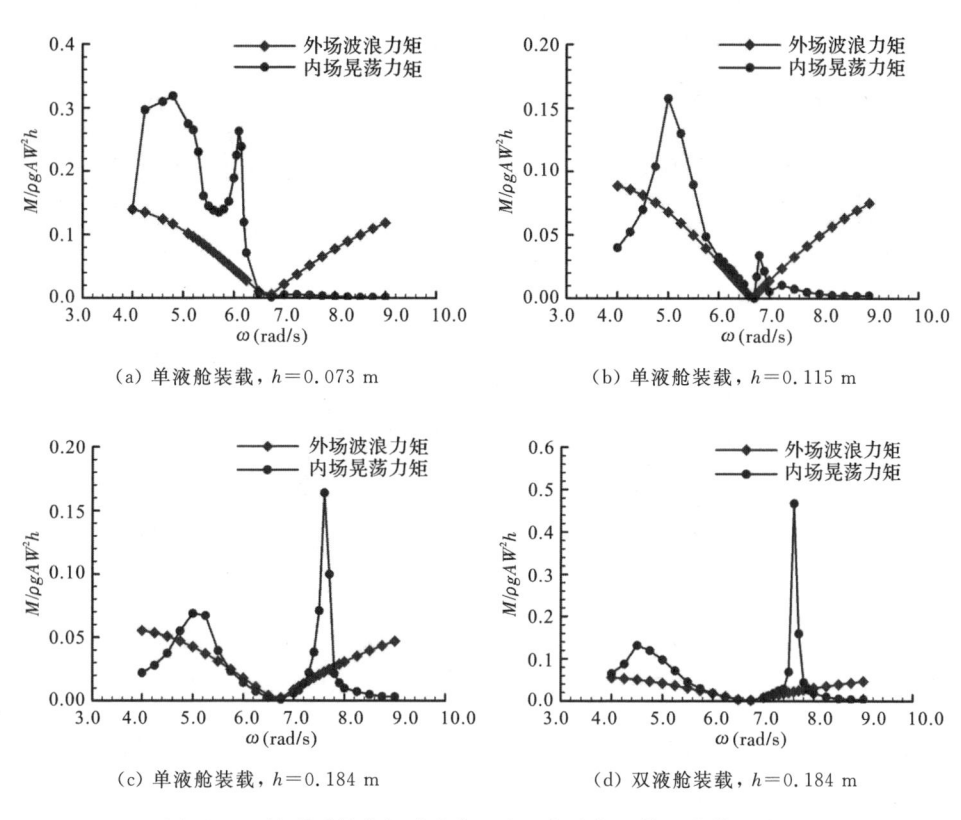

图 6.23 转动浮箱外部波浪作用力矩与内部流体晃荡作用力矩均方根随波浪激励频率的变化

进一步给出单液舱装载，$h=0.073$ m 工况下，当波浪频率为 4.00 rad/s 和 4.25 rad/s 时的波浪作用力矩与流体晃荡作用力矩历时曲线、浮箱转动时间历程线，以及浮箱左端自由水面运动时间历程线，如图 6.24～图 6.26 所示。由于该算例中浮箱内流体的深宽比低于晃荡临界深宽比 0.337 4，因此浮箱内部波浪作用力矩及其左侧自由水面时间历程线均出现明显的多模态状态，这是浅水波效应产生的原因[5]，尤其是入射频率为 4.25 rad/s 时，如图 6.24(b) 和图 6.26(b) 所示。这时，浮箱内实际上形成一个明显的推进波，从而导致多模态波浪的发生。该现象在数值模型和实验过程中均能明显的看到。但是，对于浮箱运动而言，浅水波效应所引发的浮箱内多模态自由水面并未对其运动轨迹产生明显的影响，浮箱运动时间历程线仍呈现明显的正弦运动状态，如图 6.25 所示，这与 Fognebakke 和 Faltinsen[41] 的浮箱水平运动实验结果相类似。

(a) $\omega=4.00$ rad/s

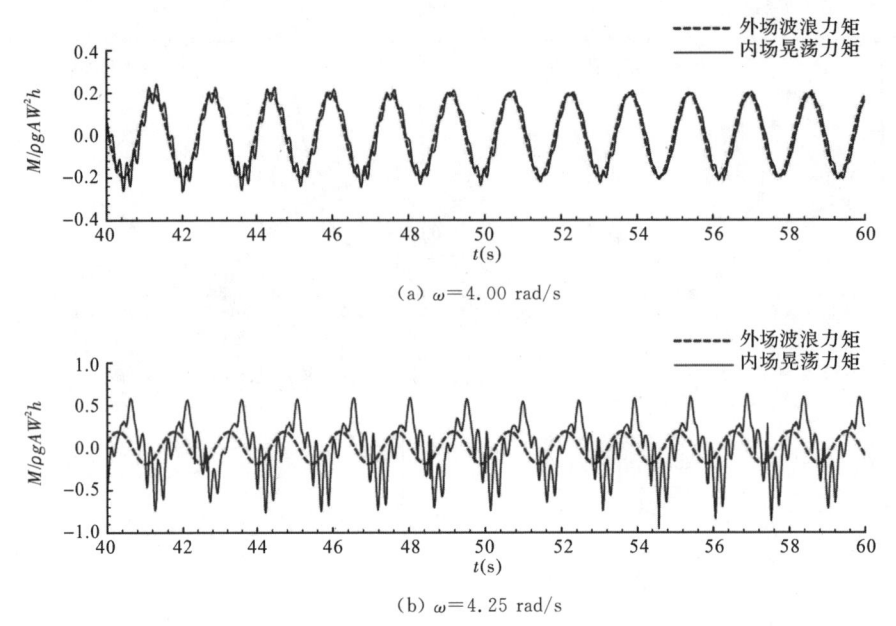

(b) $\omega=4.25$ rad/s

图 6.24　单液舱装载，$h=0.073$ m 时转动浮箱外部波浪作用力矩与流体晃荡作用力矩历时曲线

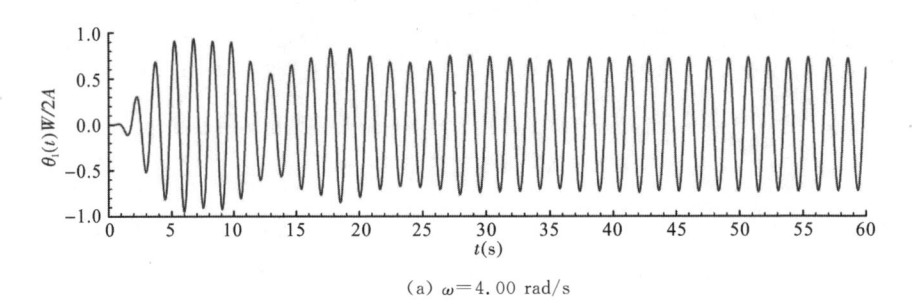

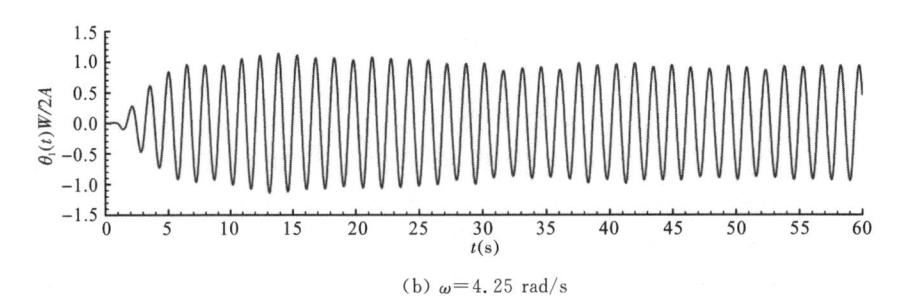

(a) $\omega=4.00$ rad/s

(b) $\omega=4.25$ rad/s

图 6.25　单液舱装载，$h=0.073$ m 时转动浮箱运动随时间的变化

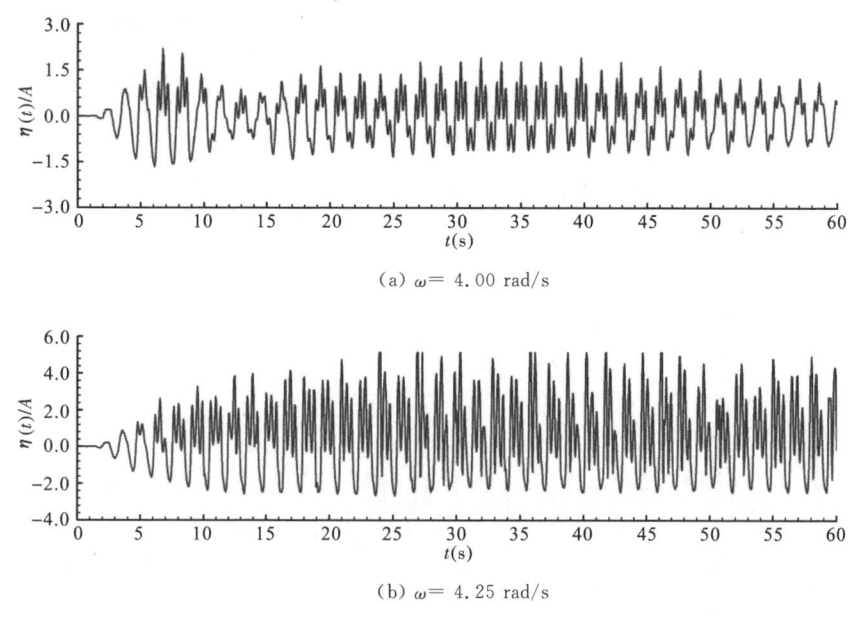

第6章 船舶运动与其液舱内流体晃荡的耦合分析

(a) $\omega = 4.00$ rad/s

(b) $\omega = 4.25$ rad/s

图 6.26 单液舱装载，$h=0.073$ m 时转动浮箱内自由水面晃荡随时间的变化

对于装载水位较高的情况，选取单液舱装载，$h=0.184$ m 工况下波浪频率为 5.00 rad/s 和 5.25 rad/s 时波浪作用力矩和流体晃荡作用力矩 40~60 s 的历时线进行对比，如图 6.27 所示，可以看出，该工况下浮箱内流体晃荡作用力矩基本保持正弦运动状态。同样，如图 6.28 所示，浮箱左侧自由水面运动也基本保持正弦运动状态。实际上，此时浮箱内流体几乎没有形成一个运动的波面，而仅是在自由水面作用下随浮箱同相位运动，这一点通过对比图 6.28 中二者的无因次时间历程线就可以看出来。

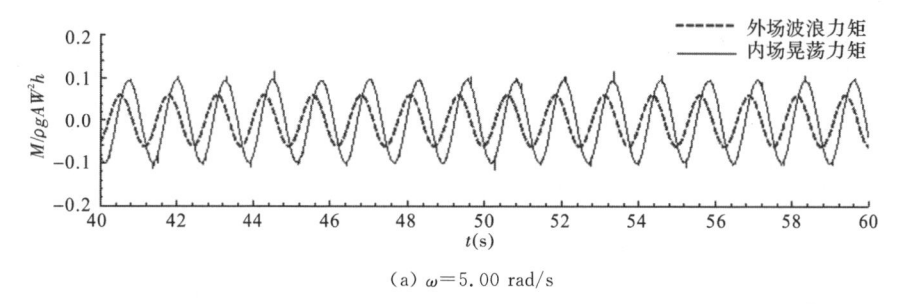

(a) $\omega = 5.00$ rad/s

(b) $\omega=5.25$ rad/s

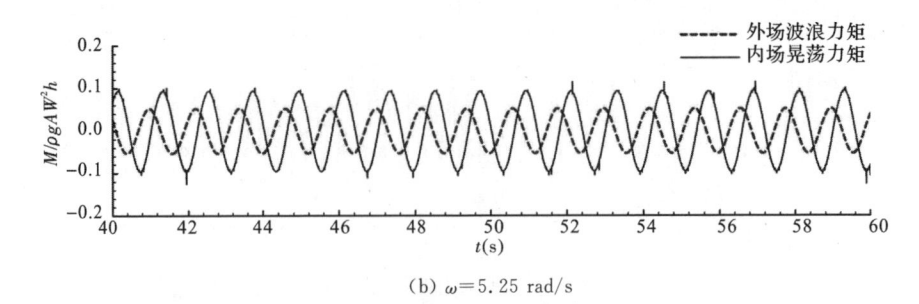

图 6.27　单液舱装载，$h=0.184$ m 时转动浮箱外部波浪作用力矩与流体晃荡作用力矩历时曲线

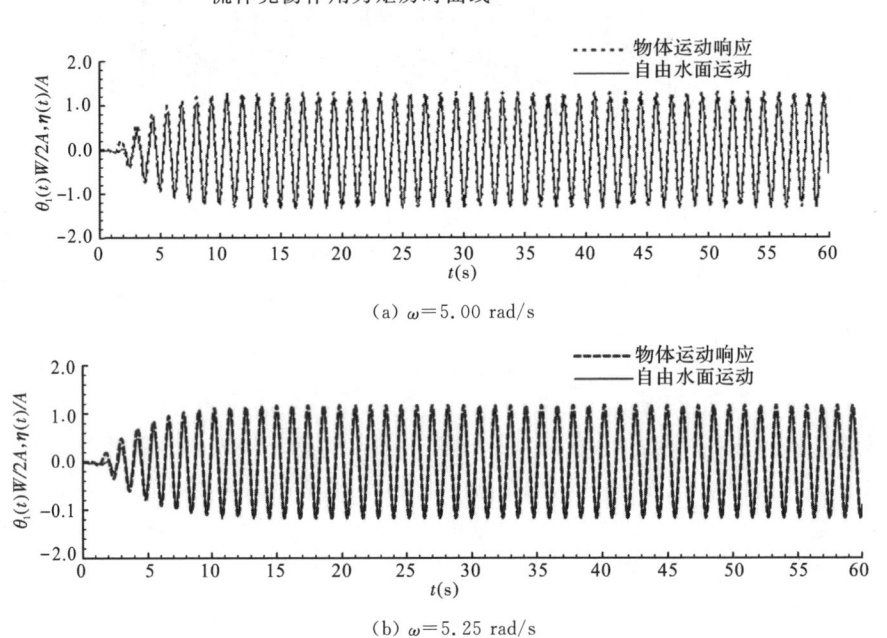

(a) $\omega=5.00$ rad/s

(b) $\omega=5.25$ rad/s

图 6.28　单液舱装载，$h=0.184$ m 时转动浮箱运动及浮箱左侧波面的时间历程线对比

6.5　波浪作用下船舶三维运动与其内部流体晃荡的耦合分析

本节将使用本书模型对波浪作用下 LNG 船舶运动与其内部流体晃荡的三维耦合运动响应进行分析，并对船舶内部流体晃荡的作用力矩及局部冲击力进行计算与讨论。

6.5.1 算例设置及空载时船舶的三维运动响应

选用一种简化的双液舱 LNG 船舶作为计算模型,如图 6.29 和图 6.30 所示,分别为 LNG 船舶外形及其主要尺寸参量和 LNG 船舶及其内部液舱主要尺寸参量,表 6-4 和表 6-5 分别为二者的主要特征参数。图 6.31 为 Nam 等[44]论文中该 LNG 船舶进行物理模型实验所使用的模型照片,该实验按弗劳德相似准则且采用 1∶100 的长度比尺进行,实验中船舶仅在升沉、横摇和纵摇三个方向运动,且在液舱不同装载工况时通过配重保持船舶吃水深度不变。在本书中,为了避免与实验结果进行对比过程中的比尺效应,故数值计算均采用实验模型尺度。另外,由于 Nam 等[44]并未给出液舱不同装载工况时船舶转动惯量的变化情况,因此,在数值模拟的过程中,对于不同的液舱装载工况,本书不仅保持船舶吃水深度不变,并且保证船舶的转动半径不变。

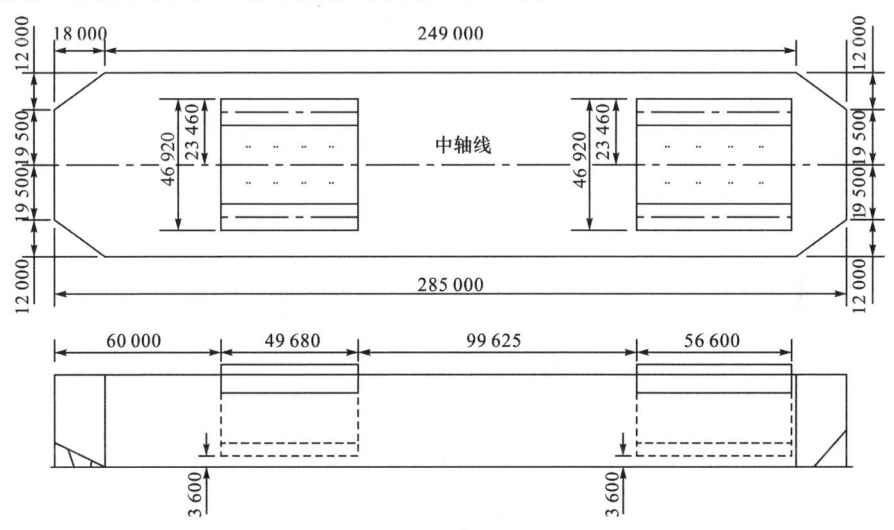

图 6.29 LNG 船舶外形及其主要尺寸参量

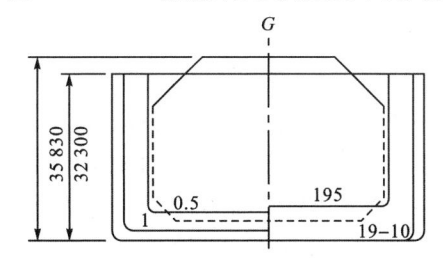

图 6.30 LNG 船舶及其内部液舱主要尺寸参量

(a) LNG 船舶　　　　　　　　(b) 液舱

图 6.31　LNG 船舶实验照片

表 6-4　LNG 船舶主要力学参量（原型）

LNG 船舶力学参数	参数取值
垂线间长 (L), m	285.0
船宽 (B), m	63.0
吃水 (T), m	220 017.6
排水量 (V), m³	13.0
转动半径(K_{xx}),m	19.45
转动半径(K_{yy}),m	71.25
GM, m	15.5
KG	16.5

表 6-5　LNG 船舶液舱主要力学参量（原型）

液舱参数	前液舱（FP 舱）/m	后液舱（AP 舱）/m
长(l)	49.68	56.60
宽(b)	46.92	46.92
高(h)	35.83	35.83

除了实验数据，本书还将与 Nam 等[44]和 Gou 等[40]的数值计算结果进行对比，下面简要介绍一下这两个数值模型。Nam 等[44]的耦合数值模型使用的是 Cummins[67]提出的脉冲响应函数的方法，且其外部波浪荷载使用线性频域数值方法进行计算，具体使用的是 LAMP1 水动力计算商业软件来完成，不过本质上与本书外部波浪荷载的计算方法是相同的。但是，对于液舱内流体晃荡的计算，Nam 等[44]使用的控制方程是欧拉方程，即不考虑晃荡过程中流体涡旋运动及湍流耗散等有旋运动的影响。另外，对自由水面的处理采用的是追踪自由水面

第 6 章 船舶运动与其液舱内流体晃荡的耦合分析

运动的方法,即将流体晃荡的波面使用高程函数进行描述。高程函数是一个单值函数,因此无法模拟波浪破碎、翻卷、冲击以及气液混合等复杂物理现象,也无法对流体晃荡的冲击力进行计算。除此之外,同样是单值函数的原因,如果液舱内流体的静水面进入液舱的上下斜面处,或者流体晃荡液面进入液舱的上下斜面处,该方法也无法对其进行有效的模拟,如后文的工况 1 和工况 4 均出现这样的情况。但是,本书方法由于控制方程使用 Navier-Stokes 方程,且自由水面使用 VOF 方法捕捉,因此能够很好的解决上述问题。Gou 等[40]的耦合数值模型使用的是线性频域数值方法,其内外流场均对自由水面使用线性化假定,同时在共振频率附近增加人工阻尼进行处理。由于模型可以看作完全理想的线性化模型,因此对于本书后面研究入射波幅对船舶运动振幅的影响是非常重要的。

使用第 3 章所建立的预修正快速傅里叶变换高阶边界元方法,对空载时上述 LNG 船舶进行外部波浪荷载的计算,首先检验网格收敛性,选取两套网格进行数值模拟,如图 6.32 所示,分别使用 3 005 个节点和 6 667 个节点。为检验本书方法的正确性,将 pFFT-HOBEM 计算结果与 Teng 和 Eatock Taylor[79]传统高阶边界元方法进行对比,如图 6.33~图 6.36 所示,分别为波浪 90°(横浪)入射时波浪激振力、波浪 180°(迎浪)入射时波浪激振力、LNG 船舶附加质量和 LNG 船舶辐射阻尼,可以看出,不同网格不同方法的计算结果相同,可以证明该算例中本书方法所计算的外部波浪荷载是可信的。

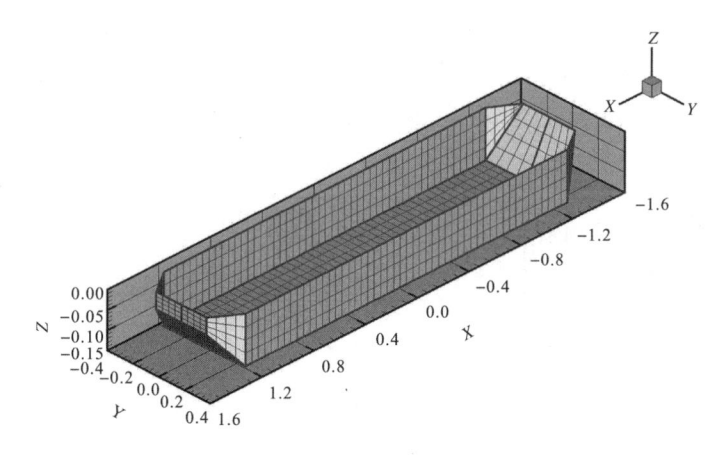

(a) 3 005 个节点

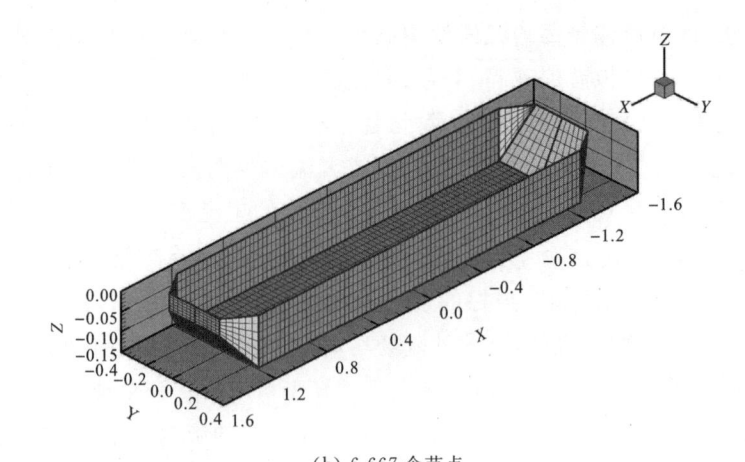

(b) 6 667 个节点

图 6.32 外部波浪荷载计算的网格剖分

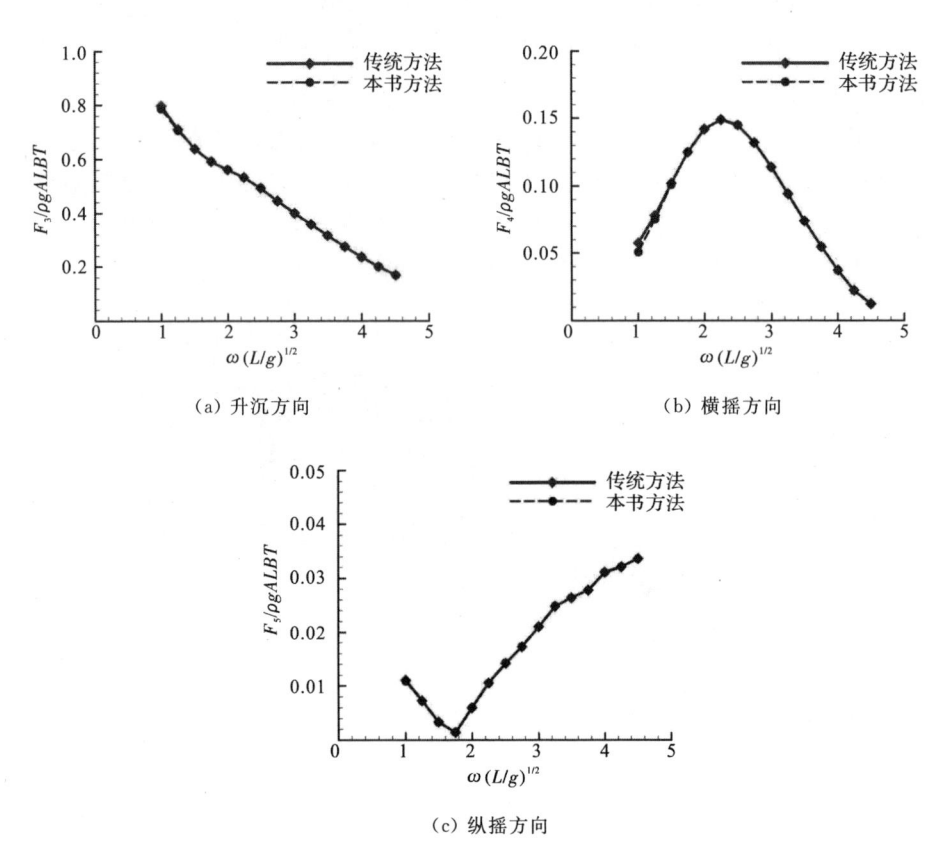

(a) 升沉方向

(b) 横摇方向

(c) 纵摇方向

图 6.33 波浪 90°（横浪）入射时波浪激振力的对比

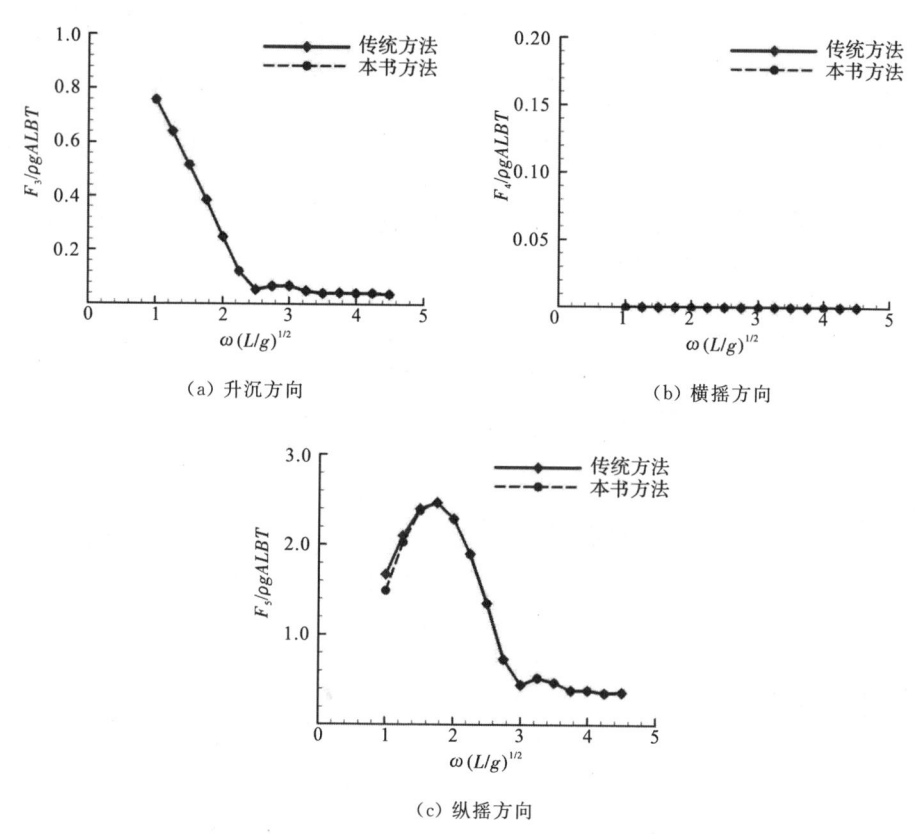

第6章 船舶运动与其液舱内流体晃荡的耦合分析

(a) 升沉方向

(b) 横摇方向

(c) 纵摇方向

图 6.34 波浪 180°(迎浪)入射时波浪激振力的对比

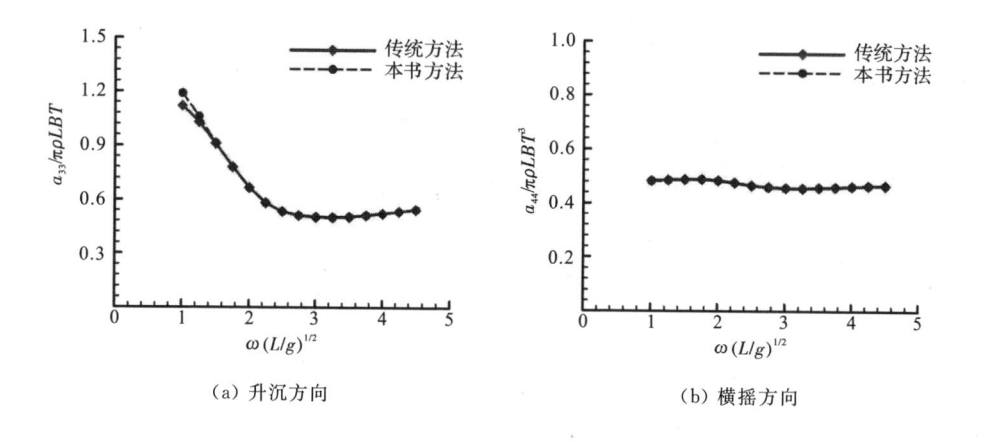

(a) 升沉方向

(b) 横摇方向

(c) 纵摇方向

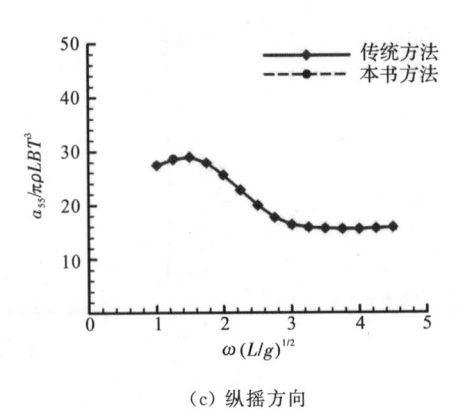

图 6.35　LNG 船舶附加质量的对比

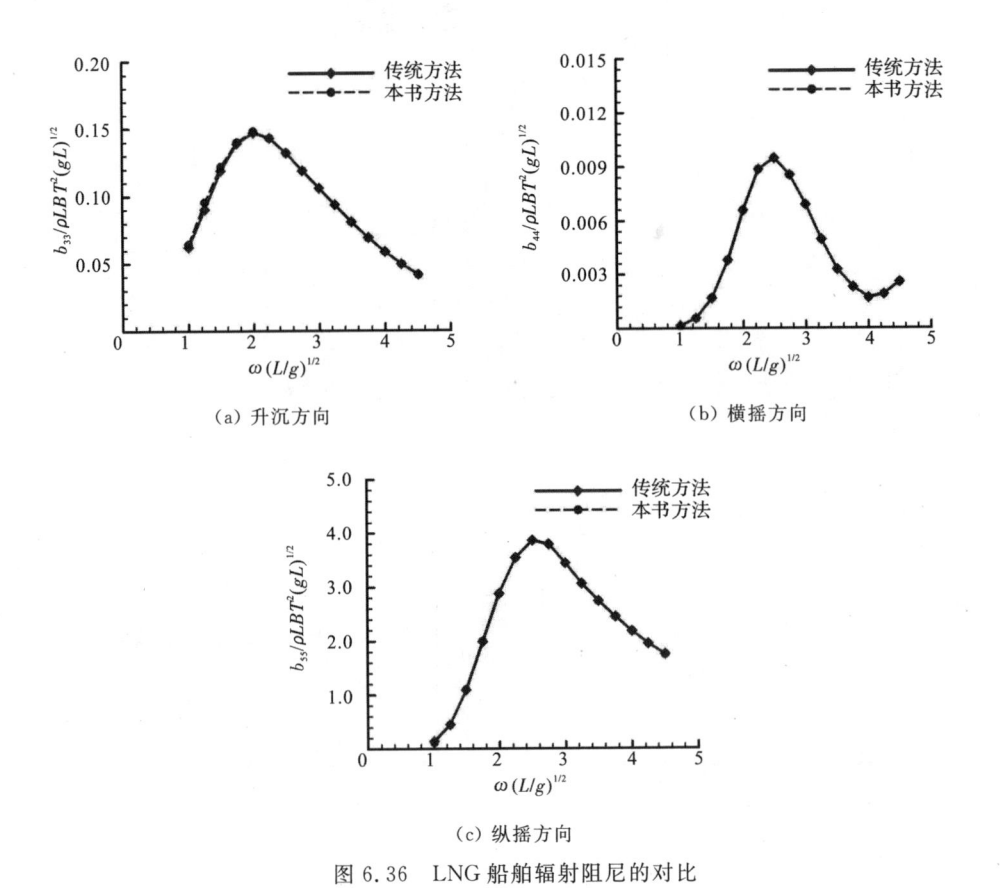

(a) 升沉方向　　　　　　　　　　　(b) 横摇方向

(c) 纵摇方向

图 6.36　LNG 船舶辐射阻尼的对比

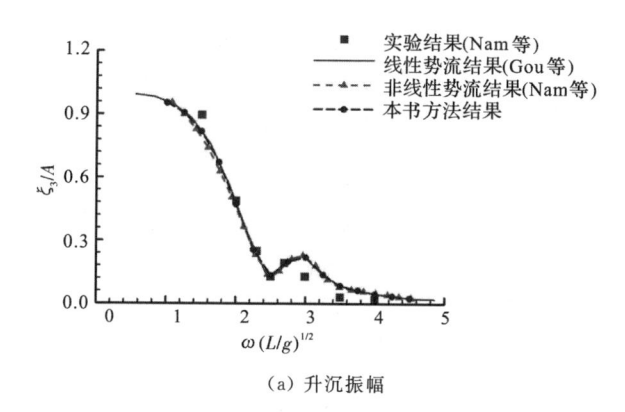

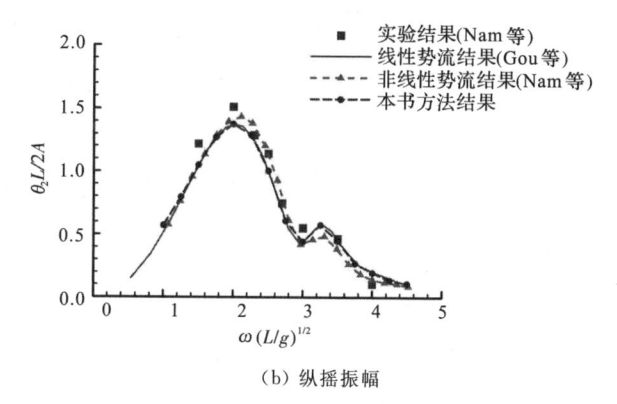

第6章 船舶运动与其液舱内流体晃荡的耦合分析

下面对空载时船舶运动进行计算,将上述势流结果带入运动方程中,对于船舶的横摇方向,仍使用 Kim[47] 的方法,根据公式(6.24)计算该方向船舶运动阻尼,参量 ε 根据 Gou 等[40] 的建议取 0.06。分别对波浪 90°和 180°方向入射时船舶运动振幅进行计算,并与 Nam 等[44] 的实验与数值结果,以及 Gou 等[40] 的计算结果进行对比,如图 6.37 和图 6.38 所示,可以看出,数值模型实验及其他数值结果符合良好,证明本书的外部波浪荷载与运动方程的求解是正确的,可以应用于三维耦合模型的计算。

(a) 升沉振幅

(b) 纵摇振幅

图 6.37 波浪 180°入射时船舶升沉与纵摇振幅值随频率的变化

(a) 升沉振幅

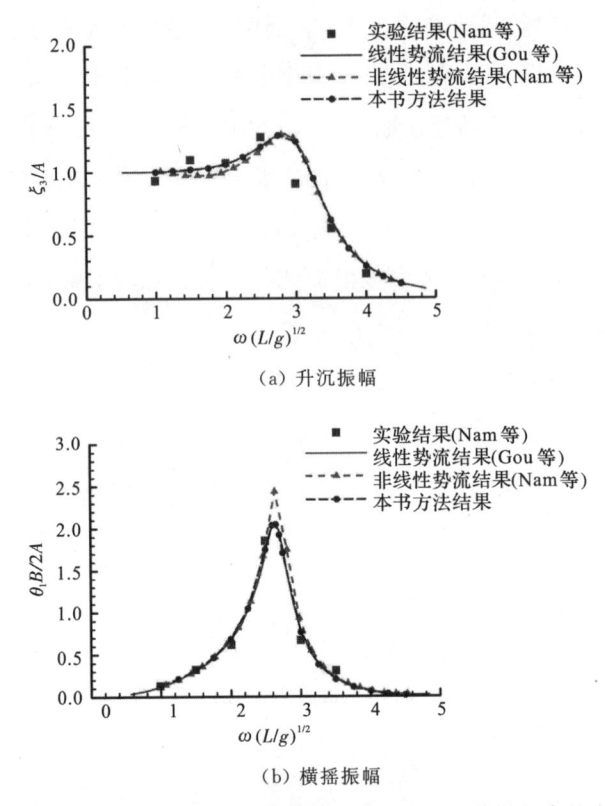

(b) 横摇振幅

图 6.38　波浪 90°入射时船舶升沉与横摇振幅值随频率的变化

在本小节的最后给出 LNG 船舶液舱的四种装载工况及其所对应的网格剖分情况,分别见表 6-6 和如图 6.39 所示。计算中取 $Cr=0.5$,同时限制 $\Delta t_{max}=0.005$ s。另外,为提高计算效率,本书大部分算例是在大连理工大学网络与信息化中心高性能计算实验平台(大型计算机)上,采用 MPI 方法,使用 8CPU 并行计算完成。

表 6-6　不同装载工况时前液舱和后液舱的装载条件

装载工况	前液舱(FP 舱)的装载深度/液舱高度	后液舱(AP 舱)的装载深度/液舱高度
工况 1	20.0%	20.0%
工况 2	30.0%	30.0%
工况 3	57.5%	43.3%
工况 4	82.6%	23.5%

(a) (20%, 20%)　　　　　　　　(b) (30%, 30%)

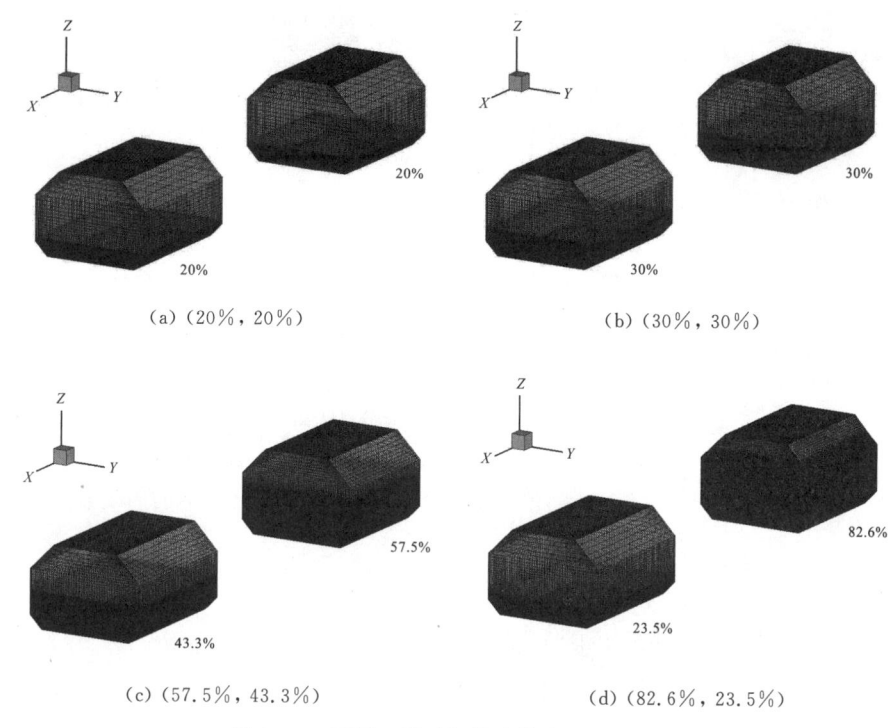

(c) (57.5%, 43.3%)　　　　　　(d) (82.6%, 23.5%)

图 6.39　不同工况时船舶液舱内的网格剖分

6.5.2　前后液舱装载水深相同时装载水深对船舶整体运动响应的影响

首先研究前后液舱装载水深相同时的情况,图 6.40 和图 6.41 为波浪 90°入射时不同工况下船舶横摇运动的无因次振幅随频率的变化。其中,"实验结果"是 Nam 等[44]物理模型实验的结果,Nam 等和 Gou 等分别是二者数值模型的结果,关于这两个数值模型的介绍可参考 6.5.1 节。通过本书结果与 Nam 等[44]的实验和数值结果进行对比,如图 6.40 所示,可以看出,本书耦合模型所计算的船舶运动振幅是可信的。但是,Gou 等[40]的计算结果在共振频率附近与本书差别较大,这主要是由于该模型对流体晃荡也采用了线性化假设。

(a)（20%，20%）

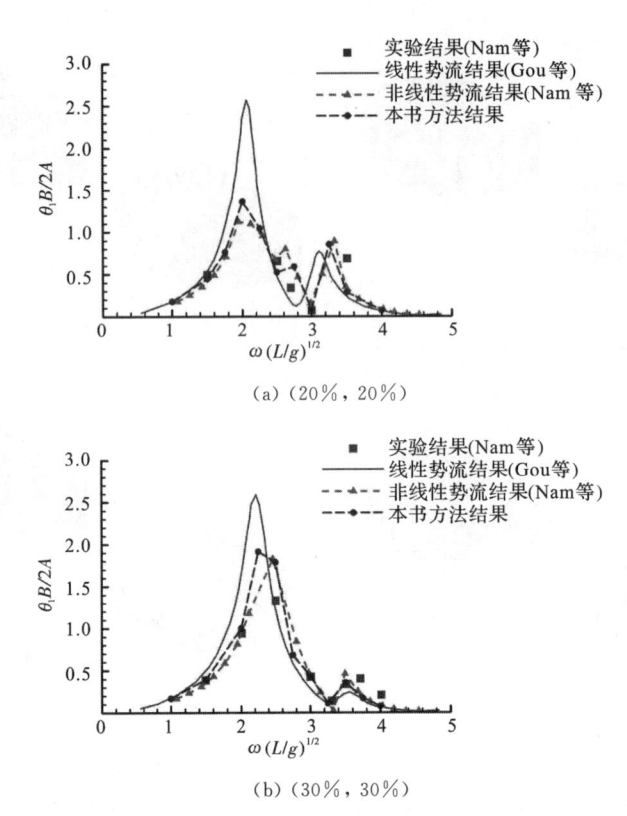

(b)（30%，30%）

图 6.40　波浪 90°入射时不同工况下船舶横摇运动的无因次振幅随频率的变化

进而将本书结果与空载时的情况进行对比,如图 6.41 所示,总体上看,波浪横向入射时船舶液舱内流体晃荡对船舶横摇运动振幅有较大的影响,且表现为抵抗摇晃的特征,即在船舶共振频率附近(第一个峰值),装载后船舶晃荡振幅小于空载时的情况,而在液舱内流体晃荡的自振频率附近则有第二个峰值出现。装载工况为(20%,20%)时,由于水深较浅,液舱内流体晃荡更为剧烈,因此对船舶运动的影响更大,包括船舶共振频率向低频偏移和对应运动振幅的显著减小,以及液舱内流体晃荡频率附近船舶运动振幅的显著增大。更有意思的是,本书数值结果和 Nam 等[44]的数值结果在无因次频率为 2.75 附近都出现了第三个峰值。另外,在该算例中,液舱内自由水面出现进入液舱下斜面的情况,本书模型能够对这种情况进行模拟,而 Nam 等[44]的数值方法则只能按照不考虑斜面进行处理。装载工况为(30%,30%)时,如图 6.41(b)所示,其耦合效应弱于装载工况为(20%,20%)时的情况。

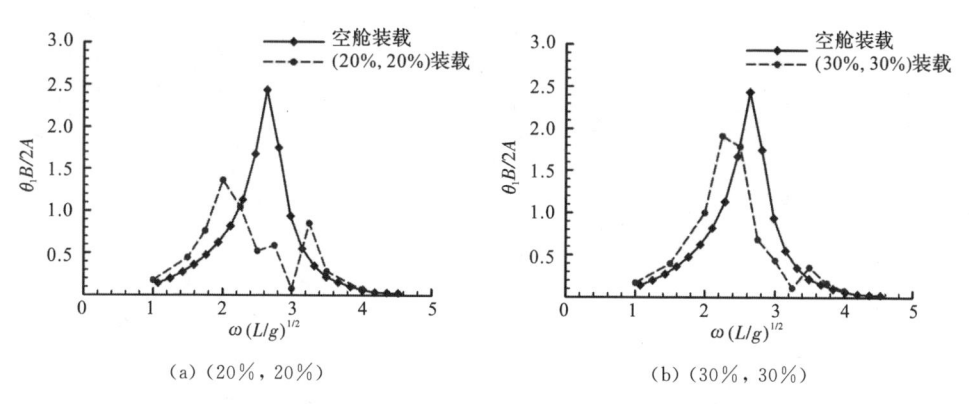

第6章 船舶运动与其液舱内流体晃荡的耦合分析

(a) (20%, 20%) (b) (30%, 30%)

图 6.41 波浪 90°入射时不同工况下船舶液舱内流体晃荡对船舶横摇运动振幅的影响

图 6.42 和图 6.43 分别为波浪顺向 180°入射时,装载工况为(20%,20%)和(30%,30%)时船舶在升沉和纵摇运动的无因次振幅随频率的变化,可以看出,本书数值模型与 Nam 等[44]和 Gou 等[40]数值结果符合较好,可以证明本书方法的正确性。与上述两个数值结果相同,本书计算结果低于实验结果,这可能是由于实验配载改变纵摇方向的转动惯量。通过与未装载的工况对比,可以看出,即使在共振频率附近,此时液舱内流体晃荡对船舶运动的影响也较小,两种情况的计算结果基本符合。

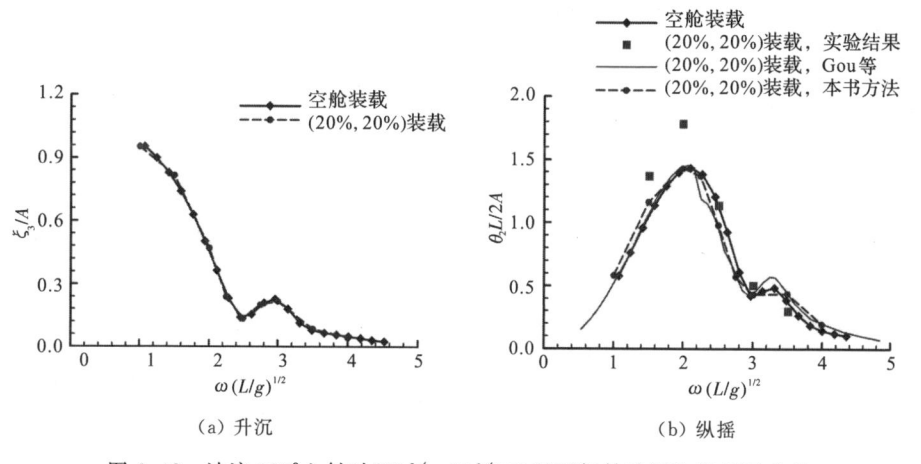

(a) 升沉 (b) 纵摇

图 6.42 波浪 180°入射时(20%,20%)工况下船舶升沉和纵摇运动的无因次振幅随频率的变化

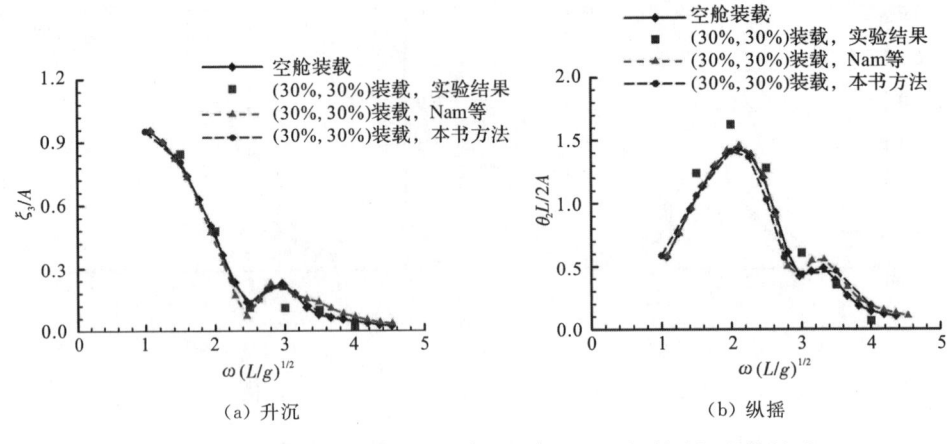

图 6.43 波浪 180°入射时(30%，30%)工况下船舶升沉和纵摇无因次运动振幅随频率的变化

进一步对波浪 180°入射时，装载工况为(20%，20%)和(30%，30%)时不同频率船舶外部波浪激振力与内部流体晃荡作用力(力矩)进行对比，如图 6.44 和图 6.45 所示，可以看出，液舱内流体晃荡作用力(力矩)显著小于船舶外部波浪激振力(力矩)，因此，液舱内流体晃荡对船舶整体运动响应影响不大。

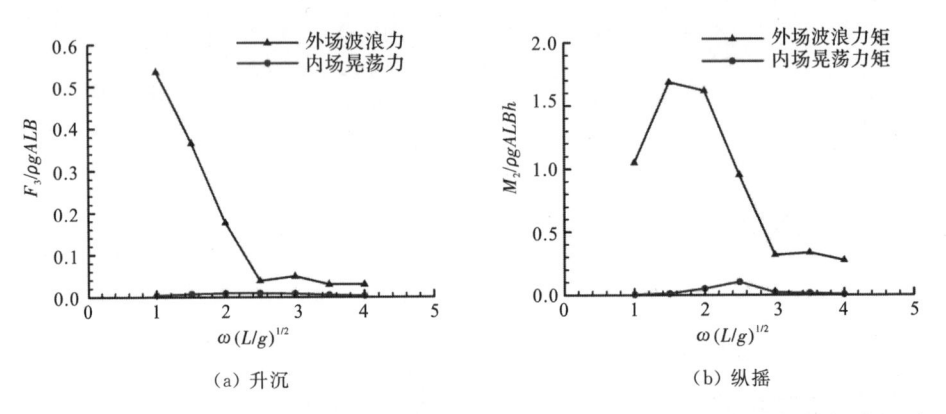

图 6.44 波浪 180°入射时(20%，20%)工况下船舶升沉和纵摇方向外部激振力(力矩)与内部流体晃荡作用力(力矩)均方根随频率的变化

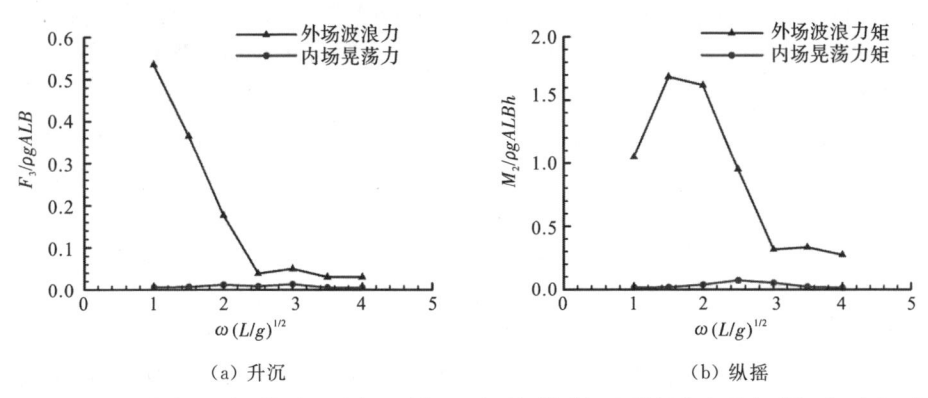

第6章 船舶运动与其液舱内流体晃荡的耦合分析 113

(a) 升沉

(b) 纵摇

图 6.45 波浪 180°入射时(30%，30%)工况下船舶升沉和纵摇方向外部激振力(力矩)与内部流体晃荡作用力(力矩)均方根随频率的变化

6.5.3 前后液舱装载水深相同时入射波幅对船舶整体运动响应的影响

下面考虑入射波幅对船舶整体运动响应的影响，本书选取 A 为 0.012 5 m、0.025 0 m、0.050 0 m 三种情况进行研究，并与 Gou 等[40]的数值结果进行对比。如前所述，Gou 等[40]的数值模型为线性频域势流数值方法，其内外流场均对自由水面使用线性化假定，并在共振时使用人工阻尼进行处理，因此该计算结果为完全线性化数值计算结果。在这里，我们可以将其看作入射波幅无限趋近于零，即 $A \to 0$ 时的情况。

图 6.46 为波浪 90°入射时，装载工况为(20%，20%)和(30%，30%)时不同波幅对船舶无因次运动振幅的计算结果，可以看出，Gou 等[40]的线性化数值结果与本书结果有较大差异，总体上讲，其在船舶运动自振频率附近计算值较大，而在液舱内流体晃荡自振频率附近则计算值较低，由此可以看出，液舱内流体晃荡所产生的非线性效应较大，即使在波幅较小的 $A = 0.012\ 5$ m 时，也将产生较明显的非线性影响。将本书不同入射波幅时的计算结果进行对比，可以看出，入射波幅对船舶无因次运动振幅有非常重要的影响。对于装载工况为(20%，20%)的情况，如图 6.46(a)所示，在船舶共振频率附近，当入射波幅 A 为 0.012 5 m 和 0.025 0 m 时，船舶最大运动振幅出现在 $\omega\sqrt{L/g} = 2.00$ 处，而当入射波幅 A 为 0.050 0 m 时，船舶最大运动振幅则出现在 $\omega\sqrt{L/g} = 2.25$ 处；在流体晃荡共振频率附近，虽然三种入射波幅时船舶最大运动振幅均出现在 $\omega\sqrt{L/g} = 3.25$ 处，但 A 为 0.012 5 m 和 0.025 0 m 时，船舶运动无因次振幅基本相等，且 $A = 0.025\ 0$ m 时略大一些，而 $A = 0.050\ 0$ m 时无因次振幅则显著

小于前两种装载工况。当装载工况为(30%,30%)时,如图6.46(b)所示,在物体共振频率附近,三种入射波幅时船舶最大运动振幅所对应的频率也出现了不一致的情况,但$A=0.0125$ m时与其他两种情况不同;在流体晃荡共振频率附近,即$\omega\sqrt{L/g}=3.50$时,船舶运动无因次振幅为$A=0.050$ m时最大,$A=0.0250$ m时最小,而$A=0.0125$ m时,则在二者之间。进一步给出波浪90°入射不同入射波幅时液舱内流体晃荡无因次作用力矩均方根随频率的变化,并与外部波浪激振力矩进行对比,如图6.47所示,在船舶共振频率及流体晃荡共振频率附近,流体晃荡作用力矩较大,且在多数情况下大于波浪激振力矩。与船舶运动振幅情况相对应,流体晃荡的无因次作用力矩也受波浪入射波幅的影响,且同样出现上述不规则的变化状况。由此可以看出,液舱内流体晃荡所产生的非线性效应很大,不同入射波幅对船舶的整体运动响应有显著影响,不仅有船舶运动无因次振幅及液舱内流体晃荡无因次作用力矩的非单调改变,还有船舶运动共振频率的改变,这主要是液舱内流体晃荡的复杂非线性效应,包括破碎、冲击等诸多物理现象,以及液舱的几何结构尺寸等因素共同影响的结果。

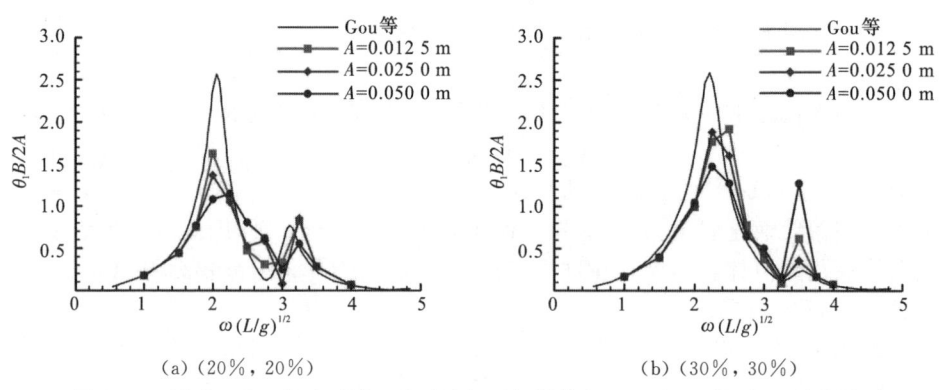

图6.46 波浪90°入射时不同工况下波幅对船舶横摇无因次运动振幅的计算结果

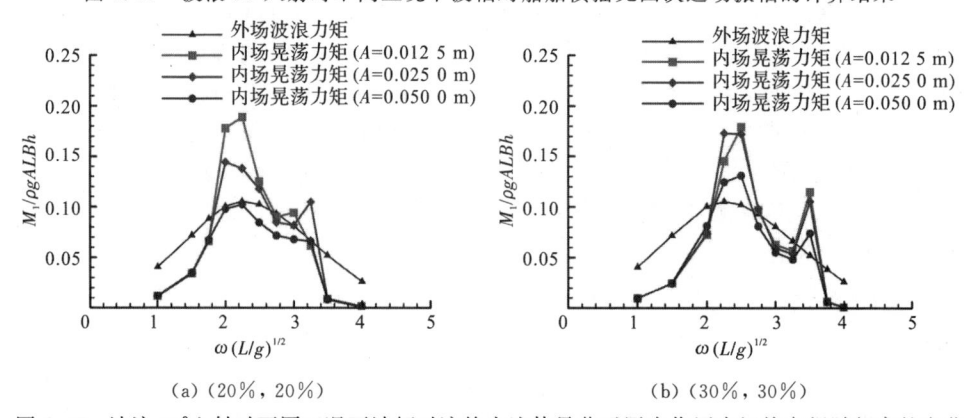

图6.47 波浪90°入射时不同工况下波幅对液舱内流体晃荡无因次作用力矩均方根随频率的变化

第6章 船舶运动与其液舱内流体晃荡的耦合分析

图 6.48 和图 6.49 分别是装载工况为(20%，20%)时，不同入射波幅时船舶运动和液舱内流体晃荡作用力矩的时间历程线，其中，二者均取 $\omega\sqrt{L/g} = 2.00$ 和 $\omega\sqrt{L/g} = 3.25$，即船舶运动共振频率和流体晃荡共振频率附近的情况进行研究。如图 6.48 所示，与前文二维情况相同，船舶运动时间历程线呈现明显的正弦运动状态，其运动振幅与外部波浪激励振幅保持一致，且不同入射波幅时的时间历程线保持良好的一致性，未产生明显的相位差。对于流体晃荡作用力矩时间历程线而言，如图 6.49 所示，当 $\omega\sqrt{L/g} = 2.00$ 时，尽管此时作用力矩较大，但不同入射波幅时的时间历程线均保持正弦状态，并未出现脉冲响应信号。当 $\omega\sqrt{L/g} = 3.25$ 时，尽管此时的波浪作用力矩小于 $\omega\sqrt{L/g} = 2.00$ 的情况，但不同入射波幅时流体晃荡作用力矩时间历程线出现明显的不一致性，如 $A = 0.0125$ m 时时间历程线基本保持正弦状态，但 $A = 0.0250$ m 和 $A = 0.0500$ m 时则出现较大的脉冲特征。这实际上意味着此时流体晃荡对液舱侧壁产生较大的冲击作用，对于这个问题我们在点压力计算时还要进行详细的分析。最后，对比图 6.48(b) 和图 6.49(b) 可以看出，流体晃荡的高频脉冲作用力矩实际上被系统过滤掉了，因此船舶整体运动仍基本保持正弦状态，并未对船舶运动产生重要的影响。

(a) $\omega\sqrt{L/g} = 2.00$

(b) $\omega\sqrt{L/g} = 3.25$

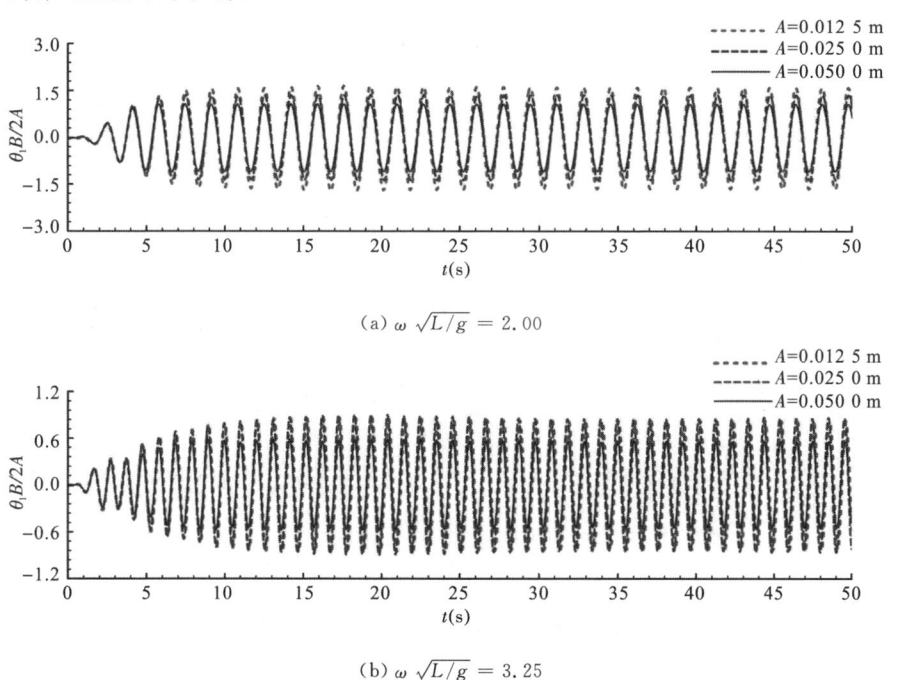

图 6.48 装载工况为(20%，20%)时，不同入射波幅时船舶运动的时间历程线

(a) $\omega\sqrt{L/g}=2.00$

(b) $\omega\sqrt{L/g}=3.25$

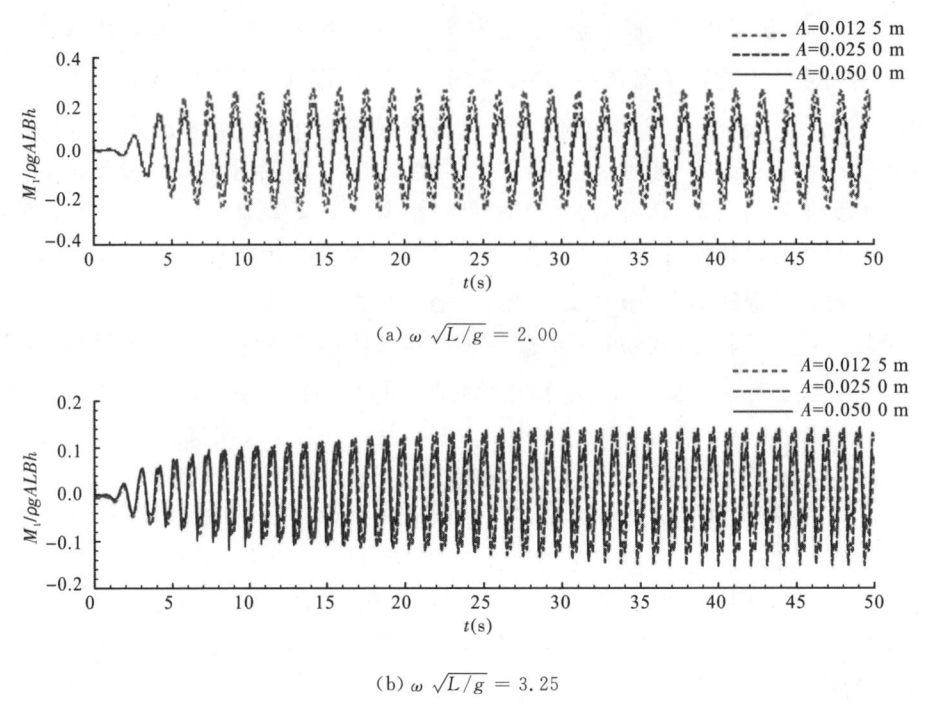

图 6.49 装载工况为(20%,20%)时,液舱内流体晃荡作用力矩的时间历程线

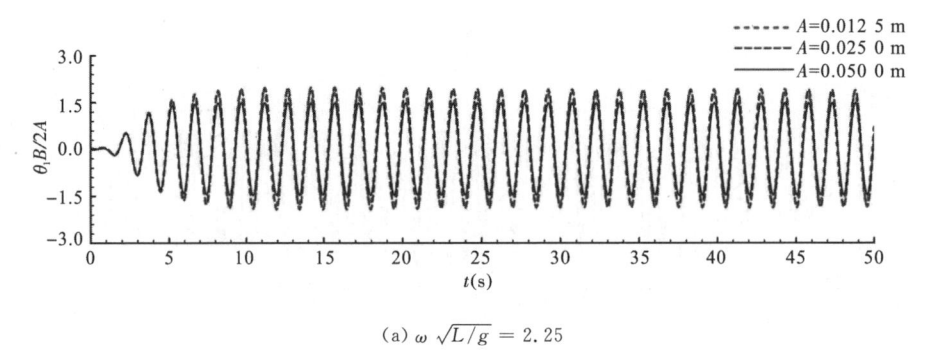

同样,对装载工况为(30%,30%)时,不同入射波幅时船舶运动振幅和液舱内流体晃荡作用力矩的时间历程线进行研究,如图 6.50 和图 6.51 所示,可以看出,其主要水动力特征与装载工况为(20%,20%)的情况基本保持一致,仅在 $\omega\sqrt{L/g}=3.50$ 时流体晃荡作用力矩曲线的脉冲特征较弱一些,这是由于此时装载水深较深,流体晃荡时自由水面非线性运动相对较弱。

(a) $\omega\sqrt{L/g}=2.25$

(b) $\omega\sqrt{L/g} = 3.50$

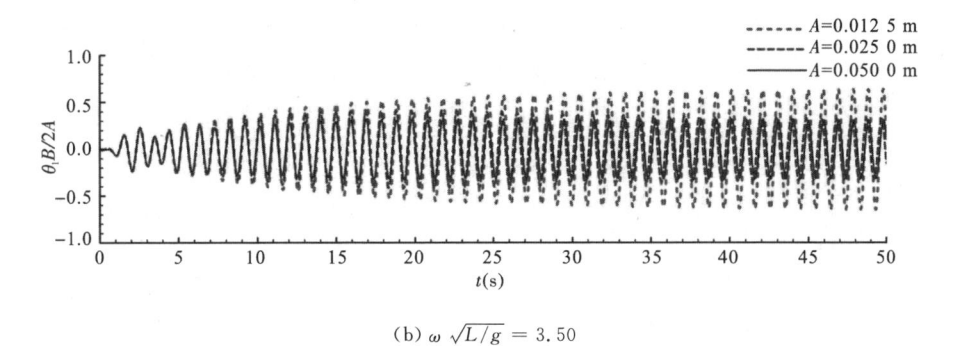

图 6.50　装载工况为(30%，30%)时，不同入射波幅时船舶运动的时间历程线

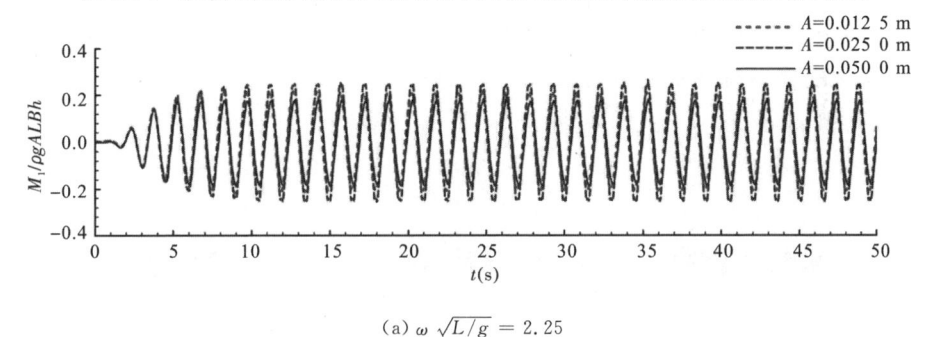

(a) $\omega\sqrt{L/g} = 2.25$

(b) $\omega\sqrt{L/g} = 3.50$

图 6.51　装载工况为(30%，30%)时，液舱内流体晃荡作用力矩的时间历程线

　　为揭示上述物理现象的产生原因，将不同波幅作用条件下液舱内流体晃荡形态进行对比，首先研究装载工况为(20%，20%)时的情况，图 6.52 为入射波浪频率在船舶共振频率附近，即 $\omega\sqrt{L/g} = 2.00$ 时的情况。从图中可以看出，不同入射波幅作用时，液舱内流体晃荡过程上具有很好的一致性，因此，在图 6.48(a)和图 6.49(a)中，船舶运动与流体晃荡的作用力矩时间历程线并未出现较大的相位差。液舱内流体晃荡形态有显著不同，当 $A=0.0125$ m 时，流体晃荡呈现出典型的浅装载水深时的多模态特征，自由水面保持良好的连续性；当

$A=0.025\,0$ 时,流体晃荡非线性特征增强,自由水面在液舱下斜面附近出现破碎的现象,这实际是发生了水跃现象;当 $A=0.050\,0$ m 时,流体晃荡非线性显著增强,水跃现象更为明显,自由水面发生剧烈的波浪破碎现象,同时伴有强烈的气液混合现象。尽管如此,由于发生水跃时自由水面位于液舱下斜面与液舱底部的交线附近,即使在 $A=0.050\,0$ m 的条件下,自由水面破碎形态仍表现为经下斜面斜向作用于液舱垂向侧壁,并在重力作用下随之向远离液舱侧壁方向翻卷的形态。这意味着破碎后流体晃荡所释放的能量并未直接作用于液舱的侧壁,因此,这种破碎形式将不会对液舱侧壁产生较大的冲击,这也就是图 6.49(a)中液舱内流体晃荡作用力矩时间历程线并未出现剧烈的脉冲特征的原因。同时,这也是图 6.46(a)和图 6.47(a)中,当 $\omega\sqrt{L/g}=2.00$ 时,船舶的无因次运动振幅与液舱晃荡的无因次流体作用力矩均规则的随入射波幅增大而减小的原因。

(a) $A=0.012\,5$ m　　(b) $A=0.025\,0$ m　　(c) $A=0.050\,0$ m

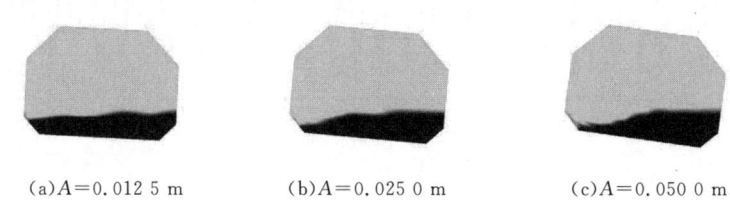

图 6.52 装载工况为(20%,20%)时,$\omega\sqrt{L/g}=2.00$ 不同入射波幅时船舶运动及液舱内流体晃荡形态

装载工况为(20%,20%)时,图 6.53 为入射波浪频率在液舱内流体晃荡共振频率附近,即 $\omega\sqrt{L/g}=3.25$ 时的情况。如图 6.53 所示,当 $A=0.012\,5$ m 时,由于外部激励较弱,液舱内流体运动没有足够的能量维持,因此,虽然入射波浪频率在流体晃荡自振频率附近,但自由水面运动并未出现明显的共振响应。随着入射波幅的增大,当 $A=0.025\,0$ m 时,自由水面共振运动强烈,且在液舱侧壁出现水跃与波浪破碎现象。随着入射波幅的进一步增大,当 $A=0.050\,0$ m 时,破碎的自由水面甚至冲击到液舱垂向侧壁与上斜面的交线处,出现了强烈的共振响应。更重要的是,与 $\omega\sqrt{L/g}=2.00$ 时的自由水面破碎形态不同,这时的水跃发生在液舱下斜面与液舱垂向侧壁的交线附近,因此,水跃带来的自由水面破碎直接作用于液舱垂向侧壁,对其产生强烈的冲击,并同时在受其阻碍作用后改变方向为沿侧壁向上冲击的形态,并在 $A=0.050\,0$ m 时冲击到液舱上斜面处。可以看出,这种破碎形式伴随着剧烈的冲击作用,因此图 6.49(b)中液舱内流体晃荡作用力矩时间历程线出现了明显的脉冲特征。同样由于这个原因,在图 6.46(a)和图 6.47(a)中,当 $\omega\sqrt{L/g}=3.25$ 时,船舶的无因次运动振幅与

第6章 船舶运动与其液舱内流体晃荡的耦合分析

液舱晃荡的无因次流体作用力矩在入射波幅不同时出现非单调的改变。

(a) $A=0.0125$ m   (b) $A=0.0250$ m   (c) $A=0.0500$ m

图 6.53 装载工况为(20%，20%)时，$\omega\sqrt{L/g}=3.25$ 不同入射波幅时船舶运动及液舱内流体晃荡形态

下面对装载工况为(30%，30%)时不同入射波幅作用时液舱内自由水面运动形态进行研究，仍先考虑船舶自振频率附近，即 $\omega\sqrt{L/g}=2.25$ 时的情况，如图 6.54 所示。可以看出，三种入射波幅所对应的液舱内流体晃荡呈现出完全不同的三种形态，当 $A=0.0125$ m 时，由于激励较弱，液舱内流体自由水面基本呈线性运动状态；当 $A=0.0250$ m 时，自由水面运动非线性效应增强，并呈现出典型的浅装载水深时的多模态特征，即在液舱内形成多个推进波往复运动，但是，这时的自由水面仍保持良好的连续性，并没有发生破碎现象；当 $A=0.0500$ m 时，流体运动发生剧烈的波浪破碎现象，破碎后的自由水面形成一个推进波在液舱内运动，并在另一侧壁附近形成水跃，从而再次产生破碎运动。由于三种入射波幅形成了不同的流体晃荡形态，因此导致图 6.50 和图 6.51 中 $\omega\sqrt{L/g}=2.25$ 时船舶的无因次运动振幅与液舱晃荡的无因次流体作用力矩在不同入射波幅时出现非单调改变。相比于(20%，20%)的装载工况，由于装载水深增大，水跃发生时自由水面位置上提，处于液舱下斜面与液舱垂向侧壁的交线附近，然而，其破碎形态仍表现为经下斜面斜向作用于液舱垂向侧壁，并在重力作用下随之向远离液舱侧壁方向翻卷的形态。因此，它仍不会对液舱侧壁产生较大的冲击，因此图 6.51(a)中液舱内流体晃荡作用力矩时间历程线没有出现剧烈的脉冲特征。不过，相比于(20%，20%)的装载工况，图 6.51(a)中 $A=0.0250$ m 时作用力矩时间历程线在峰值处偶尔出现了很小的脉冲，这是由于水跃发生时自由水面位置上提一些，故此时流体对液舱侧壁的冲击相对较弱一些。

(a) $A=0.0125$ m   (b) $A=0.0250$ m   (c) $A=0.0500$ m

图 6.54 装载工况为(30%，30%)时，$\omega\sqrt{L/g}=2.25$ 不同入射波幅时船舶运动及液舱内流体晃荡形态

进一步考虑液舱晃荡共振频率附近，即 $\omega\sqrt{L/g}=3.50$ 时不同入射波幅对 (30%，30%)装载的液舱内自由水面运动形态的影响，如图 6.55 所示。与 (20%，20%)装载时对应的情况一致，当 $A=0.0125$ m 时，自由水面运动并未出现明显的共振响应；当 $A=0.0250$ m 时，自由水面共振运动增强；当 $A=0.0500$ m 时，自由水面运动出现强烈的共振响应。然而，与(20%，20%)装载时不同，此时 $A=0.0250$ m 条件下自由水面并未发生破碎，这是由于装载水深增大后，流体晃荡的非线性减弱。对于自由水面破碎形态，同样，此时的水跃发生在液舱下斜面与液舱垂向侧壁的交线附近，其所导致的自由水面破碎对液舱侧壁产生强烈的冲击，并进而沿侧壁对液舱上斜面发生冲击。上述物理现象同样也导致了在图 6.46(b)和图 6.47(b)中该频率所对应的船舶的无因次运动振幅与液舱晃荡的无因次流体作用力矩在入射波幅不同时出现非单调的改变，以及图 6.51(b)中液舱内流体晃荡作用力矩时间历程线出现了明显的脉冲特征。需要注意的是，$A=0.0250$ m 时自由水面并未破碎，但其流体晃荡作用力矩仍出现了脉冲现象。

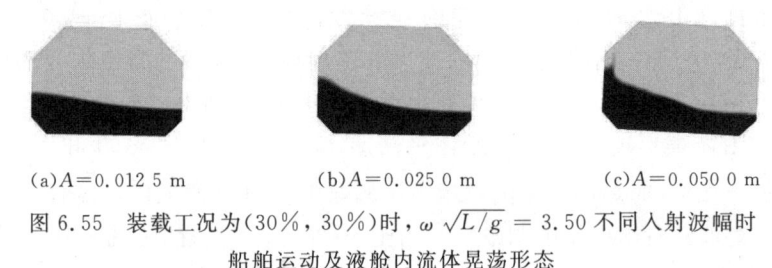

(a) $A=0.0125$ m　　　(b) $A=0.0250$ m　　　(c) $A=0.0500$ m

图 6.55　装载工况为(30%，30%)时，$\omega\sqrt{L/g}=3.50$ 不同入射波幅时船舶运动及液舱内流体晃荡形态

6.5.4　前后液舱装载水深不同时装载水深对船舶整体运动响应的影响

下面研究装载工况为(57.5%，43.3%)和(82.6%，23.5%)的情况，图 6.56 为波浪 90°入射时不同工况下船舶横摇运动的无因次振幅随频率的变化。可以看出，本书耦合模型所计算的船舶运动响应结果与实验及其他数值结果符合良好，证明了本书方法的正确性。其中，实验结果及不同数值结果之间的差异可能是转动惯量选取不同的原因。另外，对于装载工况为(82.6%，23.5%)的情况，由于前液舱装载水位已经进入液舱的上斜面，即静水面与物体固壁为非垂直相交，此时 Nam 等[44]的数值模型无法对其进行模拟，而本书模型则可以对其进行准确的预测。

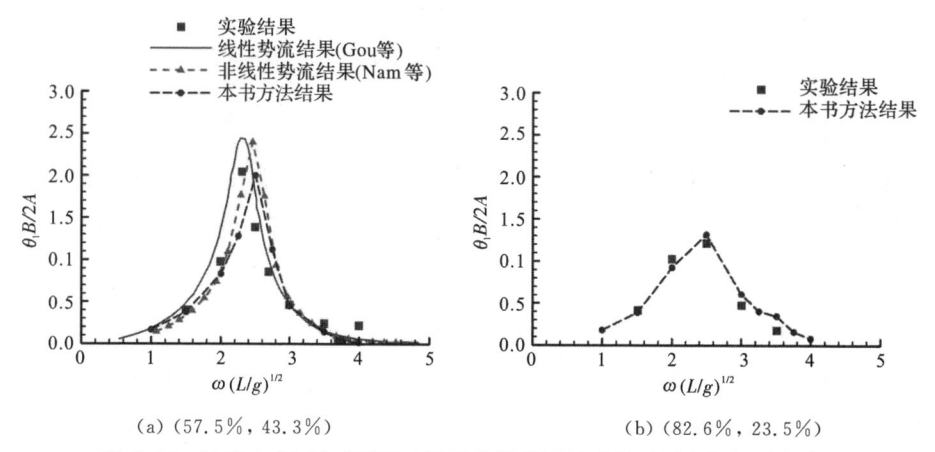

第6章 船舶运动与其液舱内流体晃荡的耦合分析

图 6.56 波浪 90°入射时不同工况下船舶横摇运动的无因次振幅随频率的变化

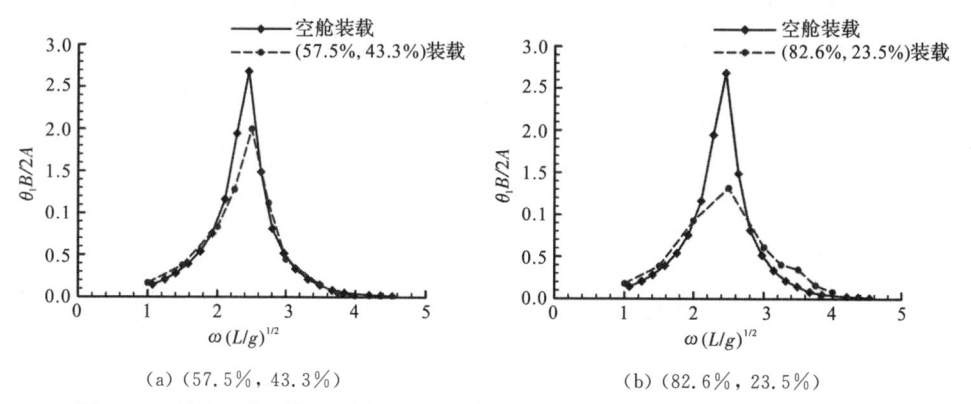

图 6.57 波浪 90°入射时不同工况下液舱内流体晃荡对船舶横摇运动振幅的影响

进一步将本书计算结果与空舱装载情况进行对比，当装载工况为(57.5%，43.3%)时，如图 6.57(a)所示，与空载时相比，其船舶运动振幅与相应共振频率基本没有发生改变，这主要是因为装载水深较深，液舱内流体晃荡作用不明显。而装载工况为(82.6%，23.5%)时，如图 6.57(b)所示，虽然船舶前液舱装载水深很深，但由于后液舱装载水深较浅，液舱内流体晃荡剧烈，因此其对船舶运动的影响增大，故仍然导致船舶共振频率附近船舶运动振幅显著减小。当然，相比于上一节装载工况为(20%，20%)和(30%，30%)时，图6.57(b)中流体晃荡的耦合影响显著减弱。

6.5.5 前后液舱装载水深不同时入射波幅对船舶整体运动响应的影响

进一步考虑装载工况为(57.5%,43.3%)和(82.6%,23.5%)两种情况下,入射波幅对船舶整体运动响应的影响,如图 6.58 所示。对于装载工况为(57.5%,43.3%)的情况,总体上讲,由于装载水深较深,液舱内流体晃荡的非线性效应较小,因此入射波幅对船舶的无因次运动振幅影响不大。对于装载工况为(82.6%,23.5%)的情况,当 $A=0.0125$ m 时,即非线性较小时,船舶的无因次运动振幅与其他两种情况有较大的不同,而非线性较大时的两种工况,即 $A=0.0250$ m 和 $A=0.0500$ m 时,船舶的无因次运动振幅基本相等。

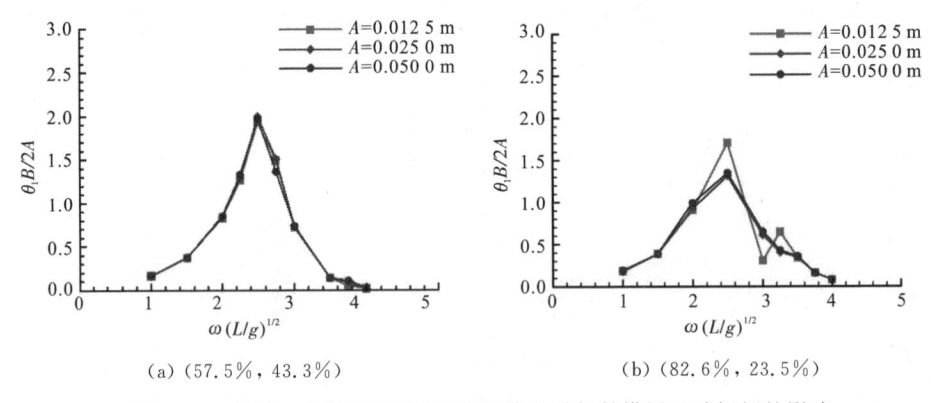

(a) (57.5%,43.3%)

(b) (82.6%,23.5%)

图 6.58 波浪 90°入射时不同工况下波幅对船舶横摇运动振幅的影响

下面对比液舱内流体晃荡作用力矩无因次均方根随入射波幅的变化,如图 6.59 所示,对于装载工况为(57.5%,43.3%)的情况,与运动振幅情况相同,入射波幅对液舱内流体晃荡作用力矩无因次均方根影响不大,这同样是由于装载水深较深,液舱内流体晃荡的非线性效应较小。但是,当装载工况为(82.6%,23.5%)时,流体晃荡作用力矩无因次均方根随入射波幅的增加显著减小,与船舶运动振幅不同,$A=0.0250$ m 和 $A=0.0500$ m 两种情况下,无因次波浪力矩也有较大差异。

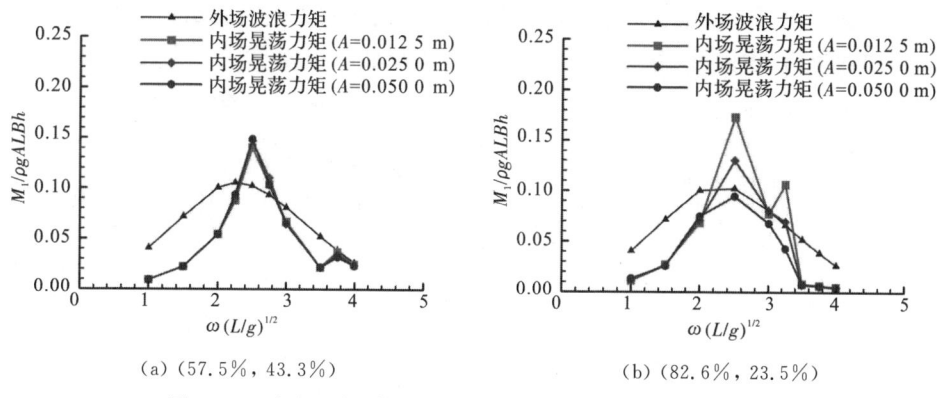

第 6 章 船舶运动与其液舱内流体晃荡的耦合分析

(a)（57.5％，43.3％）　　　　(b)（82.6％，23.5％）

图 6.59　波浪 90°入射时不同工况下波幅对液舱内流体晃荡作
用力矩无因次均方根随入射波幅的变化

对不同装载工况下前后液舱各自所受到的流体晃荡作用力矩进行对比。首先是装载工况为(57.5％，43.3％)的情况，如图 6.60 所示，由于前后液舱装载水深均较深，且相互间差别不大，故前后液舱内流体晃荡作用力矩无因次均方根随入射波幅均影响较小，两个液舱作用力矩大体上也较为接近。但是，前液舱和后液舱分别在 $\omega\sqrt{L/g}=4.00$ 和 $\omega\sqrt{L/g}=3.50$ 时波浪力矩出现一个峰值，该峰值分别对应其各自的流体晃荡自振频率。由此可以看出，当前后液舱装载水深不同时，应该对两个液舱内流体晃荡自振频率进行研究。

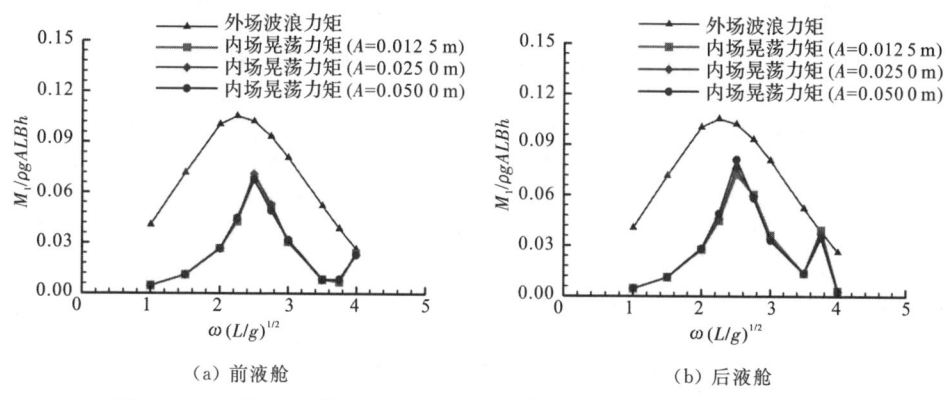

(a) 前液舱　　　　(b) 后液舱

图 6.60　波浪 90°入射时(57.5％，43.3％)装载工况下波幅对各舱内流体
晃荡作用力矩无因次均方根随入射波幅的变化

进而选取装载工况为(57.5％，43.3％)时不同液舱内流体晃荡作用力矩的时间历程线进行研究，首先考虑入射波浪频率接近船舶运动共振频率，即 $\omega\sqrt{L/g}=2.50$ 的情况，如图 6.61 所示，尽管此时液舱晃荡振幅较大，但由于

装载水深较深，流体晃荡非线性运动较弱，因此其作用力矩时间历程线基本呈正弦运动特征，且不同液舱内流体晃荡作用力矩相位基本相同。

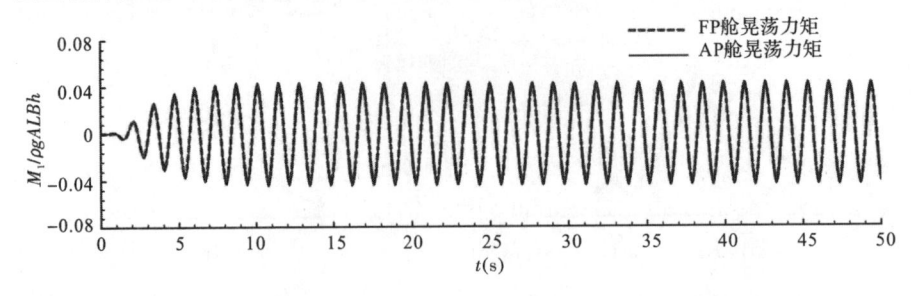

(a) $A=0.0125$ m

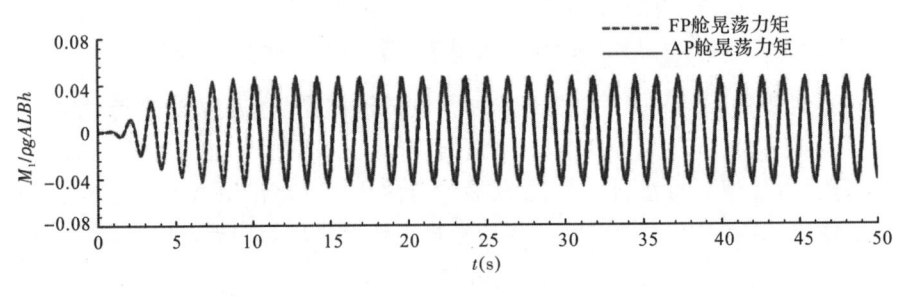

(b) $A=0.0250$ m

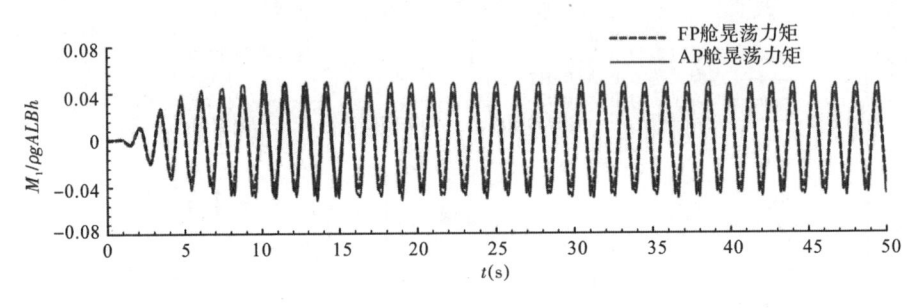

(c) $A=0.0500$ m

图 6.61　装载工况为 (57.5%，43.3%) 时，$\omega\sqrt{L/g}=2.50$ 不同液舱内流体晃荡作用力矩时间历程线对比

对于入射波浪频率接近液舱内流体晃荡共振频率，不失一般性，选取后液舱流体晃荡自振频率附近，即 $\omega\sqrt{L/g}=3.75$ 的情况进行研究，如图 6.62 所示，可以看出，虽然此时液舱晃荡振幅较小，但由于外部激励接近后液舱内流体晃荡共振频率，故后液舱所受到的流体晃荡作用力矩显著增大，且在 $A=0.0500$ m 时出现脉冲特征。另外，不同液舱内流体晃荡作用力矩相位出现明显的不同。

第6章 船舶运动与其液舱内流体晃荡的耦合分析

(a) $A=0.0125$ m

(b) $A=0.0250$ m

(c) $A=0.0500$ m

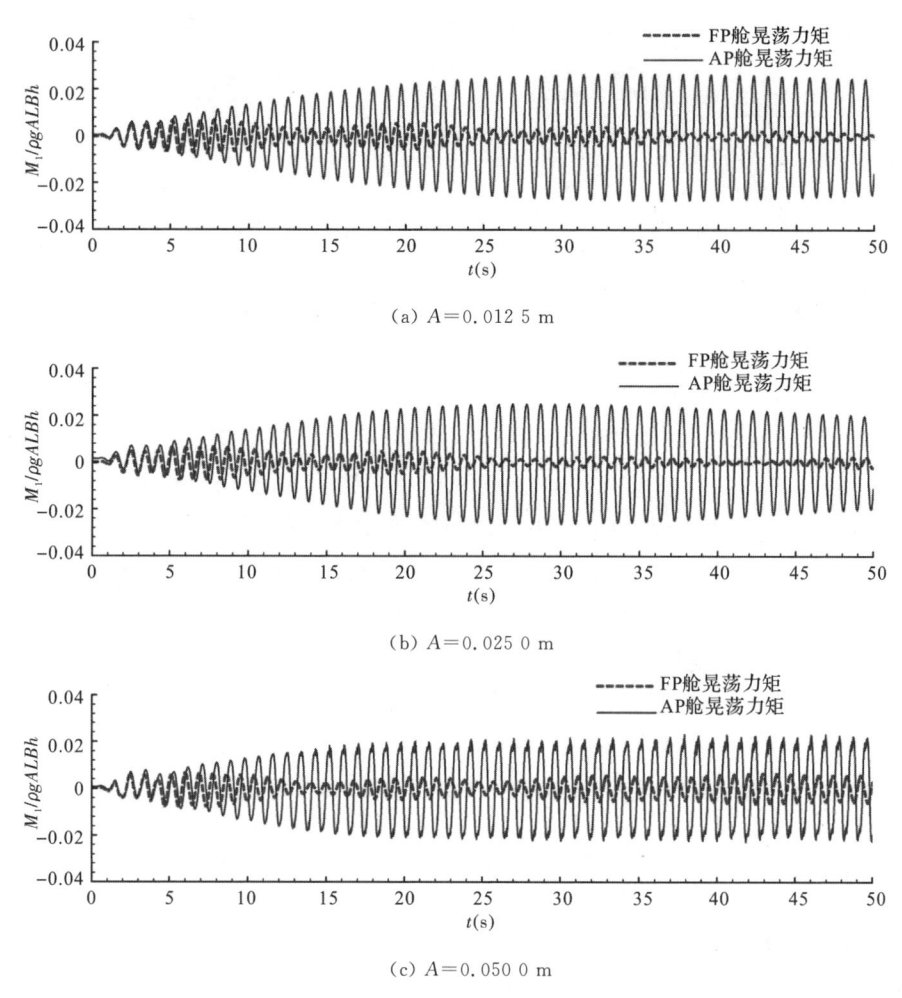

图 6.62 装载工况为 (57.5%, 43.3%) 时，$\omega\sqrt{L/g}=3.75$ 不同液舱内流体晃荡作用力矩时间历程线对比

对于装载工况为 (82.6%, 23.5%) 的情况，如图 6.63 所示，由于前液舱装载水深较深，因此入射波幅对其舱内流体晃荡无因次作用力矩均方根影响较小，尤其是 $A=0.0250$ m 和 $A=0.0500$ m 两种情况下，无因次作用力矩均方根基本不变。而后液舱则由于装载水深较浅，流体晃荡非线性较强，无因次作用力矩均方根随入射波幅的变化发生显著改变。对比前后液舱内流体晃荡作用力矩，可以发现，在共振频率附近，后液舱所受到的流体晃荡作用力矩显著大于前液舱所受到的流体晃荡作用力矩，即液舱内流体晃荡的作用力矩主要由装载水深较浅的液舱提供。

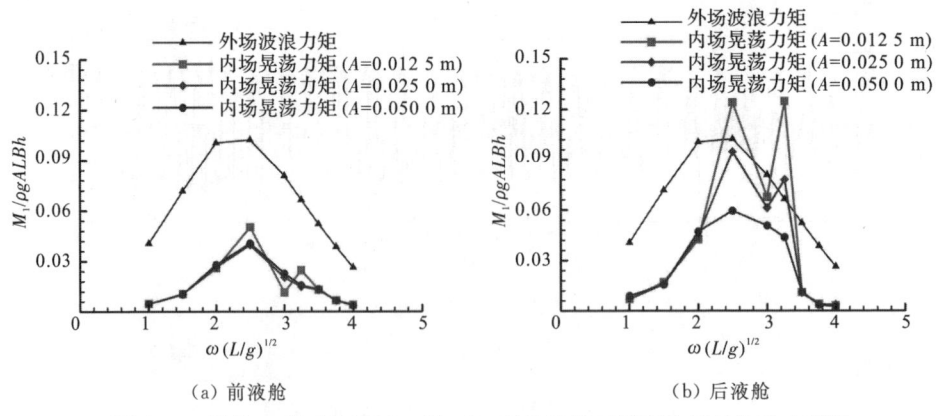

图6.63 波浪90°入射时(82.6%,23.5%)装载工况下波幅对各舱内部流体晃荡无因次作用力矩均方根随频率的变化

同样,选取装载工况为(82.6%,23.5%)时不同液舱内流体晃荡作用力矩时间历程线进行研究,仍首先考虑入射波浪频率接近船舶运动共振频率,即 $\omega\sqrt{L/g}=2.50$ 的情况,如图6.64所示,由于前液舱装载水深较深,流体晃荡作用力矩时间历程线基本呈正弦运动特征,而由于后液舱装载水深较浅,流体运动非线性作用较强,故流体晃荡作用力矩时间历程线出现脉冲特征。但是,由于此时外部激励频率远离共振频率,因此不同液舱内流体晃荡作用力矩相位基本相同。

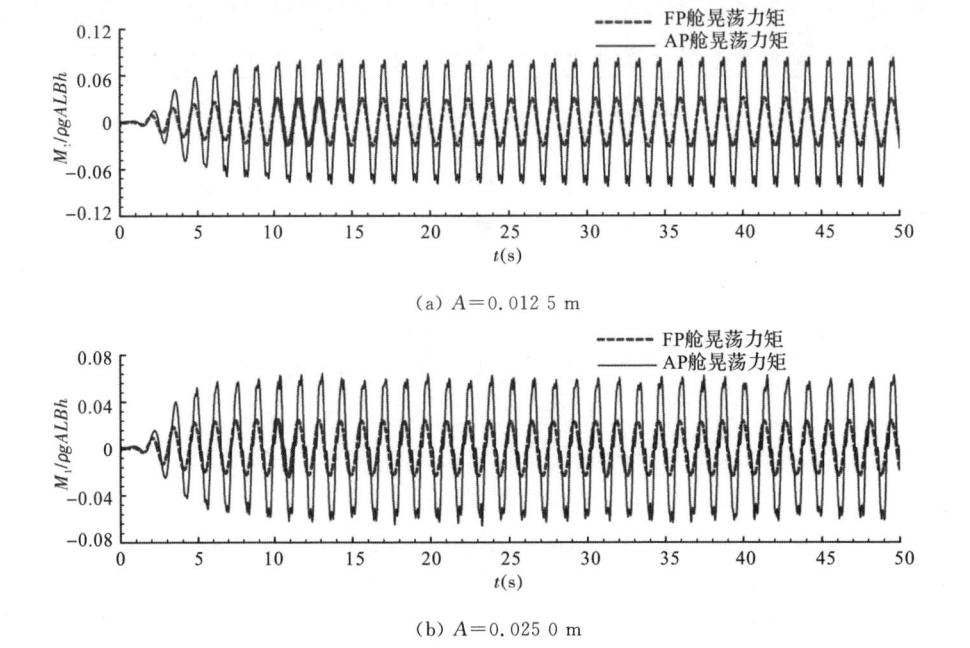

(a) $A=0.0125$ m

(b) $A=0.0250$ m

(c) $A=0.0500$ m

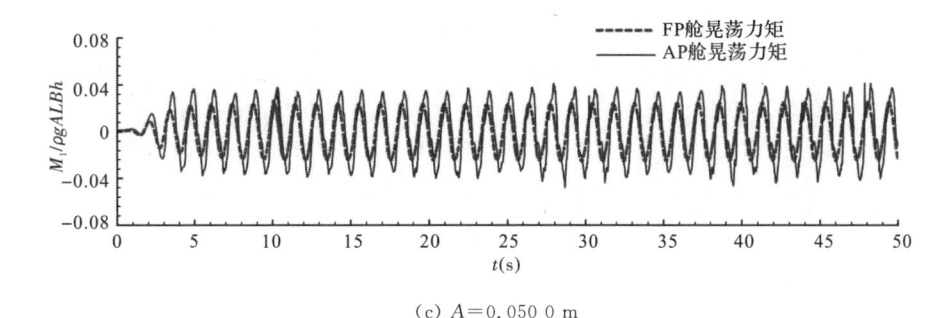

图 6.64 装载工况为 (82.6%, 23.5%) 时，$\omega\sqrt{L/g}=2.50$ 不同液舱内流体晃荡作用力矩时间历程线对比

进一步研究入射波浪频率接近后液舱流体晃荡共振频率的情况，同样只选取后液舱自振频率附近，即 $\omega\sqrt{L/g}=3.25$ 的情况，如图 6.65 所示，可以看出，由于后液舱内流体晃荡发生共振运动，因此其作用力矩出现了明显的脉冲特征，且前后液舱内流体晃荡作用力矩相位出现了明显的不同。

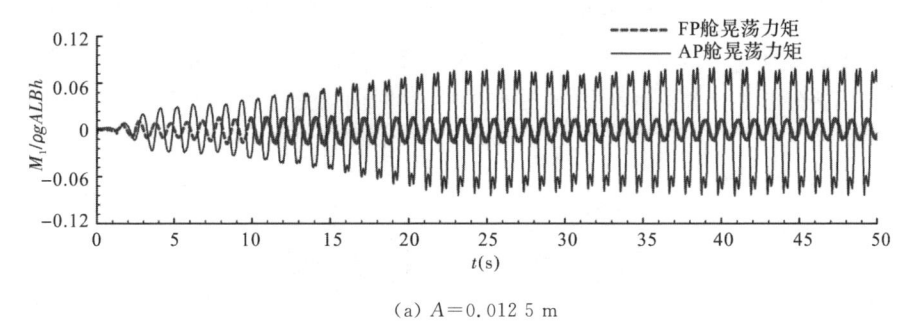

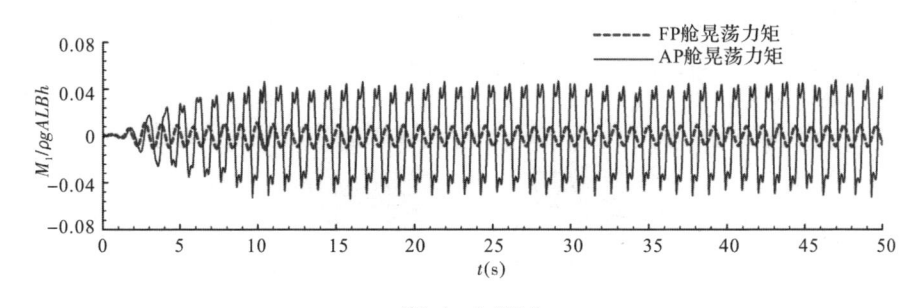

(a) $A=0.0125$ m

(b) $A=0.0250$ m

(c) $A=0.0500$ m

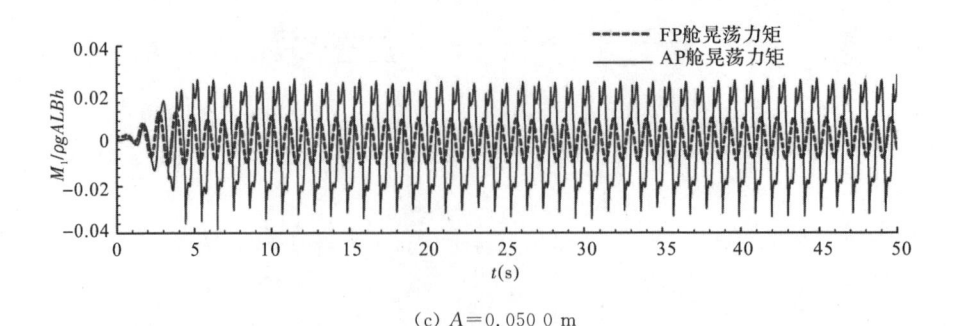

图 6.65　装载工况为(82.6%,23.5%)时,$\omega\sqrt{L/g}=3.25$ 不同液舱
内流体晃荡作用力矩时间历程线对比

进一步给出两种装载工况下前后液舱晃荡自由水面运动形态的对比,首先研究装载工况为(57.5%,43.3%)的情况,由于本节的目的在于研究不同装载情况下前后液舱水动力特征的相关性,因此只给出 $A=0.0500$ m 时的情况,如图 6.66 和图 6.67 所示,可以看出,当入射波浪频率 $\omega\sqrt{L/g}=2.50$ 时,虽然由于船舶运动振幅较大,液舱内自由水面形态出现了较大差异,但是其相位基本相同。对于 $\omega\sqrt{L/g}=3.75$ 的情况,由于入射波浪频率接近后液舱流体晃荡共振频率,故后液舱自由水面运动更加剧烈,并且此时前后液舱自由水面运动出现了较大的相位差。

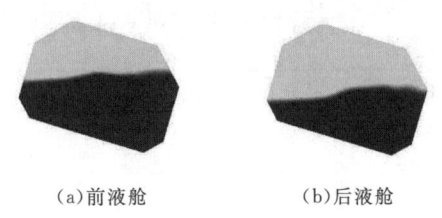

(a)前液舱　　　　(b)后液舱

图 6.66　装载工况为(57.5%,43.3%)时,$\omega\sqrt{L/g}=2.50$ 且
$A=0.0500$ m 时船舶运动及液舱内流体晃荡形态

(a)前液舱　　　　(b)后液舱

图 6.67　装载工况为(57.5%,43.3%)时,$\omega\sqrt{L/g}=3.75$ 且
$A=0.0500$ m 时船舶运动及液舱内流体晃荡形态

最后研究装载工况为(82.6%,23.5%)的情况,仍只考虑最大入射波幅,即 $A=0.0500$ m 时的情况,如图 6.68 和图 6.69 所示,入射波浪频率分别为

$\omega\sqrt{L/g}=2.50$ 和 $\omega\sqrt{L/g}=3.25$ 时前后液舱晃荡自由水面运动形态的对比。可以看出，由于前液舱装载水深较深，自由水面运动较弱，基本没有运动的波面。而由于后液舱装载水深较浅，流体运动发生剧烈的自由水面破碎现象。当 $\omega\sqrt{L/g}=2.50$ 时，该现象产生船舶运动大振幅运动，当 $\omega\sqrt{L/g}=3.25$ 时，该现象则产生于外部激励频率接近自由水面晃荡的共振频率。与装载工况为 (57.5%，43.3%) 的情况相同，在入射波浪频率接近船舶运动自振频率情况下，前后液舱自由水面运动相位基本相同。在入射波浪频率接近流体晃荡自振频率情况下，前后液舱自由水面运动出现了明显的相位差。

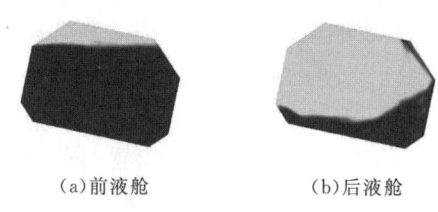

(a) 前液舱　　(b) 后液舱

图 6.68　装载工况为 (82.6%，23.5%) 时，$\omega\sqrt{L/g}=2.50$ 不同入射波幅时船舶运动及液舱内流体晃荡形态

(a) 前液舱　　(b) 后液舱

图 6.69　装载工况为 (82.6%，23.5%) 时，$\omega\sqrt{L/g}=3.25$ 不同入射波幅时船舶运动及液舱内流体晃荡形态

6.5.6　液舱内流体晃荡的局部冲击力

由前文的数值分析可知，当波浪沿 180°方向入射时，液舱内流体晃荡运动有限，其产生的流体作用力矩很小，不会成为控制条件，因此，这里只需对波浪沿 90°方向入射的情况进行研究。由于装载水深较浅时流体晃荡较为剧烈，故选取装载工况为 (20%，20%) 和 (30%，30%) 两种情况下后液舱中各特征点的压强进行研究。

首先给出液舱内点压力盒的布置情况，以装载工况为 (30%，30%) 时为例，如图 6.70 所示，共布置三组压力测点，每组三个，分别位于液舱横摇方向的中间与侧棱处。其中，第一组 (P_{1i}) 布置在静水面处，即当装载水深不同时它将随之改变位置，其他两组测点均位于横棱上，不同装载水深时其位置保持不变。

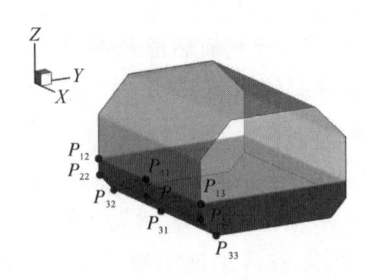

图 6.70 液舱内点压力盒布置

首先研究装载工况为(20%,20%)的情况,与分析波浪总作用力矩时间历程线的方法相同,选取入射波浪频率 $\omega\sqrt{L/g}=2.00$,即船舶运动共振频率附近的情况进行研究。如图 6.71~图 6.73 所示,尽管前面的数值分析表明此时对应的液舱运动振幅较大,且自由水面运动剧烈,但各特征点的压强时间历程线并未出现明显的脉冲特征,布置在同一高度位置(同一组)处的点压力盒,如 P_{11}、P_{12} 和 P_{13} 三点,其所测得的压强时间历程线相互之间也没有较大的差异。由此可以看出,当入射波浪频率接近船舶共振频率时,虽然这时船舶运动振幅较大,但由于远离液舱内自由水面晃荡自振频率,流体运动速度较小,因此不会对液舱侧壁产生较大的局部冲击作用。另外,对比压强时间历程线与液舱内流体自由水面运动形态也可以看出,前述入射波浪频率接近物体运动共振频率时,液舱内流体运动的水跃及自由水面破碎运动状态,也不会使流体对液舱侧壁产生较大的局部冲击作用。

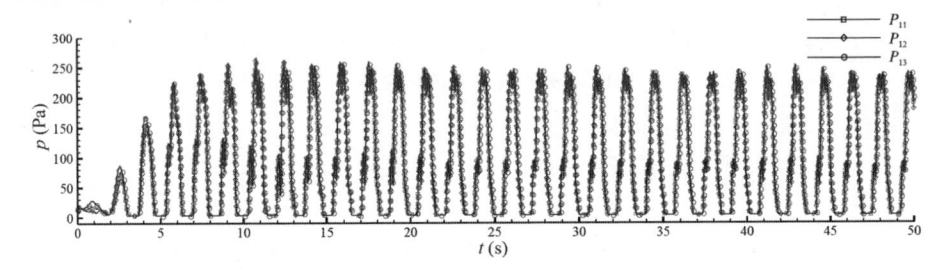

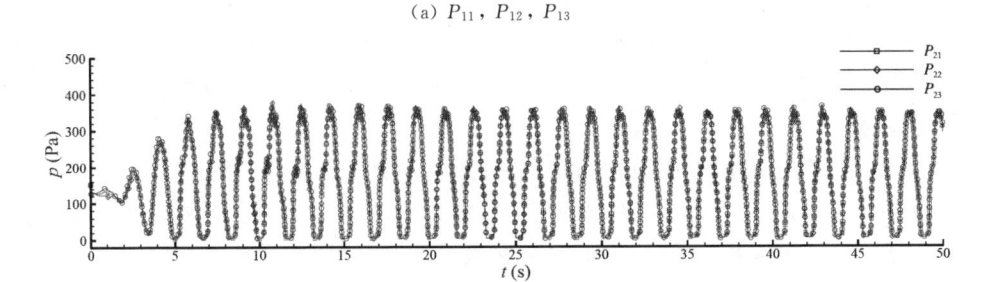

(a) P_{11}, P_{12}, P_{13}

(b) P_{21}, P_{22}, P_{23}

(c) P_{31}, P_{32}, P_{33}

图 6.71 装载工况为(20%, 20%)时, $\omega\sqrt{L/g} = 2.00$ 且 $A=0.0125$ m时,不同测点处压强随时间的变化曲线

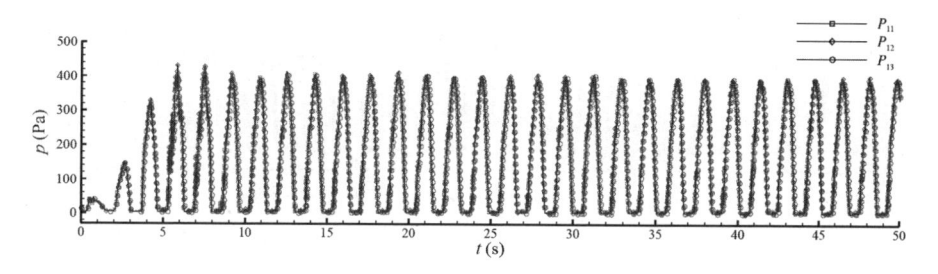

(a) P_{11}, P_{12}, P_{13}

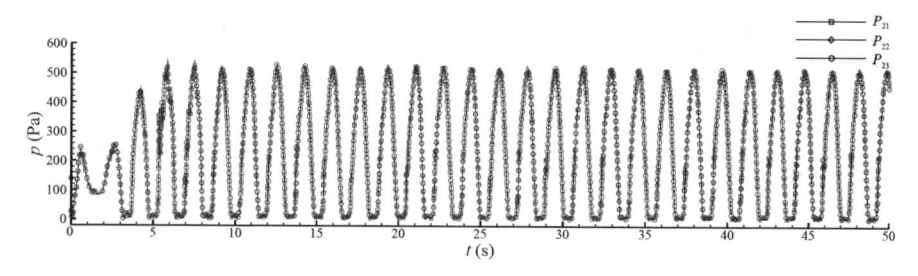

(b) P_{21}, P_{22}, P_{23}

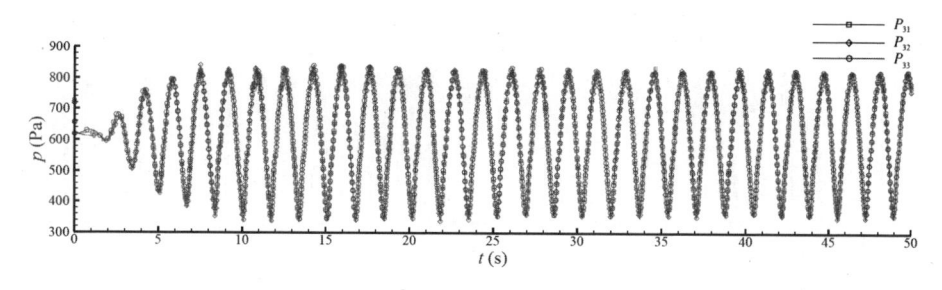

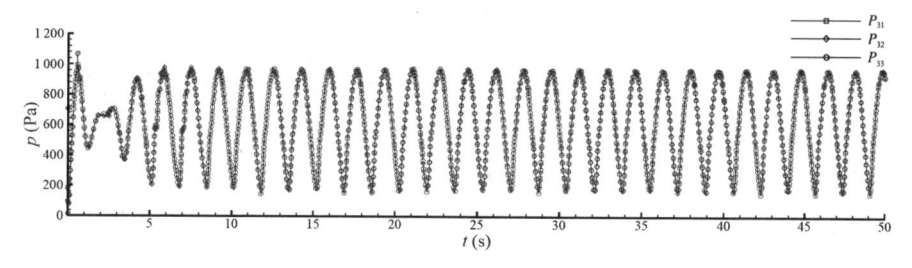

(c) P_{31}, P_{32}, P_{33}

图 6.72 装载工况为(20%, 20%)时, $\omega\sqrt{L/g} = 2.00$ 且 $A=0.0250$ m时,不同测点处压强随时间的变化曲线

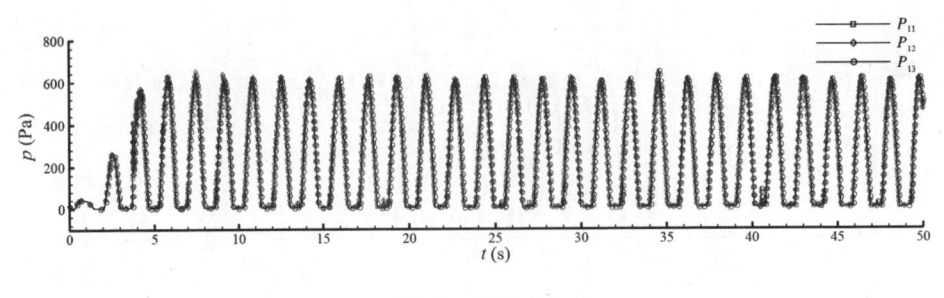

(a) P_{11}, P_{12}, P_{13}

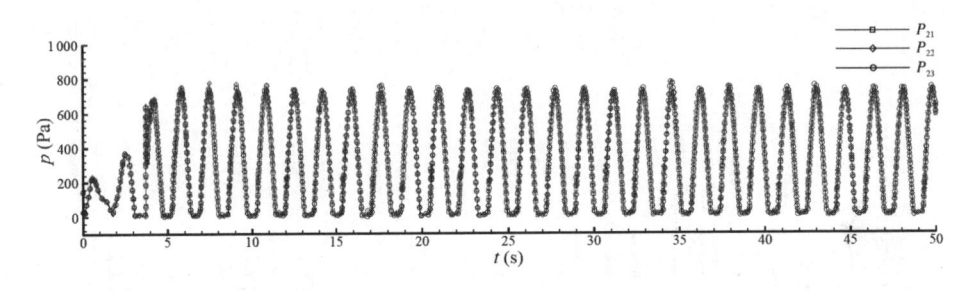

(b) P_{21}, P_{22}, P_{23}

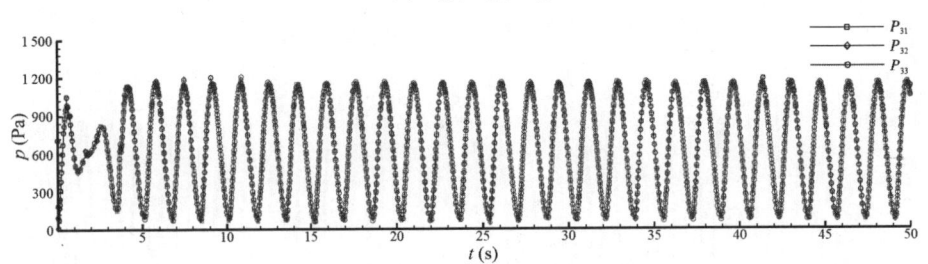

(c) P_{31}, P_{32}, P_{33}

图 6.73 装载工况为(20%, 20%)时, $\omega\sqrt{L/g} = 2.00$ 且
$A = 0.0500$ m 时,不同测点处压强随时间的变化曲线

进一步研究装载工况为(20%, 20%)时入射波浪频率接近流体晃荡共振频率,即 $\omega\sqrt{L/g} = 3.25$ 时的情况。由图 6.74~图 6.76 可以看出,当 $A = 0.0250$ m 时,由于自由水面共振运动强烈,三组测点的压强时间历程线均出现较明显的脉冲特征,但是,每组测点中的三个压力盒所测得的压强时间历程线并未出现明显的差异。当 $A = 0.0500$ m 时,由于流体运动出现强烈的共振响应特征,且水跃带来的自由水面破碎直接作用于液舱侧壁,导致三组测点的压强时间历程线均出现非常大的脉冲信号,且从各组测点中所测得的压强时间历程线

来看,不同点压力盒所测得的脉冲信号峰值均出现了明显的差异。对比 $\omega\sqrt{L/g} = 2.00$ 时的情况,可以看出,在 $A=0.0500$ m 的情况下,当入射波浪频率接近流体晃荡共振频率时,流体运动对液舱侧壁的局部冲击力更大,尤其是在静水面及下斜面与垂向侧壁的交线处,即 P_{1i} 和 P_{2i} 两组测点处,其压强脉冲信号均明显大于物体共振频率时的压强峰值。通过上述分析,我们可以认为,当入射波浪频率接近流体晃荡共振频率时,虽然船舶运动振幅较小,但由于自由水面共振运动剧烈,流体运动将会对液舱侧壁产生更大的局部冲击作用,也就是说,该情况将成为 LNG 船舶液舱局部冲击作用的控制工况。

(a) P_{11}, P_{12}, P_{13}

(b) P_{21}, P_{22}, P_{23}

(c) P_{31}, P_{32}, P_{33}

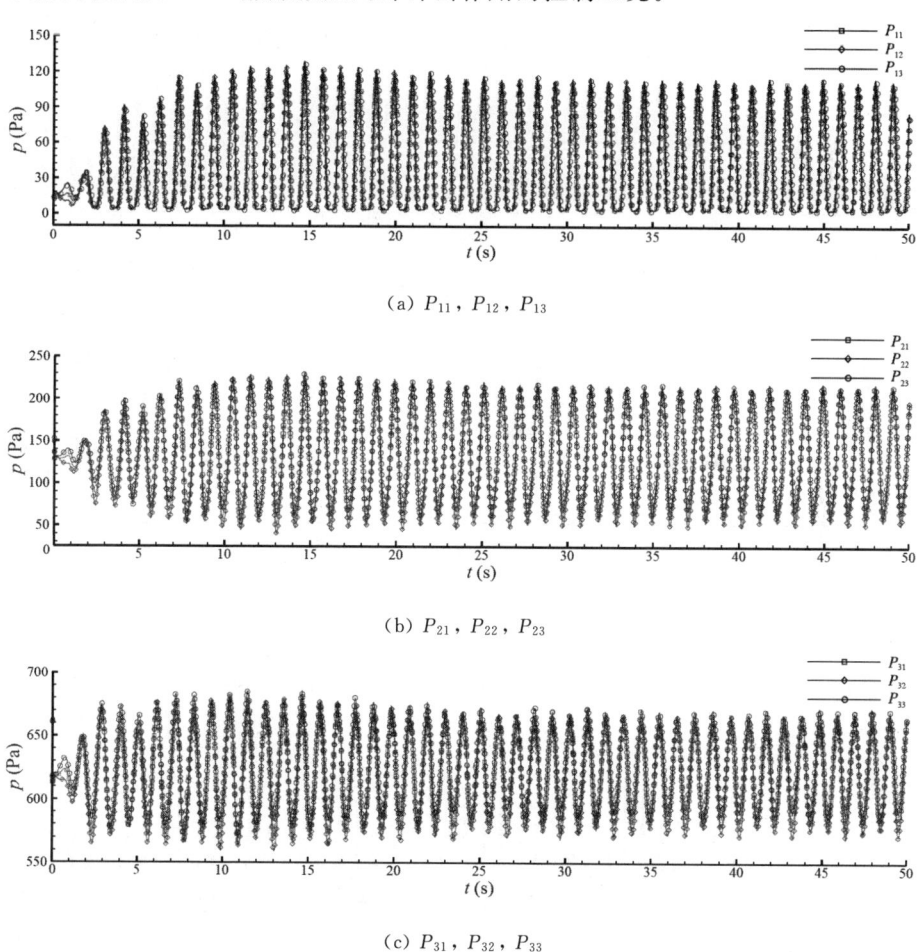

图 6.74 装载工况为(20%,20%)时,$\omega\sqrt{L/g} = 3.25$ 且 $A=0.0125$ m 时,不同测点处压强随时间的变化曲线

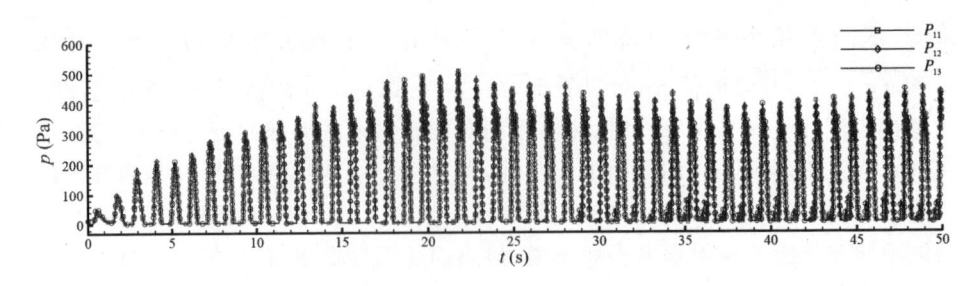

(a) P_{11}, P_{12}, P_{13}

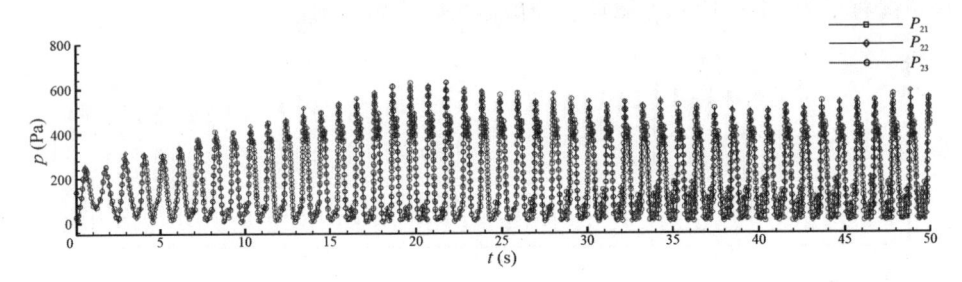

(b) P_{21}, P_{22}, P_{23}

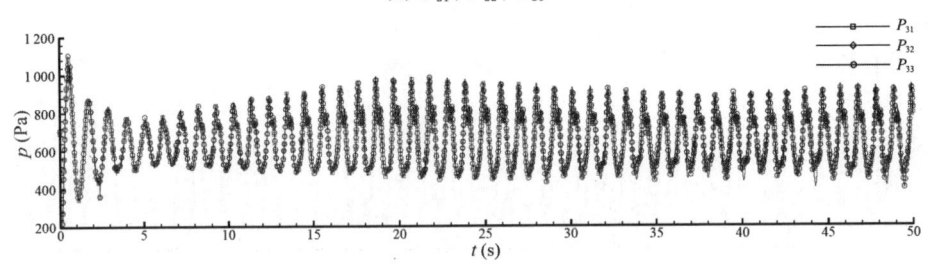

(c) P_{31}, P_{32}, P_{33}

图 6.75 装载工况为(20%,20%)时,$\omega\sqrt{L/g}=3.25$ 且 $A=0.025\ 0$ m 时,不同测点处压强随时间的变化曲线

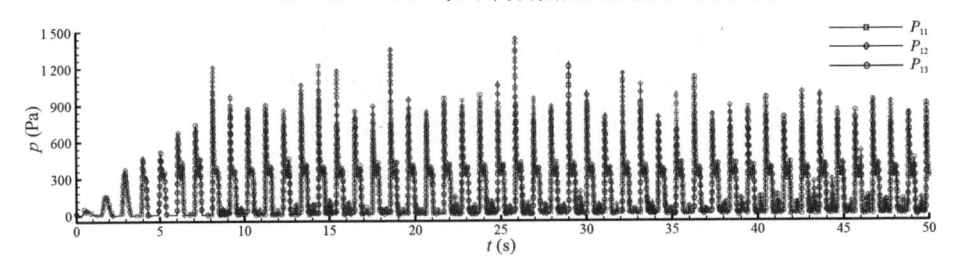

(a) P_{11}, P_{12}, P_{13}

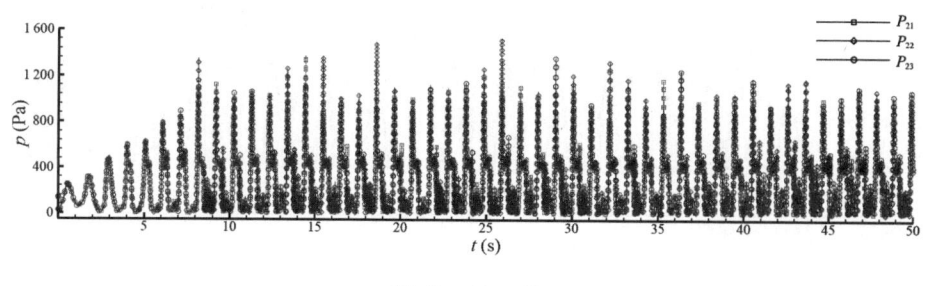

(b) P_{21}, P_{22}, P_{23}

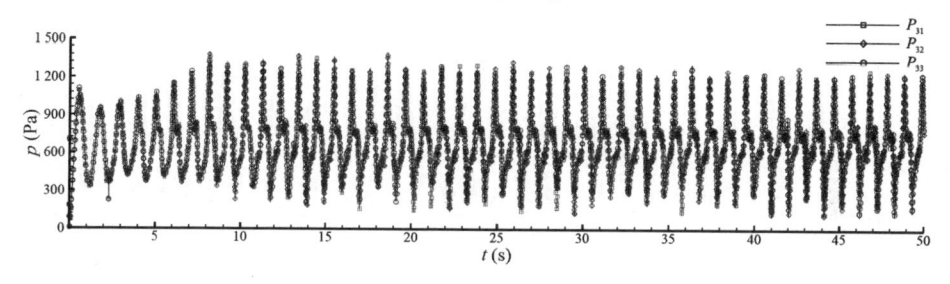

(c) P_{31}, P_{32}, P_{33}

图 6.76　装载工况为(20%，20%)时，$\omega\sqrt{L/g}=3.25$ 且 $A=0.0500$ m 时，不同测点处压强随时间的变化曲线

下面研究装载工况为(30%，30%)时入射波浪频率接近流体晃荡共振频率，即 $\omega\sqrt{L/g}=2.25$ 时的情况。如图 6.77～图 6.79 所示，与装载工况为 (20%，20%)时相同，各特征点的压强时间历程线并未出现明显的脉冲特征，同一组测点间压强时间历程线也没有较大的差异，即此时流体晃荡对液舱侧壁的局部冲击作用较弱。

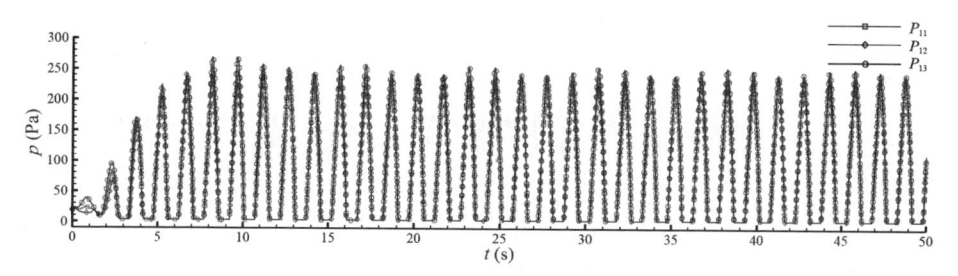

(a) P_{11}, P_{12}, P_{13}

(b) P_{21}, P_{22}, P_{23}

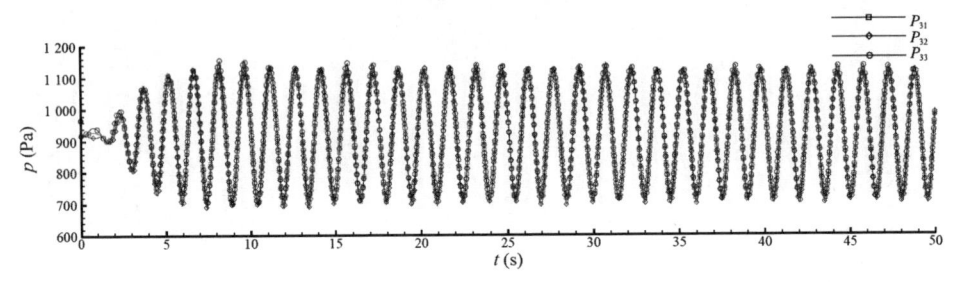

(c) P_{31}, P_{32}, P_{33}

图 6.77 装载工况为(30%,30%)时,$\omega\sqrt{L/g}=2.25$ 且 $A=0.0125$ m 时,不同测点处压强随时间的变化曲线

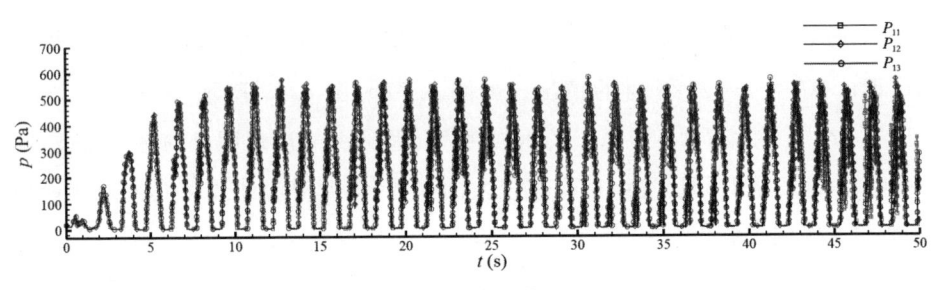

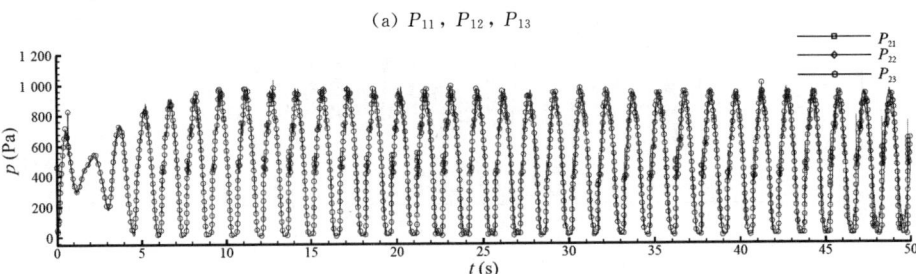

(a) P_{11}, P_{12}, P_{13}

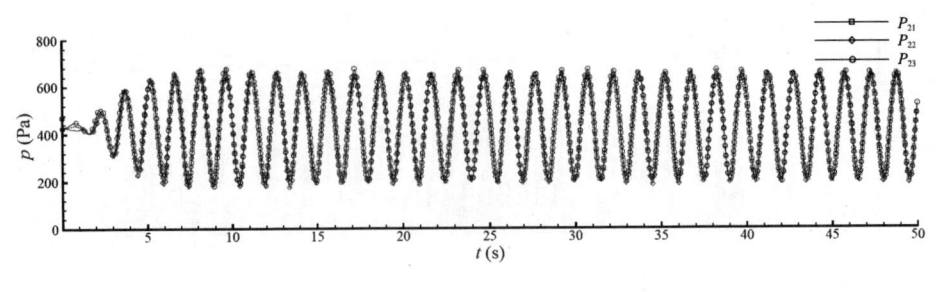

(b) P_{21}, P_{22}, P_{23}

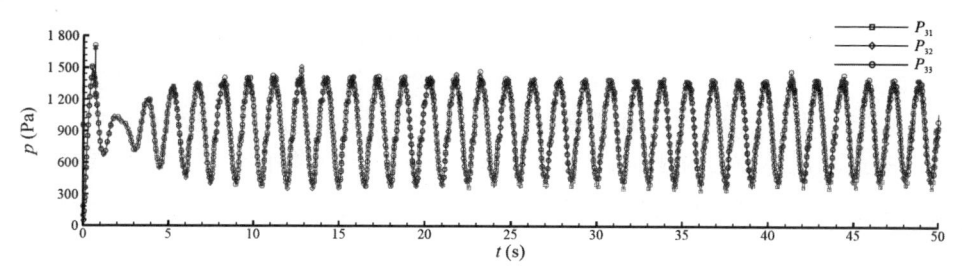

第 6 章　船舶运动与其液舱内流体晃荡的耦合分析

(c) P_{31}, P_{32}, P_{33}

图 6.78　装载工况为(30%, 30%)时，$\omega\sqrt{L/g} = 2.25$ 且 $A=0.025\,0$ m 时，不同测点处压强随时间的变化曲线

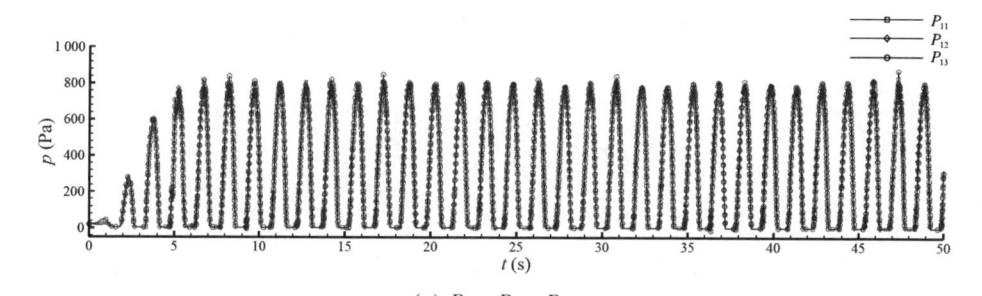

(a) P_{11}, P_{12}, P_{13}

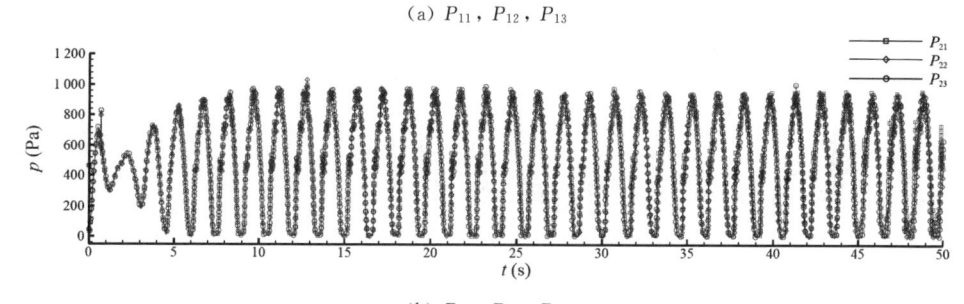

(b) P_{21}, P_{22}, P_{23}

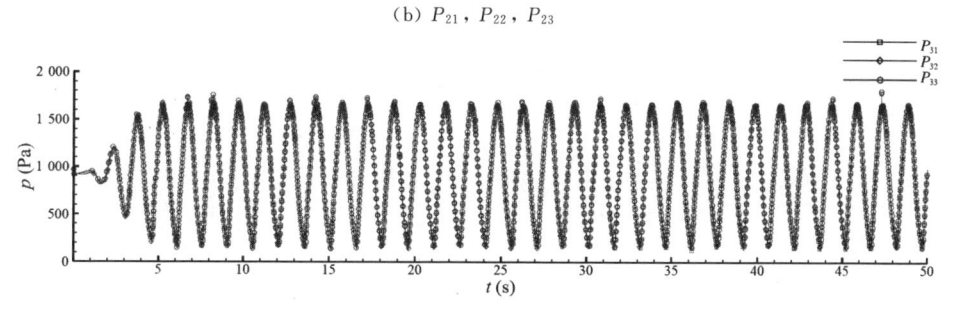

(c) P_{31}, P_{32}, P_{33}

图 6.79　装载工况为(30%, 30%)时，$\omega\sqrt{L/g} = 2.25$ 且 $A=0.050\,0$ m 时，不同测点处压强随时间的变化曲线

进一步研究装载工况为(30%，30%)时入射波浪频率接近流体晃荡共振频率,即 $\omega\sqrt{L/g} = 3.50$ 时的情况。如图 6.80～图 6.82 所示,同样,当 $A=0.0500$ m 时,由于流体运动出现强烈的共振响应特征,导致三组测点的压强时间历程线均出现较大的脉冲信号,且从各组测点中所测得的压强时间历程线来看,不同点压力盒所测得的脉冲信号峰值均出现了明显的差异。但是,相比于装载工况为(20%，20%)时,其压强脉冲较小,同组各压力测点的脉冲信号峰值差异也较小,且其静水面处压强脉冲值也小于装载工况为(20%，20%)的情况。另外,当 $A=0.0250$ m 时,装载工况为(30%，30%)时,压强时间历程线虽出现了脉冲,但是信号较弱,并不明显。这是由于此时液体装载较深,因而流体晃荡非线性影响相对较弱。

(a) P_{11}, P_{12}, P_{13}

(b) P_{21}, P_{22}, P_{23}

(c) P_{31}, P_{32}, P_{33}

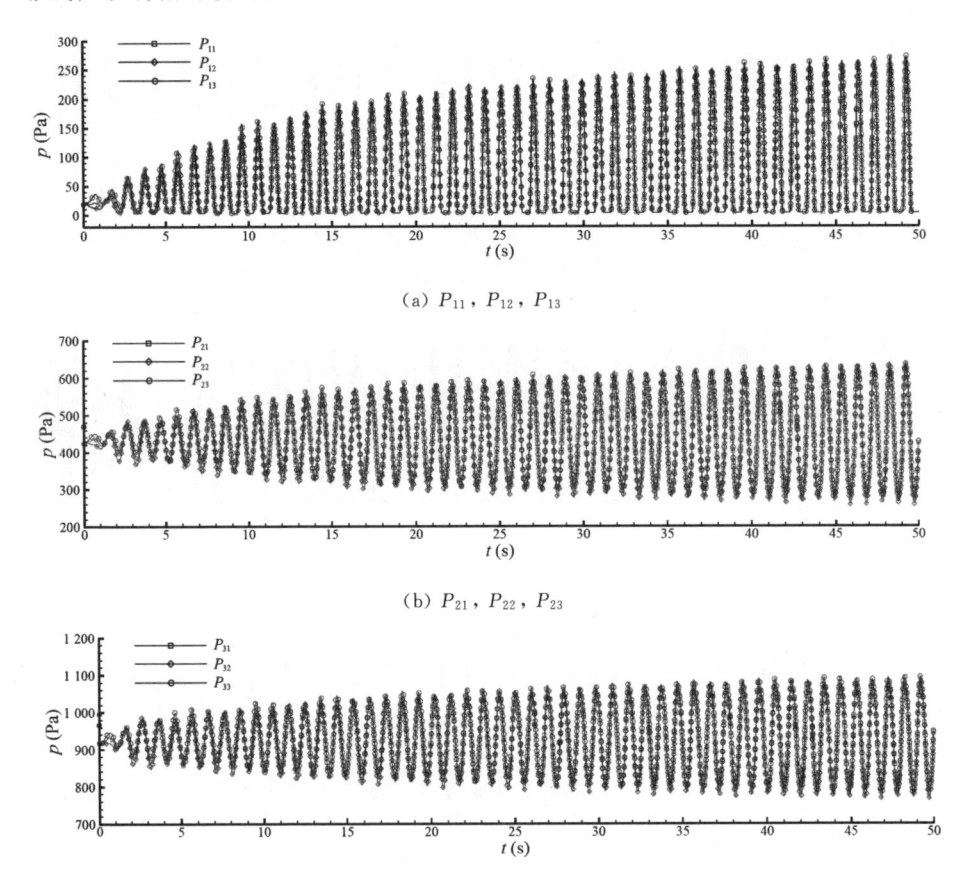

图 6.80　装载工况为(30%，30%)时,$\omega\sqrt{L/g}=3.50$ 且 $A=0.0125$ m 时,不同测点处压强随时间的变化曲线

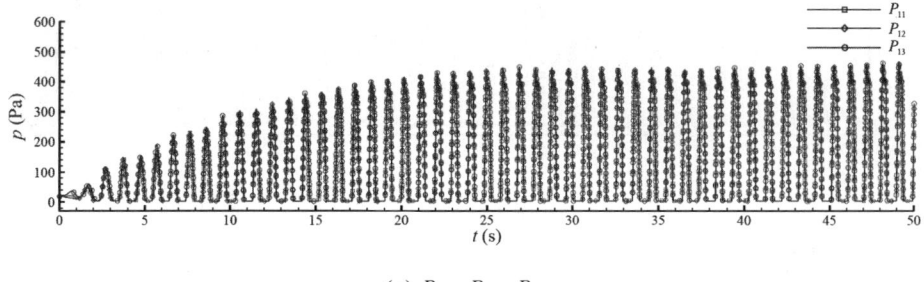

第 6 章　船舶运动与其液舱内流体晃荡的耦合分析

(a) P_{11}, P_{12}, P_{13}

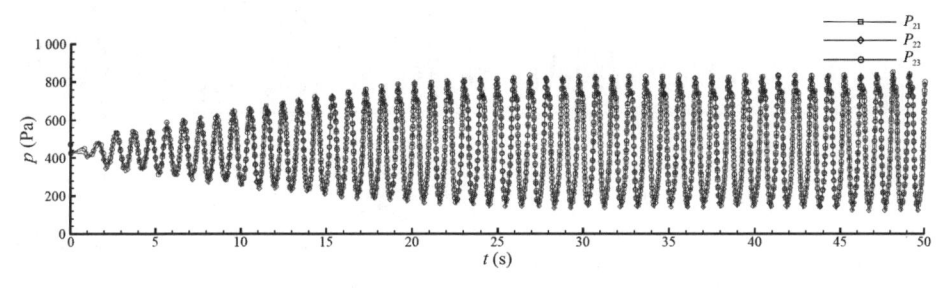

(b) P_{21}, P_{22}, P_{23}

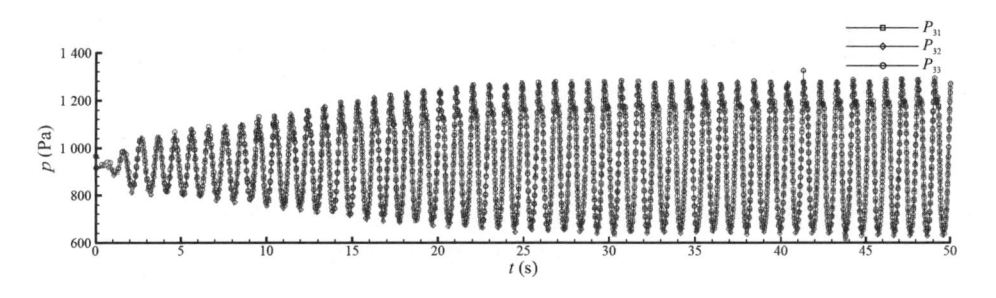

(c) P_{31}, P_{32}, P_{33}

图 6.81　装载工况为(30%, 30%)时, $\omega\sqrt{L/g} = 3.50$ 且 $A=0.025\,0$ m 时, 不同测点处压强随时间的变化曲线

(a) P_{11}, P_{12}, P_{13}

(b) P_{21}, P_{22}, P_{23}

(c) P_{31}, P_{32}, P_{33}

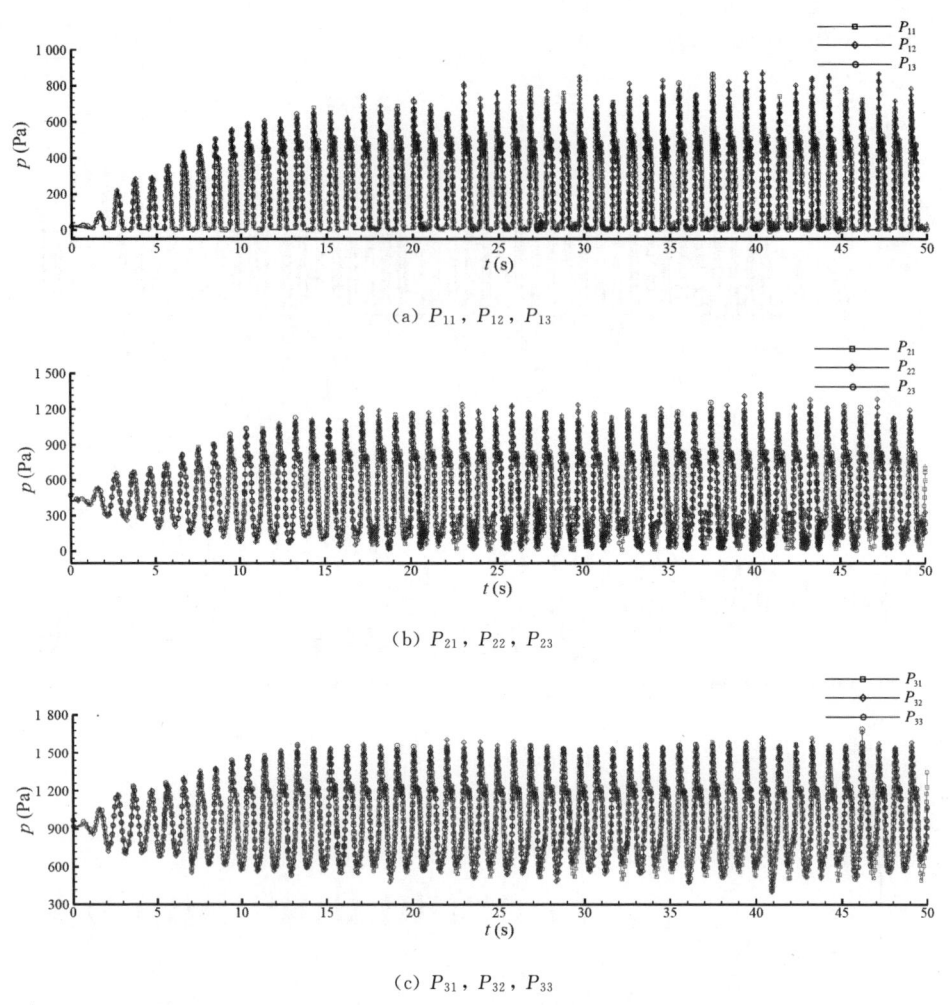

图 6.82 装载工况为(30%,30%)时,$\omega\sqrt{L/g}=3.50$ 且 $A=0.0500$ m 时,不同测点处压强随时间的变化曲线

6.5.7 不耦合分析时液舱内流体晃荡的局部冲击力对比

与前面的顺序相同,首先研究装载工况为(20%,20%)时的情况,如图 6.41 所示,选取入射波浪频率 $\omega\sqrt{L/g}=2.65$,即不耦合分析时船舶运动共振频率附近的情况进行研究。如图 6.83~图 6.85 所示,可以看出,由于船舶运动振幅较大,各测点的局部冲击力出现明显的脉冲特征,并具有极大的压力脉冲

值,与装载工况为(20%,20%)时的耦合分析计算结果相比,以 $A=0.0500$ m 为例,耦合分析局部冲击力的最大值不超过 1 500 Pa,而图 6.85 中最大局部冲击力接近 5 000 Pa,由此可以看出,不耦合模型将过高估计液舱内流体晃荡的局部冲击力,因此,使用耦合模型是非常必要的。

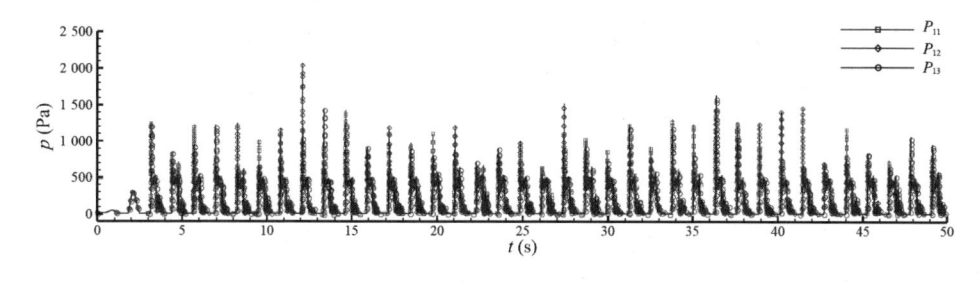

(a) P_{11}, P_{12}, P_{13}

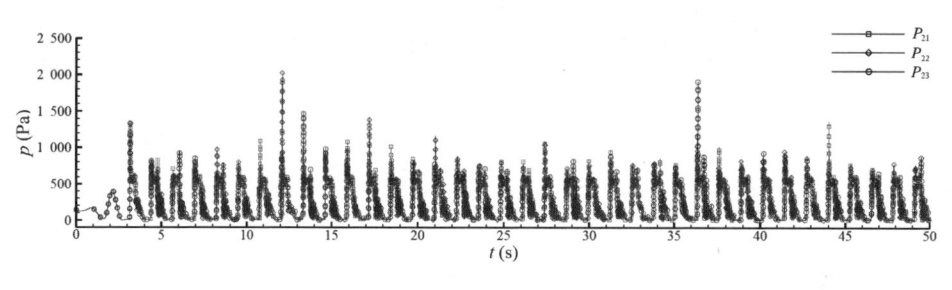

(b) P_{21}, P_{22}, P_{23}

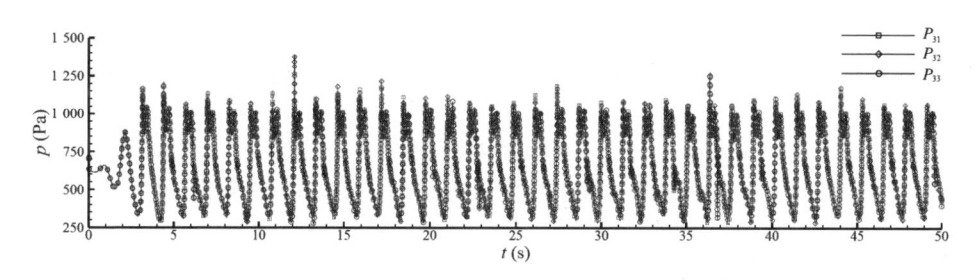

(c) P_{31}, P_{32}, P_{33}

图 6.83 装载工况为(20%,20%)时,$\omega\sqrt{L/g}=2.65$ 且 $A=0.0125$ m 时,不同测点处压强随时间的变化曲线

(a) P_{11}, P_{12}, P_{13}

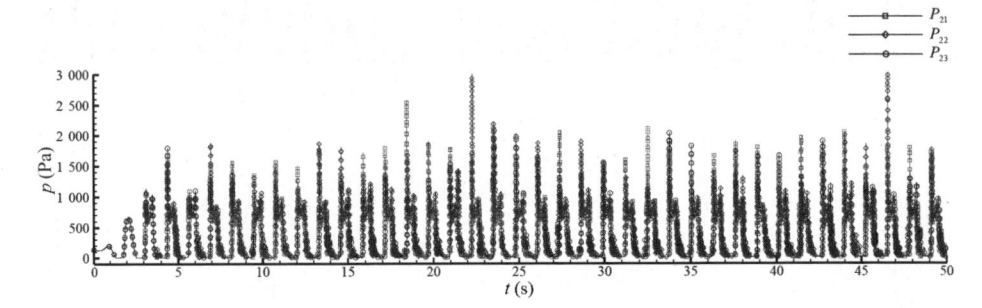

(b) P_{21}, P_{22}, P_{23}

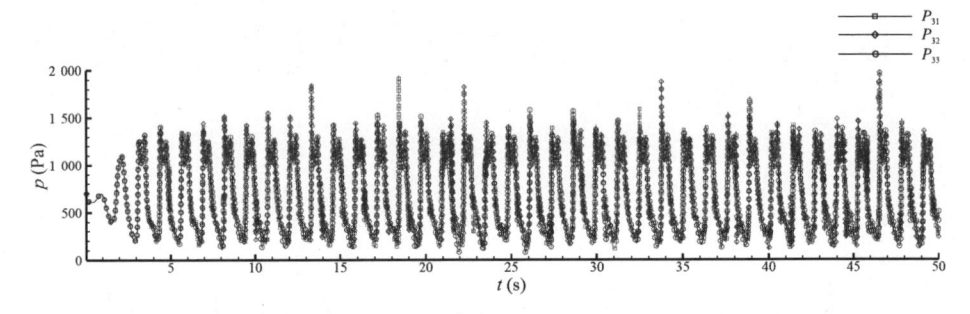

(c) P_{31}, P_{32}, P_{33}

图 6.84 装载工况为(20%,20%)时,$\omega\sqrt{L/g}=2.65$ 且 $A=0.025\,0$ m 时,不同测点处压强随时间的变化曲线

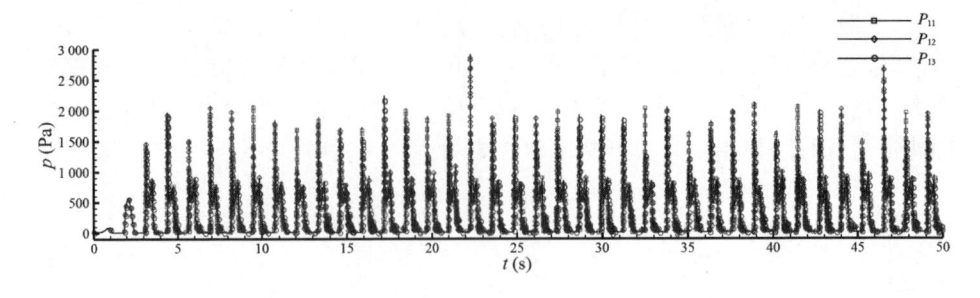

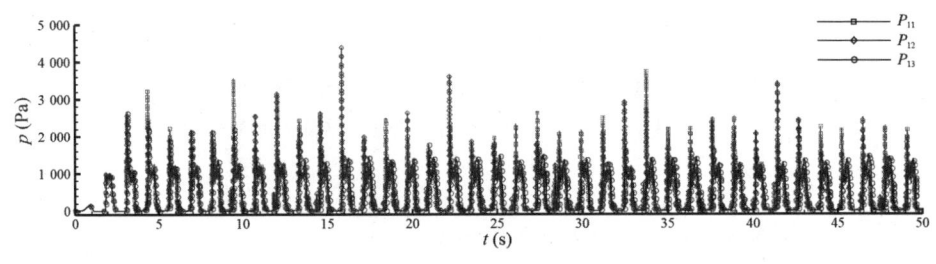

(a) P_{11}, P_{12}, P_{13}

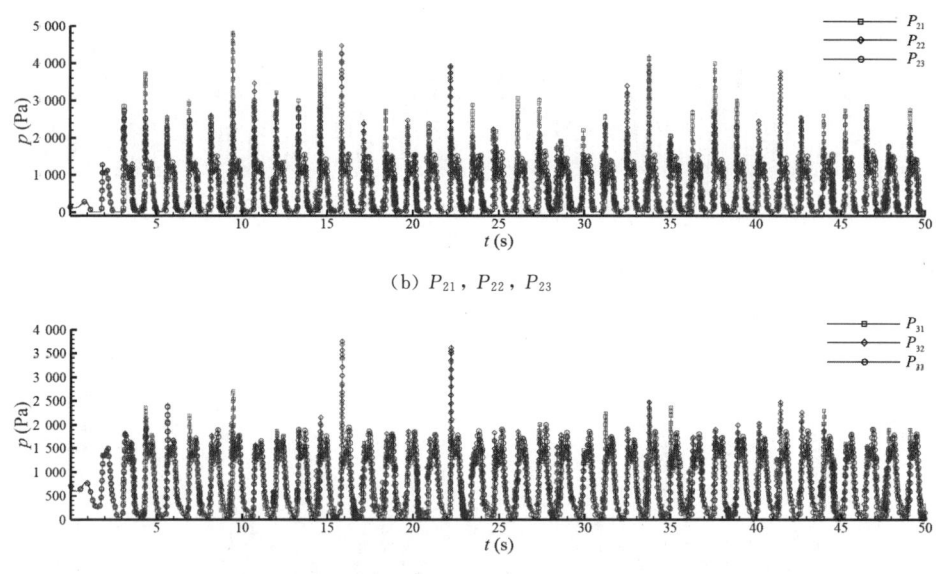

(b) P_{21}, P_{22}, P_{23}

(c) P_{31}, P_{32}, P_{33}

图 6.85 装载工况为(20%，20%)时，$\omega\sqrt{L/g} = 2.65$ 且 $A=0.0500$ m时,不同测点处压强随时间的变化曲线

进一步研究装载工况为(30%，30%)时入射波浪频率接近船舶运动共振频率，即 $\omega\sqrt{L/g} = 2.65$ 时的情况。如图 6.86~图 6.88 所示，与装载工况为(20%，20%)时情况相同，由于船舶运动振幅较大，流体晃荡对液舱侧壁各测点产生极大的局部冲击力，且明显高于耦合分析时的情况，因此，使用耦合模型进行局部冲击力计算是十分必要的。

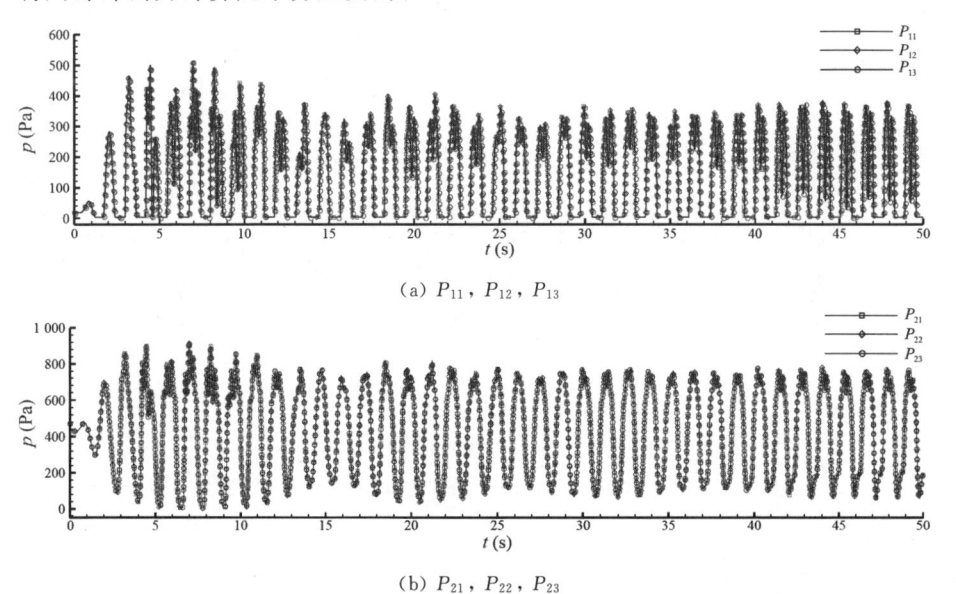

(a) P_{11}, P_{12}, P_{13}

(b) P_{21}, P_{22}, P_{23}

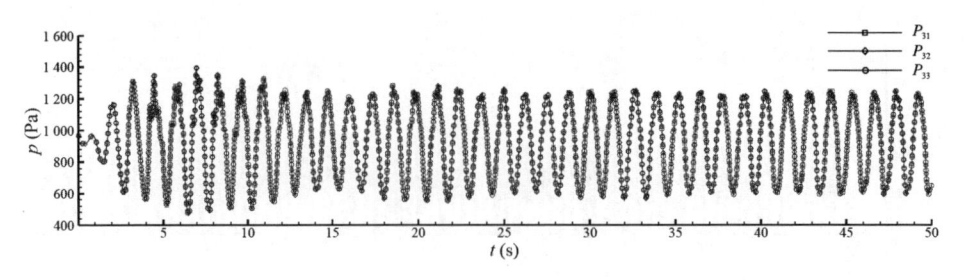

(c) P_{31}, P_{32}, P_{33}

图 6.86　装载工况为(30%, 30%)时, $\omega\sqrt{L/g} = 2.65$ 且 $A=0.0125$ m 时,不同测点处压强随时间的变化曲线

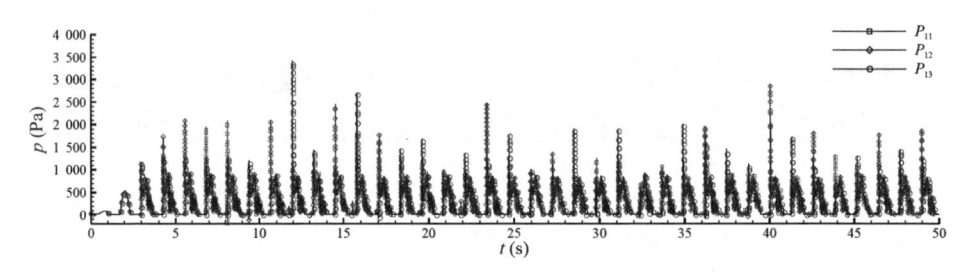

(a) P_{11}, P_{12}, P_{13}

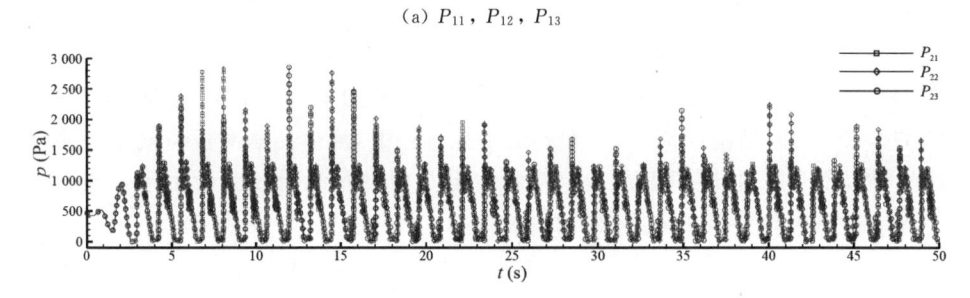

(b) P_{21}, P_{22}, P_{23}

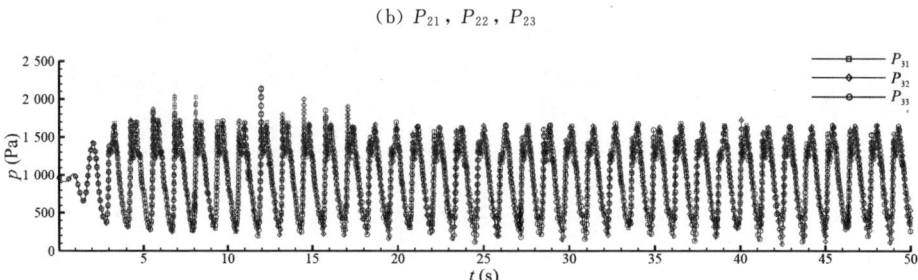

(c) P_{31}, P_{32}, P_{33}

图 6.87　装载工况为(30%, 30%)时, $\omega\sqrt{L/g} = 2.65$ 且 $A=0.0250$ m 时,不同测点处压强随时间的变化曲线

第6章 船舶运动与其液舱内流体晃荡的耦合分析

(a) P_{11}，P_{12}，P_{13}

(b) P_{21}，P_{22}，P_{23}

(c) P_{31}，P_{32}，P_{33}

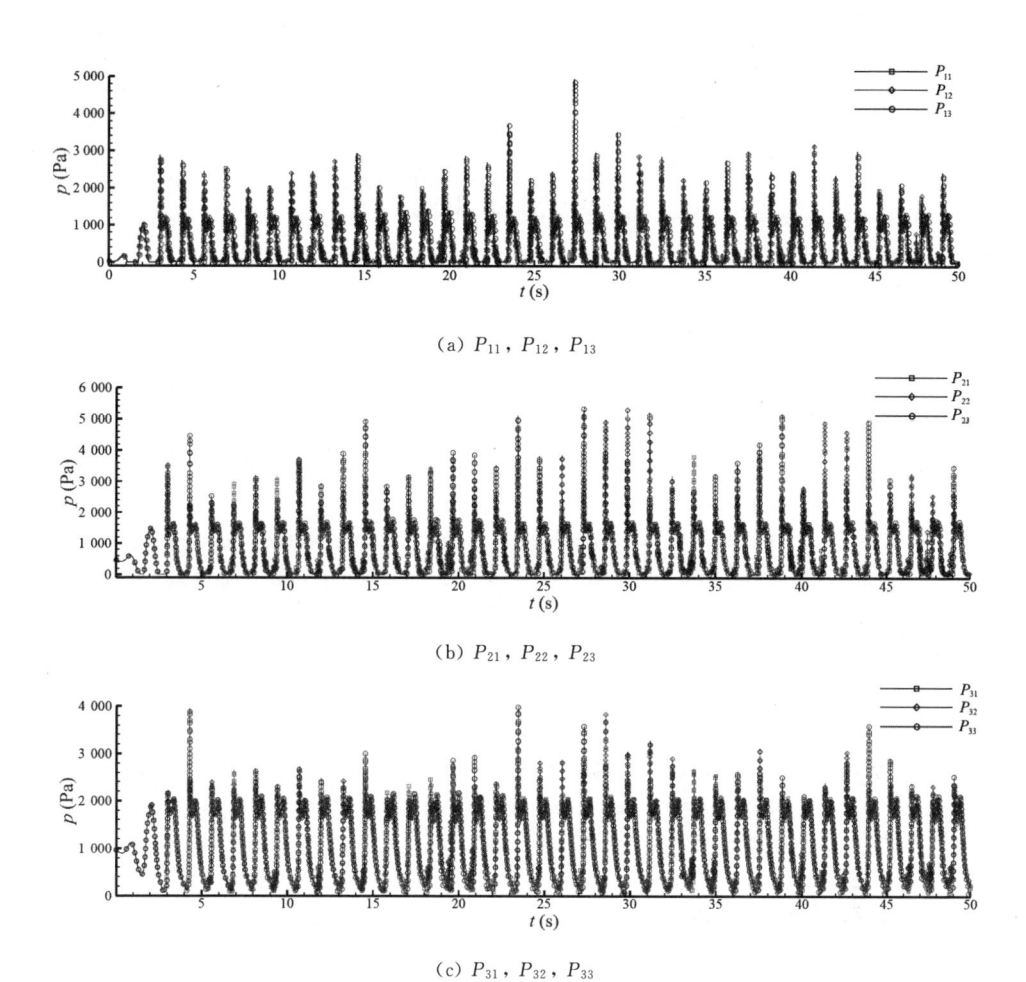

图 6.88 装载工况为(30%，30%)时，$\omega\sqrt{L/g} = 2.65$ 且 $A=0.0500$ m 时，不同测点处压强随时间的变化曲线

参考文献

[1] Abramson H N. The dynamic behavior of liquids in moving containers [M]. Washington, D. C. : NASA SP-106, 1966: 467.

[2] 李宏男, 张玲. 利用调液阻尼器的高层建筑减震研究[J]. 工程力学, 1996(A02): 607-611.

[3] Bass R L, Bowles E B, Cox P A. Liquid dynamic loads in LNG cargo tanks [J]. SNAME Transactions, 1980, 6: 1-20.

[4] Hamlin N A, Maclean W M, Seibold F. Liquid sloshing in slack ship tanks - theory, observations and experiments [J]. SNAME Transactions, 1987, 94: 159-195.

[5] Faltinsen O M, Rognebakke O F, LUKOVSKY I A, et al. Multidimensional modal analysis of nonlinear sloshing in a rectangular tank with finite water depth [J]. Journal of Fluid Mechanics, 2000, 407: 201-234.

[6] Faltinsen O M, Timokha A N. An adaptive multimodal approach to nonlinear sloshing in a rectangular tank [J]. Journal of Fluid Mechanics, 2001, 432: 167-200.

[7] Hill D F. Transient and steady-state amplitudes of forced waves in rectangular basins [J]. Physics of Fluids, 2003, 15: 1576-1587.

[8] Choun Y S, Yun C B. Sloshing characteristics in rectangular tanks with a submerged block [J]. Computers and Structures, 1996, 61(3): 401-413.

[9] Choun Y S, Yun C B. Sloshing analysis of rectangular tanks with a submerged structure by using small-amplitude wave theory [J]. Earthquake Engineering and Structure Dynamics, 1999, 28(7): 763-783.

[10] Isaacson M, Premasiri S. Hydrodynamic damping due to baffles in a rectangular tank [J]. Canadian Journal of Civil Engineering, 2001, 28(4): 608-616.

[11] Ibrahim R A. Liquid Sloshing Dynamics: Theory and Applications [M]. Cambridge University Press, New York, USA, 2005.

[12] Faltinsen O M. A numerical nonlinear method of sloshing in tanks with two-dimensional fow [J]. Journal of Ship Research, 1978: 22(3): 193-202.

[13] Nakayama T, Washizu K. The boundary element method applied to the analysis of two-dimensional nonlinear sloshing problems [J]. Internatial Journal for Numerical Methods in Engineering, 1981, 17: 1631-1646.

[14] Nakayama T, Washizu K. Nonlinear analysis of liquid motion in a container subjected to forced pitching oscillation [J]. International Journal for Numerical Methods in

Engineering, 1980, 15: 1207-1220.

[15] Cho J R, Lee H W. Non-linear fnite element analysis of large amplitude sloshing fow in two-dimensional tank [J]. International Journal for Numerical Methods in Engineering, 2004, 61: 514-531.

[16] Wang C Z, Khoo B C. Finite element analysis of two-dimensional nonlinear sloshing problems in random excitations [J]. Ocean Engieering, 2005, 32: 107-133.

[17] Celebi M S, Akyildiz H. Nonlinear modeling of liquid sloshing in a moving rectangular tank [J]. Ocean Engineering, 2002, 29: 1527-1553.

[18] Virella J C, Carlos C A, Godoy L A. Linear and nonlinear 2D finite element analysis of sloshing modes and pressures in rectangular tanks subject to horizontal harmonic motions [J]. Journal of Sound and Vibration, 2008, 312: 442-460.

[19] Wu G X, Ma Q W, Eatock Taylor R. Numerical simulation of sloshing waves in a 3D tank based on a finite element method [J]. Applied Ocean Research, 1998, 20: 337-355.

[20] Gedikli A, Ergüven M E. Evaluation of sloshing problem by variational boundary element method [J]. Engineering Analysis with Boundary Elements, 2003, 27(9): 935-943.

[21] Pal N C, Bhattacharyya S K, Sinha P K. Non-linear coupled slosh dynamics of liquid-flled, laminated composite containers: a two dimensional approach [J]. Journal of Sound and Vibration, 2003, 261: 729-749.

[22] Pal P, Bhattacharyya S K. Sloshing in partially filled liquid containers - Numerical and experimental study for 2-D problems [J]. Journal of Sound and Vibration, 2010, 329: 4466-4485.

[23] Cho J R, Lee H W. Numerical study on liquid sloshing in baffed tank by nonlinear fnite element method [J]. Computer Methods in Applied Mechanics and Engineering, 2004, 193(23-26): 2581-2598.

[24] Cho J R, Lee H W, Ha S Y. Finite element analysis of resonant sloshing response in a 2D baffed tank [J]. Journal of Sound and Vibration, 2005, 228(4-5): 829-845.

[25] Biswal K C, Bhattacharyya S K, Sinha P K. Nonlinear sloshing in partially liquid flled containers with baffes [J]. International Journal for Numerical Methods in Engineering. 2006, 68 (3): 317-337.

[26] Okamoto T, Kawahara M. Two-dimensional sloshing analysis by Lagrangian finite element method [J]. International Journal for Numerical Methods in Fluids, 1990, 11: 453-477.

[27] Okamoto T, Kawahara M. 3-D sloshing analysis by an arbitrary Lagrangian-Eulerian finite element method [J]. International Journal of Computational Fluid Dynamics, 1997, 8: 129-146.

[28] Kim Y, Sin Y S, Lee K H. Numerical study on slosh-induced impact pressures on three-dimensional prismatic tanks [J]. Applied Ocean Research, 2004, 26: 213-226.

[29] Virellaa J C, Pratob C A, Godoyb Luis A. Linear and nonlinear 2D finite element analysis of sloshing modes and pressures in rectangular tanks subject to horizontal harmonic motions [J]. Journal of Sound and Vibration, 2008, 312: 442-460.

[30] Akyildiz H, Ünal E. Experimental investigation of pressure distribution on a rectangular tank due to the liquid sloshing [J]. Ocean Engineering, 2005, 32: 1503-1516.

[31] Chen B F, Chiang H W. Complete 2D and fully nonlinear analysis of ideal fluid in tanks [J]. Journal of Engineering Mechanics-ASCE. 1999, 125: 70-78.

[32] Chen B F. Viscous fuid in a tank under coupled surge, heave and pitch motions [J]. Journal of Waterway, Port, Coastal, and Ocean Engineering-ASCE, 2005, 131: 239-256.

[33] Chen B F, Nokes R. Time-independent fnite difference analysis of 2D and nonlinear viscous liquid sloshing in a rectangular tank [J]. Journal of Computational Physics, 2005, 209: 47-81.

[34] Kim Y. Numerical simulation of sloshing fows with impact load [J]. Applied Ocean Research, 2001, 23: 53-62.

[35] Kim Y, Shin Y S, Lee K H. Numerical study on slosh-induced impact pressures on 3-D prismatic tanks [J]. Applied Ocean Research. 2004, 26: 213-226.

[36] Akyildiz H. A numerical study of the effects of the vertical baffle on liquid sloshing in two-dimensional rectangular tank [J]. Journal of Sound and Vibration, 2012, 331: 41-52.

[37] Liu D M, Lin P Z. A numerical study of three-dimensional liquid sloshing in tanks [J]. Journal of computational physics, 2008, 227: 3921-3939.

[38] Liu D M, Lin P Z. Three-dimensional liquid sloshing in a tank with baffles [J]. Ocean Engineering, 2009, 36: 202-212.

[39] Newman J. Wave Effects on Vessels with Internal Tanks [C]. 20th Workshop on Water Waves and Floating Bodies, Spitsbergen, Norway, 2005.

[40] Gou Y, Kim Y, Kim T Y. A numerical study on coupling between ship motions and sloshing in frequency and time domain [C]. Proceedings of the 21th International Offshore and Polar Engineering Conference, Maui, Hawaii, USA, June 19-24, 2011. 158-164.

[41] Rognebakke O F, Faltinsen O M. Coupling of sloshing and ship motions [J]. Journal of Ship Research, 2003, 47(3): 208-221.

[42] Lee S J, Kim M H, Kim J W, et al. The effect of LNG-tank sloshing loads on the motions of LNG carriers [J]. Ocean Engineering, 2007, 34: 10-20.

[43] Kim Y. Artificial damping in water wave problems I: Constant damping [J]. International Journal of Offshore and Polar Engineering, 2003, 13(2): 88-93.

[44] Nam B W, Kim Y, Kim D W, et al. Experimental and Numerical Studies on Ship Motion Responses Coupled with Sloshing in Waves [J]. Journal Ship Research, 2009, 53(2): 68-82.

[45] Kim Y. A numerical study on sloshing flows coupled with ship motion-the anti-rolling tank problem [J]. Journal of Ship Research, 2002, 46(1):52-62.

[46] Kim B, Shin Y S. Coupled Seakeeping with Liquid Sloshing in Ship Tanks [J]. Proceedings of 27th International Conference on Offshore Mechanics and Arctic Engineering, Estoril, Portugal, CD-ROM, 2008.

[47] Kim Y, Nam B W, Kim D W, et al. Study on Coupling Effetfs of Ship Motion and Sloshing [J]. Ocean Engineering, 2007, 34(16): 2176-2187.

[48] Kim Y, Shin Y S, Lee K H. Numerical study on slosh-induced impact pressures on three-dimensional prismatic tanks [J]. Applied Ocean Research, 2004, 26: 213-226.

[49] 姜胜超，滕斌，吕林，等.水箱运动与其内部流体晃荡的耦合分析[C].第十六届中国海洋(岸)工程学术讨论会论文集(上册)，2013.

[50] Seminar on liquid sloshing, DNV, 1976 [R].

[51] Hwang Y S, Jung J H, Kim D W, Ryu M C. An experimental study on sloshing impact pressures with two identically shaped rectangular 2-dimenstional model tanks with different sizes [C]. Processdings of annual autumn meeting, SNAK, 2007. Jeju. (in Korean).

[52] Kim J W, Lee H, Shin Y. Sloshing impact load and strength assessment of membrane-type LNG containment system in large LNG carriers [C]. Proceedings of the 14th offshore symposium, Houston, 2004.

[53] Akyfldfz H, Ünal E. Experimental studies on liquid sloshing. I. T. U Faculty of Naval Architecture and Ocean Engineering [R]. Department of Ocean Engineering, Final Report, TR 04/03, 2004.

[54] Akyildiz H, Ünal E. Experimental investigation of pressure distribution on a rectangular tank due to the liquid sloshing [J]. Ocean Engineering. 2005, 32: 1503-1516.

[55] Kim Y. Numerical simulation of sloshing flows with impact load [J]. Applied Ocean Research, 2001, 23: 53-62.

[56] Lin P Z, Liu P L F. Internal wave maker for Navier-Stokes equations models [J]. Jornal of Waterway Port Coastal and Ocean Engineering, 1999, 125(4): 207-215.

[57] Lu L, Cheng L, Teng B, Zhao M. Numerical investigation of fluid resonance in two narrow gaps of three identical rectangular structures [J]. Applied Ocean Research, 32: 177-190.

[58] 吕林. 海洋工程中小尺度物体的相关水动力数值计算 [D]. 大连：大连理工大学, 2006.

[59] Ma Q W, Wu G X, Eatock Taylor R. Finite element simulation of fully nonlinear interaction between vertical cylinders and steep waves - Part 1：Methodology and numerical procedure [J]. International Journal for Numerical Methods in Fluids, 2001, 36：265-285.

[60] Ma Q W, Wu G X, Eatock Taylor R. Finite element simulation of fully nonlinear interaction between vertical cylinders and steep waves - Part 2：Numerical results and validation [J]. International Journal for Numerical Methods in Fluids, 2001, 36：287-308.

[61] Bai W, Eatock Taylor R. Fully nonlinear simulation of wave interaction with fixed and floating flares structures [J]. Ocean Engineering, 2009, 36：223-236.

[62] Zhou B Z, Ning D Z, Teng B, Bai W. Numerical investigation of wave radiation by a vertical cylinder using a fully nonlinear HOBEM. Ocean Engineering, 2013, 70：1-13.

[63] 周斌珍. 开敞水域完全非线性数值波浪模型的建立及在平台 Ringing 现象中的应用 [D]. 大连：大连理工大学, 2013.

[64] Liu C F, Teng B, Gou Y, Sun L. A 3D time-domain method for predicting wave-induced forces and motions of a floating body [J]. Ocean Engineering, 2011, 38(17-18)：2142-2150.

[65] Yang M D, Teng B, Ning D Z, Shi Z M. Coupled dynamic analysis for wave Interaction with a truss spar and its mooring line/riser system in time domain [J]. Ocean Engineering, 2012, 39：72-87.

[66] 刘昌凤. 波浪作用下三维物体大振幅运动问题的时域数值研究[D]. 大连：大连理工大学, 2012.

[67] Cummins W E. The impulse response function and ship motions [C]. Proceedings, Symposium on Ship Theory, 1962, Hamburg, Germany, Schiffstechnik 9.

[68] Ogilvie T F. Recent progress toward the understanding and prediction of ship motions [C]. Proceedings, Fifth Symposium on Naval Hydrodynamics, 1964, Bergen, Norway, 3-79.

[69] Lee, C. H., Newman, J. N. 2005 Computation of wave effects using the panel method [C]. In：Chakrabarti, S. (editor) Numerical Modeling in Fluid-Structure Interaction, WIT Press, Southampton.

[70] 信书. 码头前系泊船舶运动响应的数值模拟[D]. 大连：大连理工大学, 2005.

[71] 肖鑫. 畸形波作用下张力腿平台运动响应分析[D]. 大连：大连理工大学, 2008.

[72] 肖鑫, 滕斌, 勾莹, 等. 畸形波作用下张力腿平台的瞬时响应[J]. 水运工程, 2009, 5：9-14.

[73] 李玉成，滕斌. 波浪对海上建筑物的作用(第二版)[M]. 北京：海洋出版社，2002.

[74] Hess J L, Smith A M O. Calculation of non-lifting potential flow about arbitrary three-dimensional bodies [J]. Journal of Ship Research, 1964, 8(2): 22-44.

[75] Garrison C J. Hydrodynamic loading on large offshore strutures: three-dimensional source distribution method [C]. Numerical Methods in Offshore Engineering, 1978.

[76] Liu P L F, Abbaspour M. Wave scattering by a rigid thin barrier [J]. Journal of Waterway, Port, Coastal and Ocean Engineering-ASCE, 1982. 108: 479-491.

[77] Korsmeyer F T, Lee C H, Newman J N, et al. The analysis of wave effects on tesion-leg platform [C]. Proceedings of International Conference on Offshore Mechanics and Arctic Engineering. 1988.

[78] Liu Y H, Kim C H, Kim M H. The computation of mean dirft forces and wave run-up by higher-order boundary element method [C]. Proceedings of International Conference on Offshore Mechanics and Arctic Engineering. 1991.

[79] Teng B, Eatock Taylor R. New higher-order boundary element methods for wave diffraction/radiation [J]. Applied Ocean Research, 1995, 17(2): 71-77.

[80] 孙亮. 不规则频率的消除及其在波浪与结构物作用的高频和多物体干涉问题中的应用[D]. 大连：大连理工大学.

[81] Newman J N, Lee C H. Boundary-element methods in offshore structure analysis [J]. Journal of Offshore Mechanics and Arctic Engineering, 2002, 124: 81-89.

[82] 崔维成，吴有生，李润培. 超大型海洋浮式结构物开发过程中需要解决的关键技术问题[J]. 海洋工程，2000, 18(3): 1-8.

[83] Teng B, Saito M, Kato S. Mean drift force on a huge shallow drafted floating brage [C]. 13th Ocean Engineering Symposium, 1995. 337-344.

[84] Nabors K, Phillips J, Korsmeyer F T, White J. Multipole and precorrected-FFT accelereated iterative methods for solving surface integral formulations of three-dimensional Laplace problems [C]. Domain-based Parallelism and Problem Decomposition Methods in Science and Engineering, SIAM, Philadelphia, 1995. 193-215.

[85] 宁德志. 快速多极子边界元方法在完全非线性水波问题中的应用[D]. 大连：大连理工大学，2005.

[86] Rokhlin V. Rapid solution of integral equations of classical potential theory [J]. Journal of Computational Physics, 1985, 60: 187-207.

[87] Utsunomiya T, Watanabe E, Nishimura N. Fast multipole algorithm for wave diffraction/radiation problems and its application to VLFS in variable water depth and topography [C]. Proc of OMAE01-5202.

[88] Teng B, Eatock Taylor R. New higher-order boundary element methods for wave diffraction/radiation [J]. Applied Ocean Research, 1995. 17(2): 71-77.

[89] 勾莹，滕斌，孙亮. 柱坐标下多极子展开法及其在波浪与浮体作用方面的应用[J].

中国造船,2005.46(增刊):299-307.

[90] 勾莹.快速多极子方法在多浮体和水弹性问题中的应用[D].大连:大连理工大学,2006.

[91] Gou Y, Teng B. Research on hydrodynamics interaction between multiple floating bodies [C]. Proceedings of the 8th international conference on hydrodynamics,2008.

[92] 滕斌,勾莹.大型浮体水弹性作用的频域分析[J].工程力学,2006.23(增刊Ⅱ):36-48.

[93] 滕斌,勾莹,宁德志.波浪与结构物作用的一种高阶边界元方法[J].海洋学报,2006,28(1):132-138.

[94] Teng B. Gou Y. Fast multipole expansion method and its application in BEM for wave diffraction and radiation [C]. Proceedings of the International Offshore and Polar Engineering Conference,2006.

[95] Lee C H, Newman J N. Computation of wave effects using the panel method [C]. Numerical Models in Fluid-Structure Interaction. Edited by S. K. Chakrabarti, to be published 2005, WIT Press, Southampton, U. K., ISBN 1-85312-837-6.

[96] Phillips J R, White J K. A precorrected-FFT Method for electrostatic analysis of omplicated 3-D structures [J]. IEEE Transactions on computer-aided design of Integrated Circuits and Systems, 1997, 16(10):1059-1072.

[97] Korsmeyer T, Phillips J, White J. A Precorrected-FFT Algorithm for Accelerating Surface Waves [C]. The 11th Workshop on Water Waves and Floating Bodies, Hamburg,1996.

[98] Korsmeyer F T, Lee C H. FFT acceleration of the Rectangular Dock Problem [C]. 14th International Workshop on Water Waves and Floating Bodies, Port Huron, MI,1999.

[99] Ding J, Ye W J. A fast integral approach for drag force calculation due to oscillatory slip stokes flows [J]. International Journal for Numerical Methods in Engineering. 2004,60:1535-1567.

[100] Ding J, Ye W J, Gray L J. An accelerated surface discretization-based BEM approach for non-homogeneous linear problems in 3-D complex domains [J]. International Journal for Numerical Methods in Engineering, 2005, 63:1775-1795.

[101] Lee C H, Newman J N. Computation of wave effects using the panel method [C]. Numerical models in fluid-structure interaction. 2004.

[102] Sylvain N F. Fast galerkin BEM for 3D-potential theory [J]. Computational Mechanics,2008,42:417-429.

[103] Korsmeyer F T, at al. Fast Hydrodynamic Analysis of Large Offshore Structures. Proceedings of the 9th International Offshore and Polar Engineering Conference: Brest,1999.27-34.

[104] Kring D, Korsmeyer T, Singer J, et al. Analyzing mobile offshore bases using accelerated boundary element methods [J]. Marine Structures, 2000, 13: 301-313.

[105] Ken T, Jun N. A pFFT-FE coupling for hydroelastic analysis of floating flexible structures in waves [J]. Applied Ocean Research, 2006, 28: 223-233.

[106] 戴愚志,秦昌威,黄小平.基于预修正快速傅里叶变换方法的大型离岸结构水弹性分析[J].燕山大学学报,2004,28(2):150-154.

[107] 戴愚志.大型链结构的快速三维水弹性分析[D].哈尔滨:哈尔滨工业大学.

[108] 戴愚志,余建星.基于预修正快速傅里叶变换方法的多体水动力分析[J].中国海上油气,2006.18(4):280-284.

[109] 姜胜超,勾莹,滕斌,等.预修正快速傅里叶变换方法在波浪绕射和辐射问题中应用[J].海洋工程,2010,28(4):61-69.

[110] Newman J N, Lee C H. Boundary-element methods in offshore structure analysis [J]. Journal of Offshore Mechanics and Arctic Engineering, 2002, 124: 81-89.

[111] 勾莹.快速多极子方法在多浮体和水弹性问题中的应用[D].大连:大连理工大学,2006.

[112] Teng B, Gou Y, Ning D Z. A higher order BEM for wave-current action with structure - directory computation of free-term coefficient and CPV intergrals [J]. China Ocean Engineering, 2006, 20(3): 395-410.

[113] Li H B, Han G M, Mang H A. A new method for evaluating singular integrals in stress analysis of solids by the direct boundary element method [J]. International Journal for Numerical Methods in Engineering, 1985, 211: 2071-2075.

[114] Teng B, Saito M, Kato S. Mean drift force on a huge shallow drafted floating brage [C]. 13th Ocean Engineering Symposium, 1995. 337-344.

[115] 孙亮,滕斌,宁德志.处理准奇异积分的自适应高斯积分法[J].大连理工大学学报,2007,47(1):106-112.

[116] Saad Y, Schultz M H. GMRES: A generalized minimal residual algorithm for solving nonsymmetric linear systems [J]. SIAM Journal on Scientific and Statistical Computing, 1986, 7(3): 856-869.

[117] Korsmeyer T, Phillips J, White J. A precorrected-FFT algorithm for accelerating surface wave problems [C]. 11th International Workshop on Water Waves and Floating Bodies. 1996.

[118] Stroud A H. Approximate calculation of multiple integrals [C]. PrenticeOHall, Englewood Cliffs, New Jersey, 1971.

[119] Loan C. Van computational frameworks for the fast fourier transform [M]. SIAM, Philadelphia, 1992.

[120] Newman J N. Process in wave load computation on offshore structures [C], OMAE 2004, Vancouver, B. C. , Canada.

[121] Lee C H., Newman J N. An assessment of hydroelasticity for very large hinged vessels [C]. Proc. 2nd Int. Conf. on Hydroelasticity in Marine Technology, Kyushu, Japan, 1998, 27-36.

[122] Utsunomiya T., Watanabe E. Accelerated higher order boundary element method for wave diffraction/radiation problems and its applications [C]. Proceedings of the 12th International Offshore and Polar Engineering Conference, Kyushu, Japan, 3, 2002, 305-312.

[123] Issa R I. Solution of the implicitly discretised fuid fow equations by operator-splitting [J]. Journal of Computational Physics, 1986, 62(1): 40-65.

[124] Hirt C W, Nichols B D. Volume of fluid method for the dynamics of free boundaries [J]. Journal of Computational Physics, 1981. Vol. 392. 201-225.

[125] Versteeg H K, Malalasekera W. An introduction to computational fluid dynamics [C]. The finite Volume Method, Pearson Education.

[126] Rushed H. Computational Fluid Dynamics of Dispersed Two-phase flows at high phase fractions[D]. PhD Thesis, London, Imperial College of Science, Technology & Medicine, Department of Mechanical Engineering, 2002.

[127] Zhu R Q, Fang Z Y, Zhang Z G, et al. Level-set method for predicting impact pressure induced by violent sloshing in a tank [J]. Journal of Ship Mechanics, 2008, 12(3):344-351.

[128] 朱小松. 粒子法的并行加速及在液体晃荡研究中的应用[D]. 大连：大连理工大学, 2011.

[129] Iglesias A. Souto, Delorme L. Perez-Rojas L, Abril-Perez S. Liquid moment amplitude assessment in sloshing type problems with smooth particle hydrodynamics [J], Ocean Engineering, 2006, 33: 1462-1484.

[130] 陈强. 波浪联合液舱晃荡作用下的二维浮箱运动响应[D]. 大连：大连理工大学, 2013.

[131] Greaves D M. Numerical modeling of laminar separated flows and inviscid steep waves using adaptive hierarchical meshes [D]. DPhil thesis, Department of Engineering Science, University of Oxford, 1995.

[132] Tsai C P, Jeng D S. Numerical Fourier solutions of standing waves in finite water depth [J]. Applied Ocean Research, 1994, 16: 185-193.

[133] Ma Y X, Dong G H, Ma X Z, et al. A new method for separation of 2D incident and reflected waves by the Morlet wavelet transform [J]. Coastal Engineering, 2010, 57: 597-603.

[134] Van Loan C. Computational frameworks for the fast fourier transform [M]. SIAM, Philadelphia, 1992.

[135] Stroud A H. Approximate calculation of multiple integrals [M]. Prentice-Hall, Englewood Cliffs, New Jersey, 1971.

[136] 戈卢布 G H, 范洛恩 C F. 矩阵计算 [M], 袁亚湘, 译. 北京:科学出版社, 2001.

[137] Van Loan C. Computational frameworks for the fast fourier transform. SIAM [M], Philadelphia, 1992.

附录 预修正快速傅里叶变换方法的预备数学知识

由于预修正快速傅里叶变换方法中涉及大量有关傅里叶变换和循环矩阵的知识,因此这里对这些基本数学理论加以介绍。

1 三维快速傅里叶变换

一维离散傅里叶变换的定义为
$$Y = F_n X \tag{A.1}$$
式中,$Y = (y_1, y_2, \cdots, y_{n-1})$,$X = (x_1, x_2, \cdots, x_{n-1})$。这里 F_n 为 n 阶离散傅里叶变换矩阵,即,
$$F_n = (f_{jk}) \quad f_{jk} = \omega_n^{jk} \quad (j = 0, 1, \cdots, n-1); (k = 0, 1, \cdots, n-1) \tag{A.2}$$
其中,$\omega_n = \exp(-2\pi i/n) = \cos(2\pi/n) - i\sin(2\pi/n)$。另外,还有其逆变换,
$$F_n^{-1} = \frac{F_n^H}{n} = \frac{\overline{F_n}}{n} \tag{A.3}$$
其中,$\overline{F_n}$ 表示对 F_n 的元素取复共轭。

将式写成分量的形式为
$$y_j = \sum_{k}^{n-1} \omega_n^{jk} x_k \quad (j = 0, 1, \cdots, n-1) \tag{A.4}$$

三维离散傅里叶变换的定义为
$$Y = (F_{n_3} \otimes F_{n_2} \otimes F_{n_1}) X \tag{1.5}$$
其中,$Y = Y(0:n_1-1, 0:n_2-1, 0:n_3-1)$,$X = X(0:n_1-1, 0:n_2-1, 0:n_3-1)$,它们均为三维复数数组。$A \otimes B$ 是两个矩阵的克罗内克积,其定义为[134]
$$A \otimes B = (a_{ij})_{m \times n} \otimes (b_{ij})_{p \times q} = \begin{bmatrix} a_{11}B & a_{12}B & \cdots & a_{1n}B \\ a_{21}B & a_{22}B & \cdots & a_{2n}B \\ \vdots & \vdots & & \vdots \\ a_{n1}B & a_{n2}B & \cdots & a_{nn}B \end{bmatrix}_{mp \times nq} \tag{A.6}$$

式(A.5)的分量形式为

$$Y(\beta_1,\beta_2,\beta_3) = \sum_{\alpha_1}^{n_1-1}\sum_{\alpha_2}^{n_2-1}\sum_{\alpha_3}^{n_3-1} \omega_{n_1}^{\beta_1\alpha_1}\omega_{n_2}^{\beta_2\alpha_2}\omega_{n_3}^{\beta_3\alpha_3} X(\alpha_1,\alpha_2,\alpha_3) \quad (A.7)$$

$$\beta_1 = 0,1,\cdots,n_1-1;\ \beta_2 = 0,1,\cdots,n_2-1;\ \beta_3 = 0,1,\cdots,n_3-1$$

另外,三维离散傅里叶逆变换定义为

$$Y = (F_{n_1}^{-1} \otimes F_{n_2}^{-1} \otimes F_{n_3}^{-1})X \quad (A.8)$$

上述三维快速傅里叶变换和逆变换的方法将应用在循环矩阵的求解中,并最终应用于 pFFT 方法的网格势的计算中。

2 球面高斯点

考虑一球面上的二重积分,其计算存在着较高精度的非乘积公式[135]。如七阶调和精度公式表达式为

$$\oiint_S f(Q)\mathrm{d}S = \frac{40}{840}V\sum_{i=1}^{6} f(Q_i) + \frac{32}{840}V\sum_{j=7}^{18} f(Q_j) + \frac{27}{840}V\sum_{k=19}^{26} f(Q_k) \quad (A.9)$$

其中,求坐标系下求积节点的坐标为

$$Q_i:(r,0,0)_{FS}, r=1;\ Q_j:(s,s,0)_{FS}, s^2=\frac{1}{2};\ Q_k:(\pm t,\pm t,\pm t)_{FS}, t^2=\frac{1}{3} \quad (A.10)$$

九阶调和精度公式为

$$\oiint_S f(Q)\mathrm{d}S = \frac{9\,216}{725\,760}V\sum_{i=1}^{6} f(Q_i) + \frac{9\,216}{725\,760}V\sum_{j=7}^{18} f(Q_j) +$$

$$\frac{9\,216}{725\,760}V\sum_{k=19}^{26} f(Q_k) + \frac{9\,216}{725\,760}V\sum_{l=27}^{50} f(Q_l) \quad (A.11)$$

其中,求坐标系下求积节点的坐标为

$$Q_i:(r,0,0)_{FS}, r=1;\ Q_j:(s,s,0)_{FS}, s^2=\frac{1}{2};\ Q_k:(\pm t,\pm t,\pm t)_{FS}, t^2=\frac{1}{3};$$

$$Q_l:(u,u,v)_{FS}, u^2=\frac{1}{11}, v^2=\frac{9}{11} \quad (A.12)$$

以上公式中, $V = 4\pi$,$(a,b,c)_{FS}$ 共包括 48 组节点,即

$$(\pm a, \pm b, \pm c), (\pm a, \pm c, \pm b), (\pm b, \pm c, \pm a);$$
$$(\pm c, \pm b, \pm a), (\pm c, \pm b, \pm b), (\pm b, \pm a, \pm c)\text{。} \quad \text{(A.13)}$$

上述求积节点即球面高斯点,在 pFFT 方法中,它将应用于投影和插值的计算中。

3 托普利兹矩阵、汉克尔矩阵和循环矩阵

对于一个矩阵 $T = [t_{ij}]_{n \times n}$,如果满足 $t_{ij} = t_{j-i}, i,j = 1,2,\cdots,n$ 的关系,则该矩阵成为托普利兹矩阵,其形式为

$$T = \begin{bmatrix} t_0 & t_1 & t_2 & \cdots & t_{n-2} & t_{n-1} \\ t_{-1} & t_0 & t_1 & & \ddots & t_{n-2} \\ t_{-2} & t_{-1} & t_0 & \ddots & \ddots & \vdots \\ \vdots & \ddots & \ddots & \ddots & \ddots & t_2 \\ t_{-n+2} & & \ddots & \ddots & \ddots & t_1 \\ t_{-n+1} & t_{-n+2} & \cdots & t_{-2} & t_{-1} & t_0 \end{bmatrix} \quad \text{(A.14)}$$

可以看出,托普利兹矩阵的特点是主对角线及平行于主对角线上的各元素彼此相等,而矩阵也是关于次对角线对称的。因而,T 完全由第 1 行和第 1 列的 $2n-1$ 个元素决定。

设矩阵 $H = [h_{ij}]_{n \times n}$,若满足 $t_{ij} = t_{j+i-1}, i > j = 1,2,\cdots,n$ 的关系,则该矩阵成为汉克尔(Hankel)矩阵,其形式为

$$T = \begin{bmatrix} h_1 & h_2 & h_3 & \cdots & h_{n-1} & h_n \\ h_2 & h_3 & \cdot{}^{\cdot{}^{\cdot}} & \cdot{}^{\cdot{}^{\cdot}} & h_n & h_{n+1} \\ h_3 & \cdot{}^{\cdot{}^{\cdot}} & \cdot{}^{\cdot{}^{\cdot}} & \cdot{}^{\cdot{}^{\cdot}} & \cdot{}^{\cdot{}^{\cdot}} & h_{n+2} \\ \vdots & \cdot{}^{\cdot{}^{\cdot}} & \cdot{}^{\cdot{}^{\cdot}} & \cdot{}^{\cdot{}^{\cdot}} & \cdot{}^{\cdot{}^{\cdot}} & \vdots \\ h_{n-1} & h_n & h_{n+1} & \cdot{}^{\cdot{}^{\cdot}} & \cdot{}^{\cdot{}^{\cdot}} & \vdots \\ h_n & h_{n+1} & h_{n+2} & \cdots & & h_{2n-1} \end{bmatrix} \quad \text{(A.15)}$$

可见,汉克尔矩阵是对称矩阵,完全由第 1 行和第 n 列的 $2n-1$ 个元素决定。

托普利兹矩阵和汉克尔矩阵可以通过反序单位矩阵紧密的联系在一起,反序单位矩阵的定义为

$$E = [e_n, \cdots, e_1] \quad \text{(A.16)}$$

其中,$e_i (1 \leqslant i \leqslant n)$ 是单位矩阵的第 i 列向量。因此,如果 H 是汉克尔矩阵,则

EH 和 HE 是托普利兹矩阵；若 T 是托普利兹矩阵，则 EH 和 HE 是汉克尔矩阵。

设由元素 $v_0, v_1, \cdots, v_{n-1}$ 组成的 $n \times n$ 阶矩阵 $C(v)$ 满足如下形式，

$$C(v) = \begin{bmatrix} v_0 & v_{n-1} & v_{n-2} & \cdots & v_1 \\ v_1 & v_0 & v_{n-1} & \cdots & v_2 \\ v_2 & v_1 & v_0 & \cdots & v_3 \\ \vdots & \vdots & \vdots & & \vdots \\ v_{n-1} & v_{n-2} & v_{n-3} & \cdots & v_0 \end{bmatrix} \quad (A.17)$$

则成该矩阵为循环矩阵。可见，循环矩阵的每一列都是前一列向下移动一个位置得到的。再定义向量 $v = [v_0, v_1, \cdots, v_{n-1}]^T$，并定义循环置换矩阵，

$$S_n = \begin{bmatrix} 0 & \cdots & \cdots & 0 & 1 \\ 1 & \ddots & & & 0 \\ 0 & \ddots & \ddots & & v_3 \\ \vdots & \ddots & 1 & 0 & \vdots \\ 0 & \cdots & 0 & 1 & 0 \end{bmatrix} \quad (A.18)$$

则有 $C(v) = [v, S_n v, S_n^2 v, \cdots, S_n^{n-1} v]$。

对于托普利兹矩阵 $T = [t_{ij}]_{n \times n}$，定义向量 $t = (t_0, t_{-1}, t_{-2}, \cdots, t_{-n+1}, z, t_{n-1}, t_{n-2}, \cdots, t_1)^T$，其中 z 为任意复数，则可以得到 $2n \times 2n$ 阶循环矩阵，

$$C(t) = [t, S_{2n} t, S_{2n}^2 t, \cdots, S_{2n}^{2n-1} t] \quad (A.19)$$

这样，托普利兹矩阵 T 为 $C(t)$ 左上角的 $n \times n$ 阶子阵。

这些矩阵的上述性质我们将在下一节使用，并成为 pFFT 能够快速计算的数学基础。

4 循环矩阵的分解及其向量积的计算

对于一个循环矩阵 $C(v)$，有如下分解[136]，

$$C(v) = F_n^{-1} \mathrm{diag}(F_n v) F_n \quad (A.20)$$

上述分解形式意味着向量积 $y = C(v)x$ 可以用"快速傅里叶变换的速度"求出，即

$$y = C(v)x = F_n^{-1} \mathrm{diag}(F_n v) F_n x = F_n^{-1} \mathrm{diag}(F_n v) * ((F_n x)) \quad (A.21)$$

其中，$*$ 表示分量相乘。

可以看出，三次离散傅里叶变换运算和一次向量的乘法，足以求解一个循环矩阵和一个向量的乘积（这种形式的积叫作卷积）。当使用循环矩阵分解的方法

后，卷积的乘法计算量将由 n^2 次乘法运算降低为 $\frac{3}{2}n\log_{2n}+n$ 次乘法，卷积的加法计算量将由 $n(n-1)$ 次加法运算降低为 $3n\log_{2n}+n$ 次加法。

基于上述循环矩阵向量积的性质，当计算一个托普利兹矩阵 T 与向量 x 的乘积时，利用托普利兹矩阵与循环矩阵 $C(t)$ 的关系可得

$$\begin{pmatrix} Tx \\ y \end{pmatrix} = C(t) \begin{pmatrix} x \\ 0 \end{pmatrix} \tag{A.22}$$

同理，对于汉克尔矩阵 H，其向量积为

$$Hx = HEEx \tag{A.23}$$

由于 HE 是一个托普利兹矩阵，因此同样可将其扩充为循环矩阵，即

$$\begin{bmatrix} Hx \\ y \end{bmatrix} = \begin{bmatrix} HEEx \\ y \end{bmatrix} = \begin{bmatrix} TEx \\ y \end{bmatrix} = C(t) \cdot \begin{bmatrix} Ex \\ 0 \end{bmatrix} = F_n^{-1} \cdot \mathrm{diag}(F_n t) \cdot F_n \begin{bmatrix} Ex \\ 0 \end{bmatrix} \tag{A.24}$$

因此，无论是托普利兹矩阵还是汉克尔矩阵，它们的向量积都可以以"快速傅里叶变换的速度"求出。

将其统一写成分量形式为

$$\Psi(i) = \sum_{i'=0}^{n-1}(t(i-i')+h(i+i'))q(i') \quad (i=0,1,\cdots,n-1) \tag{A.25}$$

在 pFFT 方法中，使用到的将是一个六维矩阵与对应的三维向量的乘积的形式为

$$\Psi(i,j,k) = \sum_{i'=0}^{n_1-1}\sum_{j'=0}^{n_2-1}\sum_{k'=0}^{n_3-1}(t(i-i',j-j',k-k') + h(i-i',j-j',k+k'))q(i',j',k') \tag{A.26}$$

式中，$t(i-i',j-j',k-k')$ 为三重嵌套托普利兹矩阵，$h(i+i',j+j',k+k')$ 在 x 和 y 方向为两重嵌套托普利兹矩阵，在 z 方向为汉克尔矩阵。不影响 pFFT 方法的最终计算结果，可以设 $t(0,0,0)=0$，$h(0,0,0)=0$。为说明问题清晰期间，不失一般性，取，

$$\begin{aligned} t(i-i',j-j',k-k') &= \frac{1}{\sqrt{(i-i')^2+(j-j')^2+(k-k')^2}} \\ h(i-i',j-j',k+k') &= \frac{1}{\sqrt{(i-i')^2+(j-j')^2+(k+k')^2}} \end{aligned} \tag{A.27}$$

令 $F_{n_1 n_2 n_3}^{-1} = F_{n_1}^{-1} \otimes F_{n_2}^{-1} \otimes F_{n_3}^{-1}$，$F_{n_3 n_2 n_1} = F_{n_3} \otimes F_{n_2} \otimes F_{n_1}$，将以上计算托普利兹矩阵和汉克尔矩阵向量积的方法推广到式中，可得到如下表达形式：

附录　预修正快速傅里叶变换方法的预备数学知识

$$\begin{bmatrix} \Psi(0:n_1-1,0:n_2-1,0:n_3-1) \\ \Psi(0:n_1-1,0:n_2-1,0:n_3-1) \end{bmatrix}$$
$$= F_{n_1n_2n_3}^{-1}\big[(F_{n_3n_2n_1}\tilde{t}(0:2n_1-1,0:2n_2-1,0:2n_3-1))*$$
$$(F_{n_3n_2n_1}\tilde{q}_t(0:2n_1-1,0:2n_2-1,0:2n_3-1))+ \quad (\text{A.28})$$
$$(F_{n_3n_2n_1}\tilde{h}(0:2n_1-1,0:2n_2-1,0:2n_3-1))*$$
$$(F_{n_3n_2n_1}\tilde{q}_h(0:2n_1-1,0:2n_2-1,0:2n_3-1))\big]$$

其中，$\tilde{t}$ 和 $\tilde{h}$ 分别为由托普利兹矩阵和汉克尔矩阵扩充成的循环矩阵，$\tilde{q}_t$ 和 $\tilde{q}_h$ 分别为由 q 拓展出来所对应的向量积，其定义如下，

$$\tilde{q}_t(0:n_1-1,0:n_2-1,0:n_3-1) = q(0:n_1-1,0:n_2-1,0:n_3-1)$$
$$\tilde{q}_t(n_1:2n_1-1,n_2:2n_2-1,n_3:2n_3-1) = 0$$
$$(\text{A.29})$$

$$\tilde{q}_h(0:n_1-1,0:n_2-1,0:n_3-1) = q(n_1-1:0,n_2-1:0,n_3-1:0)$$
$$\tilde{q}_h(n_1:2n_1-1,n_2:2n_2-1,n_3:2n_3-1) = 0$$
$$(\text{A.30})$$

有关上述三重嵌套托普利兹矩阵和汉克尔矩阵向量积的详细讨论可以参考文献[137]。